浅川公紀
Koki Asakawa

国際政治の構造と展開

The Structure and Process of International Politics

武蔵野大学出版会

◉はじめに――本を片手に国際情勢を読み解こう

世界の現状認識と未来の予測は困難な課題である。毎日、世界についての新しい情報と新たな展開の情報が大量に入ってくる。そこから意味ある国際情勢の解釈をくみ取るのは至難である。

2001年9月11日の米同時多発テロ以降、国際関係の捉え方が難しくなっている。国家と国家、国家と地域との関係が流動的になり、現状に対する認識が容易でないばかりでなく、いっそう予測を立てにくくなった。

国際関係を論ずる上では、予測の難しさを云々《うんぬん》するばかりでなく、人間の行動に影響を及ぼすべての要因も考慮しなければならない。また人間は、慣れ親しんだ世界観、考え方を損なうような情報やアイデア（理念）に抵抗する傾向があり、それも国際情勢の把握にとって障害になる。ベルリンの壁が壊されることを予想した研究者が極めて少なかったことが想起される。

人間の知覚のあり方を研究する知覚心理学によると、観察は既存の価値観や期待に影響を受けるという。このため同じ現実を観察しても人によって受け止め方が違ってくる。国際情勢の観察でも同じことがいえる。これによって、世界情勢の何を重要視するかも人によって違ってくるし、そこに意見の対立が生まれる。しかし対立から合意、協調へのプロセスを見いだすのも重要である。

偉大な物理学者アインシュタインは、「人類の知恵は原子の構造をつきとめるほどになったのに、原子爆弾が人類を滅ぼさないための手段は、どうして考え出せないのでしょう?」と質問されたとき、「簡単だ。政治は物理より難しいからだよ」と答えたという。[1] そうであればこそ、理論的フレームワーク(枠組)を手がかりに国際政治のダイナミックスを理解し、問題解決の処方箋を描く知的作業が必要であるように思われる。

セオリー(理論)は頭の中の地図(精神的地図)であり、直感やさまざまな情報では理解しきれないやり方で世界政治を理解する手助けをしてくれる。セオリーはさまざまな現象がいかにして互いに結びついているかを述べた一般的記述からなり、世界の政治を単純化し、世界の政治の主眼点に注意を向けさせることによって、政治を理解しやすくしてくれる。国際政治の厄介な側面は、それぞれの理論の観点によって、何通りものジグソーパズルを作ることができる点である。[2] それがまた国際政治の魅力にも通じる。

国際情勢の解釈、世界観を提供する理論が多く存在することを承知で、国際政治の用語を理解し、国際政治に参加するアクター(行為主体)を明確にすることは必要である。これには、共通の言葉・

文化・歴史を持つ共同体から形成される国民国家（ネーション・ステート）や国家を超越した非国家（ノン・ステート）アクターの役割に焦点を当て、それらが地域あるいは世界においてどのように作用するかに焦点を当てることも含まれる。また、理論的アプローチを通してこれらの問題の理解に努めることも必要とされる。国際政治学は個々の問題と、より一般的な活動パターンの両方に関わっている。この意味では、国民国家の存在を学ぶことは各国が独自の歴史的軌道、固有の環境と力学を有していることを理解することであり、より大きな国際システムを分析することは類似性と一般的結論を同時に注目することである。

国際政治は国家が第一義的アクターであるとはいえ、非政府アクターである政府間国際組織（IGO Intergovernmental Organization）、非政府組織（NGO Non-governmental Organization）の活動にますます影響を受けるようになっている。非国家アクターの影響が拡大する中にあっても、国家の外交政策決定は他の超国家アクターの決定に比べて最も重要なものでもある。外交政策とは、自国と他の国々またはその他のアクターとのやり取りを通して、国家目標を実現するための一連の行動である。

冷戦期は基本的には米ソ東西両陣営、時として中国と第3世界の微妙な力関係・バランスの上に個々の国家と国家の関係が存在していた。しかし冷戦崩壊後、米国1極体制が出現し、国際政治・経済で強力なイニシアティブを発揮するようになった。しかし、米国の1極支配も決して長くは続かなかった。国際システムの変容がみてとれる。同時に米外交政策の焦点に変化がみられる。

クリントン米政権は第1期において経済のグローバル化を謳歌した。そしてより確実な安全保障を目指し、世界各地での軍事プレゼンスを強めた。しかし、中部ヨーロッパの政治バランスの喪失が旧ユーゴスラビア連邦での民族・宗教紛争を悪化させ、中東・中央アジアのイスラム諸国での宗教原理主義回帰の波はイスラム・テロ組織の伸張につながった。

さらに、ヘッジファンドに代表されるルールなき金融グローバリズムは、東南アジアで発生した金融危機の原因となり、世界経済に大きな傷を残した。この経済的変動はやがて、ヨーロッパ・中国に経済的繁栄をもたらす一方、米国には、今日のサブプライムローン問題につながるいびつな金融経済状況を生み出すことになる。相互依存の高まる中、国際政治経済領域が著しい脚光を浴びることになる。

一方、２００１年9月11日に発生したイスラム・テロ組織アルカイダによる米同時多発テロは、米国を「テロとの戦い」へといざない、出口の見えないイラク戦争に踏み出すことになる。安全保障の追求においてテロリズムの脅威が重要課題となった。だが、米経済と軍事力の逼迫《ひっぱく》は、国際秩序に対する米国の1極支配を過去のものにしていると表現される状況が生まれている。

この10年来、急速に変貌を遂げる国際社会は混迷化しているといっても過言ではない。国際社会を動かす新たなキーワードは情報技術（ＩＴ Information Technology）、金融・環境問題のグローバル化、国家による問題解決能力の低下、民族主義と宗教原理主義の台頭、ＮＧＯの飛躍的増加がみられる国際的な規模での市民活動の勃興などが挙げられる。[3]しかし、こうした要因を紐解いても、世界が進もうとしている方向性は容易には探れない。

現在、世界を取り巻くさまざまな問題は、過去の冷戦体制時代からの「負の遺産」ともいえる部分を持っている。一例を挙げると、現在、欧米諸国に立ちはだかるイスラム・テロ組織の問題は、冷戦末期にブレジネフ政権が断行した旧ソ連のアフガニスタン侵攻に起因している。カーター米政権下で米ソ関係を変化させたのは、ソ連軍のアフガニスタン侵攻だった。1979年12月25日、8万5000人のソ連軍が突然アフガニスタンに侵攻した。これはワルシャワ条約機構加盟国地域以外へのソ連の初めての軍事侵攻だった。カーターは具体的措置として、米ソ間の協力取り決めのほとんどを廃棄し、ソ連への穀物、先端技術の禁輸措置を実施し、1980年のモスクワ・オリンピックのボイコットを決定した。さらにカーターは、CIAを使ってアフガニスタン国内でソ連軍と戦うイスラム原理主義者への軍事支援を開始した。皮肉なことだが、こうして育てられ戦闘技能を身につけたイスラム原理主義者から、ウサマ・ビンラディン率いる国際テロ組織アルカイダが生まれ、2001年9月11日の米国における同時多発テロの種を播くことになった。

国際社会を取り巻く問題を理解するには、冷戦期あるいは9・11テロまでを1つの時代として踏まえつつも、その当時起こった事象を確認し、その上で現在の国際的あるいは地域的な多国間組織・関係を個々に分析し、イデオロギーに左右されない現実的な視点で問題を探り、事象が将来に向けどう変化しつつあるかを理解する必要がある。

本書を出版するにあたり、企画から刊行にいたるまで直接ご苦労を御願いした武蔵野大学出版会の芦田頼子氏、斎藤晃氏には、献身的ご理解と有益かつ貴重なご助言を頂いた。ここに記して感謝申し上げたい。

２０１４年春

浅川公紀

(Endnotes)

1 Charles W. Kegley, Jr. and Shannon L. Blanton, *World Politics: Trend and Transformation* 2011-2012 Edition (Boston: Wadsworth/Cengage Learning, 2012), p.6.

2 Glenn P. Hastedt and Kay M. Knickrehm, *International Politics in a Changing World* (New York: Pearson, 2003), pp.20-21.

3 W. Raymond Duncan, Barbara Jancar-Webster and Bob Switky, *World Politics in the 21st Century*, 2nd ed. (New York: Pearson, 2004), p.7.

国際政治の構造と展開——目次

第❸章 冷戦時代——米ソ両極体制 71

第❹章 ポスト冷戦秩序 113

第11章——法、秩序、正義の確立 329

第12章——国際政治経済の視点 359

第1章

国際政治の理論の重要性

◉理論と政策の結びつき

国際政治の分析においては、世界を理解し解釈する前提として理論があるため、理論は重要であり避けて通れない。もちろん、世界が理論通り動いている訳ではない。ただ、世界を観察し、どの出来事が重要であり重要でないかを識別し、篩《ふるい》にかける前提には理論がなければならない。その観察の結果、理論を修正することになったとしても、観察する前に理論が必要である。また理論は、世界を単に描写するだけでなく、より深く説明し分析することを可能にする。

政治科学としての国際関係論は、起こってくる事象のパターンを探り、理論とモデルを構築することが主眼とされる。このモデルを通じて、「国際社会で何が起こったのか、何が起こっているのかを分析し、何が起ころうとしているのかを予測する。その行動規範を規定すること」にある。[1] その分析方法は科学的手法もしくは行動科学研究と呼ばれ、過去に起こった事象についてさまざまな要因を検討し、対象となる出来事の規則性と共通性を見いだし、これを理論化しようとするものである。[2] 理論は、国際政治における規則、パターンを説明する。例えば、現実主義と訳されるリアリズム、国家、国家間関係の経済の役割を重視するマルクス主義は、国際政治において勢力均衡（バランス・オブ・パワー）が重要な特徴になってきた理由を説明し、自由主義、理想主義、国際協調主義などと呼ばれるリベラリズムは、過去20年間に国際システムにおける力の均衡が重要性を失ってきた理由を説明する。理論は、個々の出来事やプロセスを描写するだけでなく、より全般的な説明をすることを可能にする。

理論は政策上の対策や助言を提供するため、政策決定者にとって重要である。米国ではシンクタンクなどを通して学問と政策がより密接な関係にあり、政策にとって理論がとくに重要である。ケネディ政権以来、米国の大統領はマクジョージ・バンディ、ヘンリー・キッシンジャー、ズビグネフ・ブレジンスキー、コンドリーサ・ライスなど、国際関係論の学者を国家安全保障担当大統領補佐官に任命してきた。また多くの学者が国務省、国防総省に入省してきた。

冷戦時代の共産主義陣営において、ソ連は陣営諸国の兵力と軍備を完全に支配しており、常に総動員できる状態にあるはずだという一枚岩理論、そして、共産主義化はドミノ倒しのように拡大するはずだという信念に基づき、冷戦下における米国で主唱されたドミノ理論が、米国のベトナム戦争への介入につながっていった。実際には、１９６０年代の中ソ紛争、70年代の中国のベトナム侵攻、ベトナムのカンボジア侵攻など共産主義ブロックの分裂、東南アジア全域にわたる共産化が進まなかった現実により、この理論は立証されなかった。ビル・クリントン大統領は相互依存などのリベラリズム的理論により、世界的問題に対処するために他国との協力関係を重視したが、ジョージ・W・ブッシュ大統領はネオコンと呼ばれるネオコンザーバティブ（新保守主義）、リアリズムにより米国の主権と国益を国際協力よりも重視した。２００１年9月11日の同時多発テロを経験したブッシュの理論がテロとの戦いにおける軍事力への過剰な依存につながり、イスラム世界との関係を悪化させ、テロ組織のリクルートとイラク、アフガニスタンでのイスラム過激派武装組織の拡大をもたらしたという批判を生んだ。理論は政策のガイドラインになるが、必ずしも正しい、あるいは予想した方向に政策を導くとは限らない。

逆に国際政治の変化は国際関係論の理論に影響を与えてきた。第1次世界大戦から第2次世界大戦までの期間は、国際連盟を通して集団安全保障システムを模索した時代であり、理想主義と呼ばれるアイディアリズムを生み出した。1930年代の全体主義、全体主義には至らない権威主義的な帝国主義の台頭、第2次世界大戦の騒乱、冷戦時代にはリアリズムが主導的な理念になった。1970年代のデタント（緊張緩和）時代には、平和的な国際協力が可能だと考えるリベラリズムが力を得た。1979年のソ連のアフガニスタン侵攻によるデタントの崩壊により、1980年代にはリアリズムが再び力を得てきた。冷戦の終結を理論的に予測し説明することができなかったために、国際関係論の理論の混乱、乱立を招き、1990年代には、構成主義（コンストラクティビズム）、ポスト構造主義、ポストモダニズム、フェミニズム、批判理論、グリーン理論などが生まれた。これらイデオロギーのそれぞれの中に、リベラリズム、マルクス主義、社会主義、過激主義、その他の異なるイデオロギーが派を作って対立した。1980年代のリアリズム、リベラリズム、マルクス主義の間でのパラダイム論争は、これらのイデオロギーの共存、そのイデオロギー内における異なる派の間の対立に変化した。1つの理論が国際関係論で支配的になる時代は過ぎ去った。こうした理論は国際関係の分析にそれぞれ異なるアプローチをとっているが、1945年以降ほぼずっとリアリズムが主流となり、政策決定上の実質的な理論のほとんどを形成、設定し、他の理論がそれに応酬してきた。

◉２つの潮流――理論の効用

国際政治・国際関係の分析にはさまざまなタイプがあるが、その立場においてパワーの現実を強調するリアリズムと、理想を追求するアイディアリズムの２つの潮流が存在する。後者のアイディアリズムは、リベラリズムの根幹にその思想を残して発展してきている。リベラリズムはリアリズムに対抗しながら発展してきた。リアリズム、リベラリズムのいずれのスタンスを取るかで、科学的手法を使って同じ事象を分析するにも大きな違いが出てくる。

世界秩序の将来に関する論争は、この２つの学派を中核として繰り広げられてきた。前者からはいわゆる伝統主義的立場に則るナショナリズム、リアルポリティックス、バランス・オブ・パワー、ナショナリスト、国家中心派などの概念が連想される。後者は理想主義、新世界秩序、グローバリスト、自由主義的な国際主義者などの概念と関連した学派である。

リアリスト学派の信奉者は、パワーポリティックス（権力をめぐる政治）が国際関係の推進力だと信じている。リアリストの主張で世界舞台の中心にあるのは、相争うそれぞれの国益を守ろうとする国家間の闘争である。国の勝ち負けを決するのはパワーであるというのがリアリストの信条であり、したがって政治が目指すところはパワーを増強し、パワーを維持し、パワーを見せつけることであると主張する。そして国とその指導者は賢明であるなら、必然的にその外交政策の根拠を国家生存に据えざるをえないと続ける。というのも、リアリストの見るところ、弱肉強食の世界にあってパワーは国の適者生存の鍵であるからである。

リベラリストはリアリストと多くの点で異なる。第1にリベラリストは、パワーを獲得し、維持し、行使することが国際政治の本質であるべきとは考えない。世界秩序のあり方を探求する「世界秩序モデル・プロジェクト」の創設者リチャード・フォークは、「国家システムに対抗する社会的規範への熱望や、制度上の取り決めに対する規範への可能性の両方を軽んじる傾向がある」とリアリストを批判している。[3]

リアリズムとリベラリズムは、国際関係論の客観的分析の主流的なアプローチであり、とくに米国ではリアリズムもリベラリズムも科学的手法と統計を使って現実を分析し、理論を検証している。2つの主義は、世界情勢において進歩、斬新的変化が可能かという命題で見解を異にしており、リアリズムはその命題で悲観的立場を、リベラリズムは楽観的立場を取っている。リアリズムは過去何世紀の歴史を例にして、国家間の対立・闘争、戦争は不可避であると唱え、リベラリズムは国際機関の創設、世界経済の統合、国際協力による世界的問題への対処を例にして、国際情勢の前向きの変革は可能であると唱える。リアリズムとリベラリズム以外の理論は急進主義（ラディカリズム）とも呼びうるもので、通常、現在の世界政治の現実を解釈しそれを大きく変革することを志向する。

リアリズムはその前提として、「世界には全体を統括する世界政府、権威はなく、世界は総じてアナーキー（無政府）状態にある」、「国家は自国の国益を守り追求しようとし互いに競争しあう」、「国家間の競争、対立において力（パワー）、とくに軍事力が重要な役割を果たす」という基本原則を打ち出している。最初のリアリストといえるのは古代ギリシャの歴史家で、『ペロポネソス戦争（紀元前460～紀元前404年）史』を実証的な立場から書いたトゥキディデスである。[4] トゥキディデスは、民主主義で海軍力を持つアテネと、独裁主義で内陸を中心にしたスパルタの闘争を描いた。冷戦時代、多くの現実主義者が古代ギリシャの情勢を例にして冷戦下の米ソ対立を論じた。また15世紀から17世紀の政治思想を代表したトマス・ホッブズ（『リヴァイアサン』）や、ニッコロ・マキァヴェリ（『君主論』）などは、人間の特性から、全体を統括し平和を維持する権限がなければ世界は闘争状態に陥るし、君主は道徳的に正しいことよりも政治的に成功するのに必要なことを優先すると論じた。現在のリアリストは道徳への関心を否定することは賛同しないながらも、同じような考え方を踏襲している。20世紀のリアリストを代表する「歴史とは現在と過去との尽きることない対話である」と述べたイギリスの歴史家、政治学者、外交官E・H・カーは、現状維持を欲する国々と現状を変革することを欲する国々の間の国益の分裂を無視することは愚かであるとし、国際連盟の失敗を例にして、パワーの現実に注目すべきことを強調した。[5]

リアリストには、他を支配する欲望に動かされる人間の性質に基づいて国際政治についての理論を引き出す古典的現実主義者（クラシカル・リアリスト）と、国際システムの構造そのものに基づいて理論を引き出す構造的現実主義者（ストラクチュアル・リアリスト）、いわゆる新現実主義者（ネオリアリスト）がある。クラシカル・リアリストにとって、他を支配しようとする欲望は満たされることがなく、その結果、すべての政治はパワーを求める闘争の表れであると見る。これに対して、ネオリアリストは、世界的に統治する権限を欠き無政府状態にあるという国際システムの構造のゆえに、戦争や闘争が起こると見る。国家の国益が衝突するときに、その対立が紛争に発展するのを防止する権限が存在しないがゆえに戦争が起こると考える。[6] クラシカル・リアリストのアーノルド・ウォルファーズは、国際システムはビリヤードのボールのようなもので、独自に軌道を動くボールがぶつかるときに紛争が起こるとした。これは「ビリヤード・ボール・モデル」と呼ばれる。[7] リアリストは古典的であれ構造的であれ、世界政府が存在しないという事実を重視する。リアリストの多くは、世界政府は結果的には世界独裁、あるいは世界内戦になると考えており、世界政府の樹立を支持しているわけではない。

国際的アナーキーは、国を防衛してくれる世界政府がないということであり、国々は自衛のため武装せざるをえなくなる。次節以降でも説明するが、ネオリアリストの代表的国際政治学者ケネス・ウォルツが述べているように、国際システムは「自助」のシステムである。[8] 国の武装は近隣諸国を脅かすことになり、軍拡競争につながり、不安定を増大させる。これは安全保障（セキュリティ）のジレンマである。[9] 国際的アナーキーの不可避的に重要な論理は、この安全保障ジレンマ（セキュリティ・ジレンマ）とともに力の均衡である。ネオリアリストは、2極（バイポラー）の力の均衡が多極（マルチポラー）の力の均衡よりも安定であり、より好ましいと考える。クラシカル・リアリストは多極の力の均衡がより柔軟な同盟関係を可能にし、より好ましいと考える。これは2極の力の均衡の場合、大国は相手の活動にもっぱら焦点を当て、判断と行動の自由がなくなり、過剰反応をもたらしやすいと考えるためである。

リアリストは戦争が国際情勢にはつきものであると考えるが、必ずしも戦争を支持しているわけではない。リアリストのハンス・モーゲンソーや、米外交官でソ連問題専門家ジョージ・ケナンは、米国のベトナム戦争への関与を不必要であり非建設的であるとして強く批判した。[10] ベトナムが米国益の埒外《らちがい》と見なしたのである。

◉リアリズム――パワーの強調、国際競争社会

リアリズムは、第2次世界大戦を防ぎきれなかった反省から生まれた。国家間に存在する力の均衡を保ち、伝統的な国際秩序を維持することに重きを置き、より現実的な問題解決を探る研究である。一方リベラリズムは、世界はより良き方向に進むべきであり、国家間の関係、国際秩序はより理想の状態に近づくべきとの視点から国際政治を論じる学派である。この2つの思潮の存在は、政治的人間観の違いに由来するとされる。

リアリズムを標榜する人々は、『リヴァイアサン』で「万人の万人に対する闘争」を唱えたトマス・ホッブズにつながる古典的な人間観を持ち、人間とは自身の欲望を追及する存在であると定義する。この考え方に従えば、自らの欲望の実現のためには他者の犠牲を厭《いと》わないため、政治的な闘争は避けられない。というのも、人間は生まれつき邪悪な一面を有しているからである。[11] したがってリア

リストは政治には多くを期待せず、それがひいては国家や国民への期待のなさにつながっている。[12] リアリストが述べているように、「悲しいかな、国際政治は常に残酷で危険な代物だったし、おそらくそれはこれからも変わらないだろう」[13]。

国際政治学でのリアリズム派は、こうした過酷な生存競争の概念を国家・地域間の関係にも当てはめ、国家の基本的なスタンスを他国との政治的闘争と見ている。古典的リアリズム派は、人間の本質には欲望を実現するため他者を押しのける「悪」が存在し、こうした人間の総体である国家も同様の傾向を持つと見たわけである。

近代国家においては、個人と個人の衝突は司法・行政によって制御されている。これに逆らえば、国家という装置によって罰せられる。しかし当の国家はどうだろうか。20世紀後半の代表的な古典派リアリスト・国際政治学者ハンス・モーゲンソーは、「人間の行動に普遍的に存在する悪意（evil）」は「キリスト教会を政治的組織に、市民革命を独裁政治に、愛国心を帝国主義に変質させた」と解説する。[14] この「悪意」が国家すらも蝕《むしば》んでいるとモーゲンソーは断言している。

リアリストの前提

- 世界には全体を統括する世界政府ないし権威がないため、世界はアナーキー（無政府）状態にある（世界政府の不在）
- 国家は自国の国益の保護、追求に努めるため、協力よりむしろ互いに競争しあう
- 国家間の競争、対立において力、とくに軍事力が重要な役割を果たす

古典的リアリズムが人間個人の性質をもとに国際政治を論じたのに対し、ケネス・ウォルツは1979年、より構造的な問題を突いた「ネオリアリズム」を発表し、冷戦下における国際関係論に大きなインパクトを与えた。ウォルツは、国際社会の中で国家を統治する権限を持った組織がないことを指摘し、国際社会の本質が主権国家間の競争を前提とする「無政府状態」にある状況を不可避とし、各国家は生き残るためにそれぞれの国益を追求すると説く。[15]

ネオリアリストがいうように、従うべき高位の権威がない主権アクターである国家に基づく国際システムは、「安全と秩序を提供する支配的権威がない無政府状態」である。そうした自助システムの行き着くところは、「生き残り、繁栄するために各国家が頼ることができるのは自分の資力だけ」ということになる。「公平かつ権威ある紛争解決手段、すなわち世界政府が存在しないために、国家は各自裁判官、陪審員、絞首刑執行吏（死刑執行人）を抱え、多くは安全保障上の利益を達成せしめるための手段を有する[16]」。

ネオリアリストは国内で何が進行中であるかにはほとんど注意を払わない。例えば、国が民主主義国家であろうが独裁国家であろうが、さほど重要ではない。それぞれの国の信条やイデオロギーにかかわらず、あらゆる国の外交政策は同じ体系的要因に動かされているとネオリアリストは考える。つまり、国家はいくつもの「ビリヤードの球」で、政治幾何学および政治物理学の同じ法則に従って動いているとする。[17]

ネオリアリストにとって、国際社会の構造はそれを構成する国家の軍事力によって定義されるため、国際協調や世界平和・正義の実現には悲観的である。[18] 国際間の利害の対立による争いの根絶は、古典的リアリズムは人間の本質が悪であるため、また、ネオリアリズムにおいては国際協調を強める各国間の相互依存性、国際平和維持機関の限界を理由に上げ、その双方とも不可能と見ている。古典的リアリズムは人間性を強調し、ネオリベラリズムは無政府性に焦点を当てる。このため、新旧2つのリアリズムは基本的に「力（パワー）が正義を生み出す」との姿勢を崩さない。

すなわち、リアリズム派にとって国際社会の主要な動きは、お互いの国益を守ろうとする国家間の対立・抗争が起因となって発生する。その政治観は生き残るための力による闘争であり、秩序なき国際社会の中で生き延びるためには、国家の治安や軍事や経済、地域への影響力などすべてが「パワー」として定義づけられている。[19]

このため、リアリズム派が示す現実的政治行動において順守すべき原理は、次の4点となる。

◉リアルポリティックスの原理

第1の原理は国益の確保であり、他国との共存・共栄は二の次となる。リアリストの見解は、権力に駆り立てられた結果、紛争が引き起こされるというのが政治の本質であり、「国際関係に進展は望めない」という含みがある。[20] この見解に基づき、リアリストは国際政治に対して相対的に実務的かつ現実的な政治的アプローチを主張する。自分の国の国益に適《かな》わない限り他国が助けてくれない場合は、自国の利益を守ることが第一で他国の繁栄を心配するのは二の次、というのがリアルポリティックスの原則である。リアルポリティックスの1つの基本は、自身の国益をまず守ることである。リアルポリティックスを避ける国は、「簡単に他国のパワーの犠牲になる」というモーゲンソーの見解に従えば、自己犠牲の政策は愚かなばかりでなく、危険でもある。[21] これが、リアリストの目には自己犠牲政策と映るリベラルの主張にリアリストが慎重な所以《ゆえん》である。

リアリズム派、とくに古典的リアリズム派は、為政者の理念や意思決定について懐疑的な見解を持っている。国家指導者は必ずしも「力の原理」どおり国策を決定しているわけではなく、その国の道義や思想などを「パワー・リアリティ」よりも優先させる場合があると見るためである。[22] 国家の利益を犯してまでも国際正義を求める行動をモーゲンソーは、「愚かなばかりでなく危険」といい切る。[23] モーゲンソーはさらにいう。「個人は（抽象的な原理のため）自らを犠牲にする道義的な権利を持つ」が、国家は国際社会で生存競争に勝ち抜くことが善とされる原理が存在するため、「国益を追求する政治行動」に対し異議を唱える権利は持ち合わせていない。

一方、ネオリアリズム派はどうだろうか。同派は一国を動かす「力の原理」に対する国の意思決定の動きを重要視しない立場をとる。これは、国家をチェス盤上の「駒」、あるいは国際社会という舞台の「演者」の1人と規定するためである。国家としての動きは、意思決定機関の中心に誰がいようとも、過去の動きからある程度予測できる。国家を合理的アクターと考える。このためネオリアリズム派の関心は、ある環境下においてその国がどのように動くのか、その法則を明らかにすることに重点が置かれている。しかし、リアリズム派が常に没道義的主張を繰り返しているわけではない[24]。国民の利益を守ることこそ国家の道義的使命と論ずる研究者もいる。さらにネオリアリストらの一部には、国家がより繁栄し、自国の安全保障をより確かなものにするためには、国益を優先するよりも国家の道義性に重きを置くべきとする論者も存在する。

次に挙げられるリアリズム派の原理は、それぞれの国家は他国間との力の均衡を維持する政策（バランス・オブ・パワー）をとるべきとする考え方である。勢力均衡論として表現される。国際舞台での主要キャスト同士の衝突・戦争を避けるには、その均衡が破れないよう、一方の経済力や軍事力、国際的な指導力や貢献が突出しないよう、他国と同盟を結んだり、逆に相手国の国際関係を崩すよう働きかける。

この基準に従えば、外交官は、他国あるいは連立した国々がシステムを支配することのないよう、世界において勢力均衡を達成するために努力すべしということになる。これには、自国の力を増強する、他国と同盟する、敵を分断するなど、さまざまな方法がとられる。この考え方は19世紀から20世紀初頭において広く用いられた。とくに、第1次世界大戦の「同盟国」対「枢軸国」の概念はバランス・オブ・パワーの考え方が強く影響している。では、現在もバランス・オブ・パワーの考え方は有効であろうか。今日、バランス・オブ・パワー理論はあまり有効ではないという考えも存在する。それは、1つには国際社会において、米国が唯一の超大国となったためでもある。しかしながら、米国の著名な歴史家である『大国の興亡』の著者ポール・ケネディに代表されるように、まだまだこの理論を支持する学者は少なくない。一定地域内でのバランス・オブ・パワー政策は、戦争の勃発を食い止めることができるかもしれない。[25]

3番目に挙げられるリアリズムの原理は、国際社会で平和を維持するには地域をリードするヘゲモニー（覇権）が必要だという見方である。ある1つの国家が世界的な支配大国として存在するとき、国際システムは安定すると主張する。これは覇権安定論とも呼ばれ、例えば、日本や韓国、台湾が第2次世界大戦後、短期間のうちに経済的な繁栄を遂げることができたのは、米国のプレゼンスがあったためとする。

覇権安定理論に関連させ、リアリズムの原理は「力による平和維持」を強調する。軍事力や経済力などの「パワー」なくしては、平和を維持できないと見る一方、第4の原理として、覇権国家は瑣末《さまつ》な目的や達成できる見込みのない目標のために軍事力の行使はしないことを挙げることができる。

世界は危険であるがゆえに国家は武装する必要があるとリアリストは信じる。リベラリストは、多くの国家が重武装するがゆえに世界は危険であると反論する。モーゲンソーは、本来の目的でない領域での資力の無駄使いだという理由で、早くから米国のベトナム戦争介入には批判的だったが、これは注目に値する。ベトナムが米国の国益にとって埒外であるとみた。後年になって、2人の著名なリアリストが2003年のイラク進攻に反対したが、その理由は、サダム・フセインをすでに抑え込んでおり、米国の資力の耐え難い支出が必要となるかもしれないのに、わざわざ放逐などしなくてもよいというものだった。[26] 要するに、「サダム・フセインを八方塞《ふさ》がりにしておく必要はあるが、そのために戦争をする必要はない」と書いている。[27] 慎重さはリアリストのスローガン（標語）だが、時として孤立主義に傾く傾向がある。一方、リベラリズム派の考え方はどうであろうか。

◉リベラリズム――原則の強調、国際協調

リベラリズムの考えは、アイディアリズムから派生したものである。世界を完成された世界に導くことは可能で、人間には、正しい制度を選ぶことによって世界を、完全とまではいかなくても、少なくともより良い場所にするための利他精神が備わっているというのがリベラリズムの中心仮説で、理想を追求するアプローチと一致するものである。[28]

アイディアリズムから派生した従属理念は、従属理論として発展してきた。第2次世界大戦後の20年間でヨーロッパ諸国の植民地のほとんどが独立し、国連に加盟した。植民地主義の終焉《しゅうえん》は時の一大イベントだった。独立国が抱える問題の1つは、できるだけ効率よく工業化するためのシナリオを練りながら、いかにして経済を発展させるかであった。時が経ち、独立国の多くは経済的に豊かになっているようにみえたが、工業国という意味では、そこまでの発展はしていなかった。そして新しい理論である従属論（dependencia 西語、dependency 英語）が生まれた。語源はスペイン語だが、それはこの概念がスペイン語圏の中央アフリカから南アフリカで発展したからである。

政治参加はさらに人間の理性を発展させるとリベラリストは主張する。民主主義は最上かつ究極の政治形態である。なぜなら、市民が候補者や争点を自分たちなりに理解したうえで、自分たちの

ために決定を下してくれる代表を選ぶからである。選挙過程を通して当選した候補者は有権者に責任を持ち、専横な行動をとれないようになっている。その結果、政治システムはさらに安定し、経済はいっそう繁栄する。民主主義は市民に十分な安全を提供するので、その結果、市民は他者を思いやる余裕が持てる。

リベラリズム派はリアリズム派の「力の政治」観、すなわち国と国の紛争を恒常視し、「戦争のない状態は一時的なもの」とする考えを批判する。逆に、国際間の相互依存性が高まり、民主主義が定着することで、国際協調がもたらされると見る。いみじくも、ネオリベラリストの論客ロバート・コヘインとリサ・マルティンは、「協力によってともに利益を得られる場合は……各国政府は」協力関係を促進するための国際組織を「構成しようとするだろう」と主張する。そして国際組織ができれば、「相互作用を促進する」さまざまな恩恵を加盟国に提供し、協力関係がさらに拡大する、と主張を続けている。[29]

古典的リベラリズムの嚆矢《こうし》は、第1次世界大戦後、国際連盟の設立に奮闘した米大統領ウッドロー・ウィルソンが挙げられる。ウイ

リベラリストの前提

- 国家は、多くの場合、相互協力を追求し、経済的つながりの強い国同士の関係では軍事力行使を控える
- 多国籍企業やNGOなどの非国家アクターが大きな力、影響力を持ちうる
- 民主主義が安定維持の重要要因である

ルソンの人間観は、人間や国家は政治的な闘争を超え、一方的な欲望・利益の実現よりもお互いの譲歩・協調による互恵関係を結ぶことができるというものである。一個人ではなく社会の構成員が協力することによって、より大きな利益を生み出すことができると見るジャン＝ジャック・ルソーの社会契約説の流れを汲む。

古典的リベラリズム派は、国際社会の共同体が協力することでより平和で安全な国際秩序・国際共同体が生まれうると考える。一方、冷戦崩壊後、古典的リベラリズムが説明できなかった旧ソ連の平和的解体に対し、同派の欠点を補う形で誕生したネオリベラリズム派は、ネオリアリストの「無秩序な国際競争社会」という概念を認めつつも、より有効な国際機関を構築することで国際協調を達成することができると説明している。

新旧のリベラリズムの思潮は、国家がパワーを獲得しようとするダイナミックスが国際政治、国際関係の本質だとは見ていない。国際政治学・国際関係論が目指すものは、国際協調の道を探ることであり、倫理的な行動規範を形成させることと定義する。国際間に秩序と安定、平和をもたらすべきとする考え方を前面に打ち出している。

リベラリストは、戦争は必然ではなく、暴力を取り締まる、あるいは抑制するための制度を完全なものにすれば、回避することができると主張する。したがって、リベラリストは国連の強力な支持者で、世界における国連活動の拡大と強化を模索している。

古典的リベラリズム派とネオリベラリズム派の決定的な違いは、国家主権と国際機関との関係に対する理解である。古典派の場合、国家主権を維持しながら、国際協調の道を探ることができると見る。一方、ネオリベラリズム派は、より強力で広範囲な国際協調・国際的な利益を追求するには、国家主権の一部を国際機関に譲渡する必要性があると見る。

このほか、国際関係論第3のアプローチとして、最近、注目されているものに環境学的パラダイムがある。これは、世界は地球規模のエコシステムの集合体であり、環境資源は限られているため、地球を保護するためにも、持続可能な開発を目指すべきとするものである。国際関係研究者の中にはこの派をリベラリズムと一線を画して分類しているが、人間観や政治観、また国際協調に関する見解など、ネオリベラリズムと一部が重複する。さらに、アル・ゴア元副大統領などリベラルな政治家が環境学的パラダイムに力を入れているため、米国ではリアリズム派を中心にリベラリズムの一種として見る傾向が強い。

リベラリズムのルーツは、17世紀から18世紀のジョン・ロック、ジャン＝ジャック・ルソー、イマヌエル・カントなどに遡るが、本格的なリベラリズムの台頭を画したのは、1977年のロバート・コヘイン（プリンストン大学教授）、ジョセフ・ナイ（ハーバード大学教授）の共著になる『パワーと相互依存』である。[30] 1960年代、70年代には、国際政治学のリアリズムでは説明しきれない現象が多く起こってきた。多国籍企業や非政府組織（NGO）の影響力の拡大、軍事力の弱い国々の世界経済への影響力増大、圧倒的軍事力を持つ米国のベトナム戦争敗北、石油輸出国機構（OPEC）の石油供給操作による1973年の石油ショックなどである。これらは国家が国際政治における唯一の重要アクターであり、軍事力が重要であるというリアリズムの前提を揺るがした。リベラリズムはその前提として、国家は多くの場合に相互協力を求め、経済的つながりの強い国同士の関係では軍事力の活用を控える、多国籍企業やNGOなどの非国家アクターが大きな力、影響力を持ちうる、民主主義が平和と安定維持の重要要因であるなどの基本原則を打ち出している。

ほとんどのリアリストは自らをリアリストと呼ぶ一方、リベラリズムはいろいろ複雑に枝分かれしており、リアリズムよりもはるかに多様な見解を含む。名称を挙げただけでもワールド・ソサエティー、コンプレックス・インターディペンデンス、ネオリベラル・インスティテューショナリズム、ポスト・インターナショナル・ポリティックスなどの理論がそこに含まれる。[31] リベラリズムは、国際システムはさまざまな形態の組織からなる複雑なシステムであると見る。国際システムをビリヤード・ボールではなく、さまざまなアクターの間に多数の結びつきがある「蜘蛛の巣モデル」としてとらえる。[32] リベラリズムは、超国家資本主義、情報技術により世界が変化していると強調し、相互依存とグローバリゼーションがキーワードになっている。とりわけ経済的相互依存を強調するが、社会的、政治的形態の相互依存も重視する。世界で相互依存が増大するに伴い、国家間の戦争の可能性はますます小さくなると主張する。

コヘインとナイはリアリズムの重要な仮定を覆すことにより、国際関係のリベラル指向の最も影響力ある説明を示した。リアリズムは世界が主として国民国家（ネーション・ステート）を単位とする集合であると見るのに対して、国民国家群をつなぐ他の種類のアクターがあることを指摘した。

リアリズムが国家の安全保障という明確な国益を強調するのに対して、貿易や環境といった他の国益を主張した。さらに国家は経済、社会、政治の相互関係を損ねることなしに軍艦外交を継続できなくなっていることから、軍事力の行使の価値が大きく減退していることを指摘した。

国家の軍事オプションのコストがますます大きくなり、国々が共通の問題に対処するために協力するようになっていることから、国家間の関係に進歩が見られるという見方を示した。１９４５年以降の西欧先進国の間の関係や米国とカナダの関係では、武力紛争はほとんど姿を消し、平和的な関係が維持されていることにも、そうした進歩が反映されている。ただ進歩の考え方はすべての地域に当てはまるものではない。旧ユーゴスラビアの紛争、民族浄化などの人権問題はそれが当てはまらない例で、１９９９年にクリントン政権はセルビアに対する空爆を主張した。ナイは、「ソフトパワー」が目的達成のより効果的な手段であるとしている。[33] ナイやその他は、ジョージ・Ｗ・ブッシュ政権がテロとの戦いにおいて軍事力を過剰使用することにより、ソフトパワーの蓄積を弱めたとして批判している。非国家アクターのパワーの増大、権威主義国家の民主化も、リベラリズムの主張を強める要因になっている。

リベラリズムが、国際システムの改革と近代化を唱えるのに対して、急進主義のアプローチは国際政治のより根本的な変革を主張する。急進主義は、世界史における主権国家の台頭は必然ではなく、ある物質的、経済的、政治的状況の結果であると見る。そして、主権国家を他の形態の政治組織に置き換えようとする。リアリズムやリベラリズムが、戦争が勃発する理由や国家間の協力が可能な理由を説明するものであるのに対して、急進主義は国家や国際政治がどのように形成され、どのように変革されるかを説明する。マルクス主義、構成主義（コンストラクティビズム）はその急進主義の一種である。

マルクス主義は、国家の存在と行為を資本主義経済システムに組み込まれたものとして捉え、世界経済の性格を激変させるためには国際政治の根本的な再編が必要であると説く。マルクス主義は、世界的な資本主義経済が転覆、あるいは変革しうるという前提がある。マルクス主義の中には異なる学派があり、あるものは資本主義システムの世界的革命を主張し、別のものは既存社会構造内における不平等の是正を主張する。世界の資本主義経済、国際政治システムの同時的変革、革命を主張しており、その意味で1917年のロシア革命は一国だけの革命であり、国際システムを変革するものではなかったので失敗せざるをえなかったと主張する。ソ連の共産主義システムは崩壊したが、マルクス主義は資本主義を分析する経済理論として重視されている。マルクス主義は、世界の経済と国家システムの革命的変化が可能であり、また望ましいという立場に立ってい

コンストラクティビズムの前提

- 世界は社会的に構成されたものである
- 主権や人権は人間の間の合意、契約に基づくものである
- 社会的に構成されているがゆえに、世界は異なるシステムに変化する可能性がある

る。

マルクス主義は、国家、国家間関係が資本主義経済に組み込まれたものと見て経済の役割を重視するのに対して、コンストラクティビズムは、アイデア（理念）の役割を重視し、国際政治が社会的に構成されるあり方に焦点を当てている。コンストラクティビズムはその前提として、世界は社会的に構成されたものであり、主権や人権は人間の間の合意、契約に基づくものであり、劇的に異なるシステムに置き換えうると見る。コンストラクティビズムは、国家のアイデンティティ、すなわち自己イメージを重視し、国家が異なるイメージを投射しようと決めれば、その国益あるいは国益の解釈が根本的に変化し、国家や国際政治が変化しうると考える。１９８０年代のゴルバチョフの再編、変革はその例であり、冷戦の平和的終結に道を開いた。あるものは現在の国際システムが新しい超国家的社会に置き換えられると考えており、批判的国際関係理論もコンストラクティビズムに含まれる。

◉現実と理想の融和

リアリズム派は伝統的に、リベラル派の国際協調・倫理優先の論調に「国益を蝕《むしば》む恐れあり」と指摘してきた。実際に国益が絡む場合、リベラルな思考を常とする指導者の多くが、現実的な政治思考（リアルポリティックス）による判断を取ってきた。国際連盟・国際連合の両機関も歴史上、有力国の国益の対立があった際、これを見事に乗り越え有効に機能したわけではなかった。さらに、これまでの国際関係史を見ても、国際協調よりも国家間・ブロック間の対立が世界情勢を動かしてきたことは確かである。

こうした歴史的事実からも、国際政治学はそれが客観的に現状を分析し、来るべき国際情勢を予測する学問と定義するのならば、リアリズムの視点が優先されるべきだろう。ならばリベラリズムは、研究者達の不毛な理論であり、影響力のないユートピア的理想かといえば、そうではない。これまでずっとリアルポリティックスに立脚した利己主義が国を動かす主要な推進力であったには違いないが、国が時として協力的になることがあり、利他的になることさえあるのもまた事実である。さらに、競争し争うことはますます危険かつ破壊的となり、平和的に協力することが万人の私利にかなっているということを諸国家が認識しはじめるにつれ、リベラリズムのアプローチが勢力を増しつつあるといえるだろう。もっとも、私利と世界の利益は通常同意語であると断定できる一歩手前まで世界が来ていると主張するのは単純過ぎるであろう。

そうはいうもののリアリズムの視点のみで、国際情勢が動いてきたわけでもない。第1次・第2次世界大戦における米大統領の戦争参加にいたる動機から始まって、クリントン大統領の民族自決を基調としたセルビア空爆やジョージ・W・ブッシュ大統領の対テロ戦争など、国際政治において現実よりも理念が重要視され、実行された事象も少なくない。2001年9月、テロリストとの戦いを宣言したブッシュ大統領の場合、民主主義、自由主義の促進が強調された[34]。

国際経済秩序や人権問題への理解が向上し、各国間の相互依存性が増大し、国際社会で民主主義が浸透してきた。これまでのリアリズム的な定義とは違った「国益」のあり方も提供され始めている。短期的な国益を犯しても、「利他的」な行動を取らせ、長期的な国益を選択させる要因となっている。

近代国家の統治システムにおいて、為政者の無制限な欲望が許容されないのと同様、国際社会においても、一国の利益よりも他者との共存を重要視する傾向が強まりつつある。これは、地域の安全保障や環境問題、国際金融・経済の動きなどで顕著である。

為政者にとって政治とは、他者を支配する技術にほかならない。国際政治の世界においても近代に至るまで、秩序が不透明な状況の中、力によって自国の利益を確保することが主眼に置かれていた。これは今も変わらない。

国益の概念を解釈する場合には、2つの見方があるようである。国益を長期的な立場からみる場合と、短期的な立場からみる場合である。前者の場合には現実よりも、むしろ理念を基礎にしている。こうした姿勢は政府与党よりも、むしろ野党の考え方に近いのが普通である。一方、国益を短期的な立場から解釈する人々は、理念よりも、むしろ現実的な立場に立つ場合が多い。これは政府与党の国益解釈に近い。だが、この2つは分離されるより、むしろ混合した形で政策に反映するのが普通である。理想と現実の結合こそが外交政策の望ましい立場である。[35]

国際政治とは、国家あるいは地域間の安全保障のみではなく、より包括的な要因を含んだ多国間・地域関係を処理し、国益の増大を図るものである。その中には、通商や金融経済、環境、地域の人権や貧困問題など多種多様にわたる。表面に浮かんでくる国際問題でも、有機的に関連し合っている要因もあり、単純に善悪を論じることはできない。

E・H・カーは、健全な国際関係理論はリアリズムと理想主義の融合から生まれると説明している。政治過程は、リアリストが信じているように、機械的な因果法則に律せられて継続する現象のなかにそっくりはめこまれているのではないし、また、ユートピアン（夢想家）が思いこんでいるように、賢明達識な人たちの意識の展開とされる理論的真理が、実際にむけて適用されることのなかにおさまっているものでもない。政治学は、理論と実際とが相互依存の関係にあることの認識のうえに築かれなければならないのであり、このことはユートピアとリアリティとを組み合わせることではじめて達成されうるのである[36]。

国際政治の継続性と変化という問題については、リアリストとリベラリストは意見が分かれるが、主流、革新のその他のアプローチもさまざまである。リアリストは国際政治の本質は変わらないと主張し、リベラリストは世界政府が存在しなくても進歩は可能性のしるしであると反論する。一方、革新的アプローチは国際政治の最も重要な変容の可能性を強く主張し、国際政治が国際システムの中でどのように進んでいくかよりも、国際システムがどのように構成されているかに関心を持っている。

国際社会の目の前にある事象だけを捉えて、「一体何が起こっているか」を知ることは難しい。国際政治学が予測不能の学問と捉えられる所以《ゆえん》でもある。理論は頭の中で描く地図であり、直感やさまざまな情報では理解しきれないやり方で、国際政治を理解する手助けをしてくれる。理論は諸現象がいかにして互いに結びついているかを述べた一般的記述、説明からなり、国際政治を単純化し、国際政治の主眼点に注意を向けさせることによって、国際政治を理解しやすくしてくれる。[37] ある意味ではそれぞれの理論の観点によって、幾通りものジグソーパズルを作ることもできる。理論によって国際政治のダイナミックスに対する洞察を得ることができるので、問題解決への処方箋を描く作業が可能になると思われる。

(Endnotes)

1　John T. Rourke, *International Politics on the World Stage*, 4th ed. (Guilford, CT: Dushkin Publishing, 1993), p.26.

2　Glenn P. Hastedt and Kay M. Knickrehm, *International Politics in a Changing World* (New York: Pearson, 2003), p.18.

3　Richard Falk, *Explorations at the Edge of Time: The Prospects for World Order* (Philadelphia, PA: Temple University Press, 1992).

4　トゥキュディデス著、久保正彰訳『戦史』中央公論社（中公クラシックス）、２０１３年。

5　Edward H. Carr, *The Twenty Year's Crisis, 1919-1939: An Introduction to the Study of International Relations* (Toronto, Ontario: McClelland & Stewart, 1996).
Ｅ・Ｈ・カー著、原彬久訳『危機の二十年―理想と現実』岩波書店（岩波文庫）、２０１１年。

6　Kenneth N. Waltz, *Man, the State and War: A Theoretical Analysis* (New York: Columbia University Press, 1959),

p.232.
ケネス・ウォルツ著、渡邉昭夫・岡垣知子訳『人間・戦争・国家—国際政治の３つのイメージ』勁草書房、２０１３年。

7 Arnold Wolfers, *Discord and Collaboration: Essays on International Politics* (Baltimore, MD: Johns Hopkins University Press, 1962), p.19.

8 Kenneth N. Waltz, *Theory of International Politics* (New York: McGraw-Hill, 1979), pp.103, 107.

9 Ken Booth and Nicholas J. Wheeler, *The Security Dilemma: Fear, Cooperation and Trust in World Politics* (Houndmills, Hampshire: Palgrave, 2008), pp.45-47; R. Jervis, “The Spiral of International Insecurity,” in R. Little and M. Smith, eds., *Perspectives on World Politics*, 3rd ed. (New York: Routledge, 2006).

10 Hans J. Morgenthau, *Vietnam and the United States* (Washington, DC: Public Affairs Press, 1965).

11 トマス・ホッブズ著、水田洋訳『リヴァイアサン１、２』岩波書店（岩波文庫）、１９９２年を参照。

12 Paul R. Brewer, Kimberly Gross, Sean Aday and Lars Willnat, “International Trust and Public Opinion about World Affairs,” *American Journal of Political Science*, Vol.48, No.1, January 2004, pp.93-109.

13 John J. Mearsheimer, *The Tragedy of Great Power Politics* (New York: W. W. Norton, 2001).

14 Fareed Zakaria, “Is Realism Finished?,” *National Interest*, Vol.30, Winter 1992, p.22.

15 Waltz, *op. cit.*, *Theory of International Politics*, p.152.

16 Zakaria, *op. cit.*

17 Owen Harries, “Realism in a New Era,” *Quadrant*, Vol.39, No.4, April 1995, p.13.

18 Duncan, Jancar-Webster and Switky, *op. cit.*, p.25.

19 John T. Rourke, *International Politics on the World Stage*, 8th ed. (New York: McGraw-Hill, 2009), pp.26-27.

20 Stephen G. Brooks, “Dueling Realism,” *International Organization*, Vol.51, No.3, Summer 1997, p.473.

21 Hans J. Morgenthau, *Politics among Nations* (New York: Knopf, 1986), p.38.

ハンス・J・モーゲンソー著、原彬久・代表訳『国際政治―権力と平和』現代平和研究会、１９９８年。

22 Rourke, *op. cit.*, 4th ed., p.27.

23 Morgenthau, *op. cit., Politics among Nations*, p.38.

24 Michael C. Williams, “Why Ideas Matter in International Relations: Hans Morgenthau, Classical Realism, and the Moral Construction of Power Politics,” *International Organization*, Vol.58, No.4, Autumn 2004, pp.633-665.

25 Duncan, Jancar-Webster and Switky, *op. cit.*, p.24.

26 John J. Mearsheimer and Stephen Walt, “An Unnecessary War,” *Foreign Policy*, Vol.134, January 2003, pp.50-59.

27 John J. Mearsheimer and Stephen Walt, “Keeping Saddam Hussein in a Box,” *New York Times*, February 2, 2003.

28 Duncan, Jancar-Webster and Switky, *op. cit.*, p.28.

29 Robert O. Keohane and Lisa L. Martin, “The Promise of International Theory,” *International Security*, Vol.20, No.1, Summer 1995, p.42.

30 Robert O. Keohane and Joseph S. Nye Jr., *Power and Interdependence: World Politics in Transition*, 3rd ed. (New York: Longman, 2001).

31 J. W. Burton, *World Society* (New York: Cambridge University Press, 1972); Keohane and Nye, *op. cit.*; Robert O. Keohane, *International Institutions and State Power* (Boulder, CO: Westview Press, 1989); J. N. Rosenau, *Turbulence in World Politics* (Princeton, NJ: Princeton University Press, 1990).

32 J. W. Burton, *World Society* (New York: Cambridge University Press, 1972).

33 Joseph S. Nye, Jr., *Soft Power: The Means to Success in World Politics* (New York: Public Affairs, 2005).

34 President George W. Bush, Address to a Joint Session of Congress and the American People, Office of the Press Secretary, September 20, 2001.
http://www.whitehouse.gov/news/releases/2001/09/print/20010920-8.html

35 花井等著『新国際関係論』東洋経済新報社、１９９６年、64頁。

36 Carr, *op. cit.*, p.42.

37 Hastedt and Knickrehm, *op. cit.*, pp.20-21.

第2章——国際政治システムの生成・発展

◉近代世界システムの足どり

今日の国際システムは2つの長期的発展を軸に展開してきた。1つは西ヨーロッパにおける主権国家システムの発展であり、1つは世界の他の地域の主権国家システムの拡大である。このシステムはヨーロッパの世界に限られていたのが、やがて西ヨーロッパ諸国の対外拡大、さらには植民地などの独立によって世界的規模に拡大していった。この2つのプロセスの結果、1970年代末までには全世界がほぼ1つの主権国家システムとして定着した。そのシステムは国際機関や非国家アクターの台頭とともに今日も進化を続けており、そのため一部には全く新しいシステムに変態を遂げている最中だという主張もある。

国際社会や国際関係を考えるときには、国際システム、国家（および国家の連合体）、政府機関や集団、個々人、という概念レベルに分けて考えることができる。このうち、国際システムという概念は、このシステムが、国際社会を構成する個々の国家の総計以上のものであるだけでなく、個々の国家同士の相互作用の総計以上のものであること、さらに、システムのアクター間の相互作用には一般的なパターンが存在すること、という観点に基づいている。国家は国際システムを構成するものの、国際システムによって行動を制約される。同じような形態や資源を持つ国家であるとしても、それぞれが全く別の国際システムに属しているとすれば、その国家の行動は全く異なるであろう。この意味において、国際関係、国際政治を学ぶ上で国際システムの概念を熟知することは必須である。

国際政治の数々の歴史は、紀元前5世紀のギリシャ都市国家の発展とともに幕を開けた。このギリシャ時代は2つの理由から重要である。その第1は、後に独立国家システムとみなされることになる最も早い一例が見られた点である。第2は、この時代は、前章でも触れたように国際政治分析として知られている最も初期の1つであるアテネの将軍トゥキディデス著『ペロポネソス戦争史』をもたらした点である。[1] トゥキディデスの分析は、国際政治はどう動くかという概要の把握を促進させた最初の試みとされ、その根本的主張のいくつかは今日なお影響を及ぼし続けている。

近代世界のシステムの起源は、起源前700年から300年の間の古代ギリシャのポリス、紀元前500年頃に興ったローマの古典的文明に遡る。ポリスはギリシャ語で都市国家を意味する。これらの国家から領土を持つ国家、主権、ナショナリズム、民主主義という重要な政治概念が発達してきた。都市国家が興る前には、政治組織は支配者あるいは部族のような文化的グループを基盤にしていた。それぞれが領土を支配してはいたが、領土内に住む住民の政治的つながりは支配者あるいはグループとのつながりであり、領土自体へのつながりではなかった。支配者以外には人々は領土を所有しているという意識はなかった。ギリシャ都市国家の台頭とともに、その領土は政治的存在として定義され、人々は土地に対する永代的所有意識を持つようになった。そのつながりが彼らの政治的アイデンティティの一部になった。その結果、市民権の概念が初めて発達した。

アリストテレス（紀元前384～紀元前322年）はその画期的作品『政治』の中で、最高の権威は支配者または宗教だけでなく、政治的ユニットの法律と政府システムに由来すると主張した。それゆえに、ギリシャの各都市国家（ポリス）は独自の法律のもとで主権を持つと考えた。それ以上の世俗的、宗教的権威は認めなかった。ギリシャ都市国家の市民はポリスへの帰属意識を強く持ち、それを住んでいる場所であるだけでなく、「精神状態（a stage of mind）」とした。[2] この精神状態は、現在の政治的アイデンティティ意識の中で最も重要なものであり、国民、政府、領土を相互につなぐナショナリズムの前駆だった。

ギリシャ都市国家においては、人民は歴史上初めて政治的権威の源泉となった。アテネ人その他は「自らを王に従属するものとは考えず、自分達のポリスを指導することに積極的な責任を持つ市民であった」。[3] この市民参加のアイデアは、紀元前500年頃から約150年間民主主義が続いたアテネで頂点に達した。

アテネが最盛期の頃、ローマは西に拡大し始めた。民主主義アテネと同じようにローマは都市国家だったが、やがて帝国として拡大し、最後は侵略を受け占領された。その間、アテネと同様にローマは共和制が帝政になるまでの紀元前509年から紀元前27年、民主主義を体験した。

500年にわたるローマの圧政と帝政が、民主主義とナショナリズムのほとんどの観念を消し去った。わずかな残滓《ざんし》も、ローマが476年に崩壊した後に消滅した。しかしこれらのアイデアは死滅することなく、再浮上するまでの適切な歴史的環境を待つこと実に、1000年間の休止状態が続いた。

ローマ帝国崩壊から1500年頃までの中世におけるガバナンス（統治）は、一方では全体的普遍的権限に、もう一方では地域、地方レベルの権限に依存してきた。普遍的権限はローマン・カトリック教会の宗教的権限、やがてはカトリック教会の権威に替わるようになる多民族国家の世俗的権限である。教会はラテン語を知識人の共通言語として維持し、キリスト教教理を通じて「権利、正義、その他の政治規範」を規定した。また王も法王（教皇）の権威に従う立場にあった。その表れとして、紀元800年に、ローマ法王レオ3世はカール大帝（シャルルマーニュ）に対する戴冠式を行った。多民族国家の世俗的権限に関しては、国王は自らの権威を神から授かったと主張したが、一般大衆に対する愛着は希薄だった。また一般大衆も国王に対しての忠誠心は薄く、世俗的権限は根の深いものではなかった。地域レベル、地方レベルの権限は、封建制における公国、公爵領、男爵領、封土を支配する領主、貴族のほぼ完全に近い権限である。これらの貴族は理論的には国王または皇帝の家臣として荘園を管理したが、実際には通常、自律的で、時として仕えている君主よりも強力だった。

中世における領土や政治的権限の概念は現在とは大きく異なっている。封建制度下の封土やその他の政治的ユニットは、「領土とはいえず（nonterritorial）、主権といっても、主権といえるほどのものではなかった」[4]。確かに君主や貴族が一定の領地を支配してはいたが、理論的に主権を行使していたとはいえない。神、そして神に仕える教会が一定の土地を支配する権利を君主に与え、国王が貴族に土地の一部の所有を認め、領地を細分した。

13世紀には、普遍的権限と封建制の枠組みは揺るぎ始めた。その後数世紀にわたり、国際システムは劇的変化をとげ、「封建領主、皇帝、国王、法王の相交わる管轄権は領土により定義された権限にとって替わられるようになった[5]」。

火薬、銃器などの武器が13世紀頃から発達するようになるにつれ、騎士が荘園、封土をもはや守ることができなくなり、国家による防衛に移行せざるをえなくなった。ヨーロッパにおける貿易の活発化、大量生産の始まりなどで経済活動が拡大し、大規模な経済活動を阻害していた中世封建時代の封土、政治制度が崩壊してゆくようになる。封建領主に対する支配の拡大を求めていた国王と天然資源、市場へのアクセス拡大を求めていた市民階級、商人の利害が一致し、封建制の衰退を助長した。軍事技術と経済拡大がその要因になった。

また法王と神聖ローマ帝国の宗教的権限が弱まり、強まる王権により挑戦を受けるようになった。法王権の衰退はルネッサンスの文化復興運動、それに伴う個人の自由の拡大、科学的調査重視によりさらに助長された。これは宗教の自由を求める動きを高め、マルチン・ルター（1483〜1546年）などによる宗教改革を生み出した。ルターは1517年、ローマ法王庁とカトリック教会組織の神と人との仲介者としての権威を拒否し、「誰でもが神との直接の関係を持つことができるという信条」を宣言、「95カ条の論題」を発表した。その後、カトリックの神聖ローマ帝国とプロテスタントのエスニック・グループとの100年間にわたる闘争が、1648年のウェストファリア条約により終止符を打った。

現代世界のシステムは、従来の政治的権限の統合化、分権化の両方のプロセスにより近代国家が形成され始めた15世紀頃に発達し始めた。ウェストファリア条約が、古いシステムから新しいシステムへの変化を画する出来事になった。

◉ウェストファリア体制の確立

現代の主権国家システムは、1648年に調印されたウェストファリア条約にちなんで、しばしばウェストファリア体制と呼ばれる。主権国家システムの形成過程は徐々に生じたものであるが、1618年に勃発した30年戦争の講和条約であるウェストファリア条約はヨーロッパの国際平和を処理するために開かれた最初の国際会議であり、主権国家のあり方を謳《うた》ったものとされる。

現在のドイツ、オーストリア、チェコ、イタリア北部を主な版図とした神聖ローマ帝国は、オーストリア、スペインという2つのカトリック君主国に分裂し、プロテスタントのオランダや多くのゲルマン民族国家群が独立あるいは自治を達成した。こうした中で、カトリックのフランス、プロテスタントのイギリスなど、一部の主権国家は安定した独立を維持し、近代国家の先駆けとなり、国際システムの中心的アクターになっていった。またこれらの主権国家は国家を上回る権威を認めなかった。主権国家が中核にありながら、新しく進化するシステムは無政府的だった。これが、中心的政治アクターとしての主権国家に基づく世界政治システムの誕生につながっていった。

30年戦争は、宗教紛争とヨーロッパの政治支配をめぐる争いの2つが引き起こした戦争である。

カトリック指導者はプロテスタント国家を破って「真の信仰（true faith）」を回復しようとした。国家は国家でライバルを蹴散らし、国力増強をめざして戦った。国家の中にはローマ帝国時代のような1つの帝国を再び創設するために、ヨーロッパ全土を征服しようとする国まで現れた。時とともに、宗教的要因よりも政治的要因が強くなり、この戦争は最後の宗教戦争と呼ばれることもある。宗教要因に対する「国益」の勝利は、戦争効果の1つであるとされた[6]。

ウェストファリア条約は神聖ローマ帝国の事実上の解体をもたらし、当時から現代にいたるシステムを定めた原則を打ち立てた。第1に、条約は主権国家の存在を認めた。第2に、主権国家の権利を定めた。ヨーロッパの大国は、ローマ帝国再建は見果てぬ夢であり、それを追及することは必ず戦争につながるということを受け入れた。これは諸国家からなるシステムとしてのヨーロッパを認め、今後、国々は主権の原則に基づきつき合っていけばいいということである。主権とは、少なくとも理論上は、各国が自国の領土に対し完全な権利を有するということを意味した。

1700年代から1800年代にかけて、国際システムに重要な影響を及ぼすいくつかの変化が起こった。主権在民（国民主権）の概念の登場に伴い、誰が合法的かつ正当に国家を管理するかというアイデアに変化が生じた。18世紀初めにルイ14世が語ったとされる、「朕は国家なり」に象徴される王権神授説の考え方が、政治的権限は国民に由来すべきだという観念に変化していった。この200年間に、システムは西洋化し、国際政治の多極構造が頂点に達した。ウェストファリア体制の原則は諸国家が自国の国益を追求する妨げにはならなかったし、時として諸国家は戦争を利益達成の手段として利用した。ヨーロッパは諸国家からなる1つのシステムであるという原則は、ヨーロッパ全体の支配を主張しようという、個々の国々による周期的試みの妨げにもならなかっただろうか。[7]

主権は国際政治上、重要な意味を持っている。諸国家に何をすべきかを命じる、より上位の権限が存在しないということは、国家が攻撃し合うのを止める人がいないということである。強制あるいは説得で、国家に侵略を思い留まらせる国際機関も存在しないことになる。別々のアクターの上に立つ中央統治者ないし中央政府が存在しない状態を「無政府状態（アナーキー）」と呼ぶ。ときどき混同されるが、アナーキーは「カオス（無秩序）」を意味するのではない。国際政治の中心課題は、アナーキーなシステム内に秩序を確立できる可能性である。アナーキーという言葉は、国際政治を理解する上で極めて重要な言葉である。ウェストファリア以降のアナーキーな状況でも、大国はやろうと思えば小国を攻撃し吸収できたし、実際、しばしばそうしてきた。その結果、時とともにヨーロッパの国家数は徐々に減少していった。この意味では、原則が変わったとはいえ、ウェストファリア体制はそれ以前とほとんど変わらなかったといえるだろう。

このように、1648年から19世紀初めまでのヨーロッパの歴史の特徴は、いわゆる伝統的勢力均衡である。国家が互いに戦争するのを妨げるものは、思慮分別を除き何ひとつなかった。しかしこの時代の戦争は、その前の30年戦争やその後のナポレオン戦争に比べると、多くの点で限定的だった。この理由としては、権力の分布があげられる。つまりヨーロッパ大陸の支配を掌握したくても、どの国も他国を征服して支配を勝ち取るだけの能力がなかったということである。その戦争目的は相手を全滅させるということにあるのではなく、むしろ相手にある程度の損失を与えることにより、自国の目的を達成することにあった。勢力均衡とは、他国を打ち負かせるほど強力な国が存在しないことを意味した。この勢力均衡は事実と政策の両方だった。残りすべての国を破壊できるだけの力を持つ国が1つもなかったので、多くの国々は均衡維持を明確な政策目標とした。

◉ナポレオン戦争から第1次世界大戦（ヨーロッパ協調）

19世紀初めのナポレオン戦争は、どのように戦争を戦うかだけでなく、どのようにして平和を模索するかに変えた。ナポレオン戦争の終結を契機に開かれたウィーン会議が、近代的な国際組織会議の始まりといわれる。1814年、オーストリア、プロイセン、ロシア、イギリスその他の関係諸国の代表がウィーンに集まり、1822年まで4回開催された。1815年のウィーン会議で戦勝国は、フランスのような国が再び出現して大陸を支配しようとするのを防止できるメカニズムを築こうとした。ヨーロッパ協調として知られるこの合意は、この種のものでは現代史上初めてのものなので、多くの点で第1次世界大戦後に創設された国際連盟や、第2次世界大戦後の国際連合の前兆を示すものだった。[8]

重要なことは都市国家や都市同盟でなく、国家が政治組織の中心になったことである。北ドイツ地域の都市同盟であったハンザ同盟は1667年に終焉《しゅうえん》を迎えた。ベニスや他の都市国家の繁栄も徐々に下り坂になり、最終的には衰退していった。これらの試みが失敗し国家が存続した背景には、明確な実際的理由がある。要は「制度上の論理が社会の資産を動員するうえで好都合だったために、主権国家が都市同盟や都市国家にとって代わっていった」ということである。[9] 貿易を行い、防衛を提供し、その他の要求に応えるのに国家が最適だったということである。

ナポレオンの最終的敗北（１８１５年）から第１次世界大戦勃発（１９１４年）までの１００年間の主要大国あるいはパワーの柱は、イギリス、フランス、プロイセン（北ドイツ）、オーストリア＝ハンガリー帝国、ロシア、そして比較的劣勢だがイタリア、オスマン帝国（トルコ）だった。これらのヨーロッパ列強はグローバルな支配力を持った。多極システムの特徴は、単一のパワーあるいは同盟がヨーロッパ、さらには世界を支配するのを防止することにより、変化する同盟が力の均衡を維持したことだった。ウィンストン・チャーチルはイギリスの伝統的同盟政策を説明して、４００年間にわたりイギリスの外交政策はヨーロッパで最も強大な国に敵対することだったと指摘した。[10]

４００年にわたりイギリスの外交政策はヨーロッパで最も強大で、最も攻撃的で、最も支配的な国に対抗することだった。……強者に与《くみ》して、勝利の（征服した）果実を分かちあう方が旨みがあって、簡単だったろう。しかしわれわれは常に弱者について、困難な道を歩んできた。[11]

産業革命とそれに伴う武器の発達、その他の技術革新により、ヨーロッパは工業化が遅れたアジア、アフリカに対する力を強め、国際社会の西洋化が進んだ。また工業化、生産活動の拡大により、生産のための資源と市場を海外に求める必要が強まり、植民地政策が進んだ。これにより欧米帝国主義の時代が到来した。またこれは世界の南北格差を拡大させ、その格差がその後も継続している。

19世紀で注目したいのは、ナショナリズムと帝国主義という2つの現象の相関的高まりである。どちらの現象も起源はもっと古い。帝国主義はある国がほかの国あるいは領土を支配している状態をいう。形式上は、この支配は帝国の建設と植民地の樹立をもって成し遂げるものである。領土の統治は植民地独自の政府を置くのではなく、帝国中枢による統治が一般的である。しかし経済的手段や軍事的脅しを使って他国政府を支配するという、さほど形式ばらない帝国主義の形をとることも可能である。ヨーロッパでは、ナショナリズム勢力が国際政治に軌道修正をもたらした。ナショナリズムに鼓舞《こぶ》された競争は、地球全体を覆うまでになったヨーロッパ帝国主義の拡大を正当化する一助になる。同時に植民地化された人々の間に芽生えたナショナリズムは、20世紀まで続くことになる脱植民地化のプロセスの基礎となった。やがては全領土が奪い尽くされ、出遅れると永久に不利を被るという思いに駆り立てられ、19世紀後半になると、ナショナリズムが植民地主義の新たな波に拍車をかけた[12]。

ヨーロッパ帝国主義と称されるこのヨーロッパ植民地主義の最後の猛襲は、部分的にはヨーロッパのナショナリズムが鼓舞したものだったが、20世紀に多くの植民地で出現するナショナリズムの種を蒔くことにもなった。経済的に搾取されているという植民地社会の思いが、自分たちのナショナリスト運動に息を吹き込む助けとなった。民族自決主義がヨーロッパの多国籍帝国を蝕《むしば》んでいったように、海外にあるヨーロッパの帝国をも蝕んでいった。植民地支配との戦いは、多くの場合、長期に及ぶ残虐なものであった。20世紀後半のベトナム戦争、1989年から1991年のソ連崩壊、1990年代の壮絶なユーゴスラビア崩壊などの20世紀の民族解放運動で、ナショナリズムは重要な役割を演じた。

ナショナリズムはヨーロッパ協調のわずかな名残りを浸食し、20世紀初めにはヨーロッパ大国間の激しい競争心が渦巻く状況を呈するようになった。これは南半球の植民地化に殺到したことにも表れている。この競争心は、新たに統一されたドイツの力の増大と野望のために、ヨーロッパの現況が持続不可能になるという確信の産物でもあった。次第にヨーロッパの各大国は、非常に不安定な勢力均衡を自国に都合のいい方へと傾けようとするようになった。いずれにせよナショナリズムが台頭したのは、18世紀以前の絶対君主制に基づく国家から民族を基盤とする国家へと変化を遂げたことによる。

◉両大戦の展開

国際システムは数世紀のあいだは比較的ゆっくりと発展してきたが、20世紀に入って変化の速度が急激に上がった。その第1は急速な技術革新である。その結果、医療の進歩、世界通信の高速化といった恩恵を享受した。またさまざまな環境汚染をもたらした。第2は増大する経済相互依存やその他さまざまな相互依存から生じる変化である。これにより多くの人々の生活水準が上昇した。また相互依存により世界はより親密になり、少なからず脅威が減った。一方、世界村で生活しているという現実が、自分たちの国に対する政治的一体心と、忠誠心に基づいた古いナショナリズムと衝突するにつれて、緊張も生み出した。

20世紀にはシステムが最も急激に進化した。20世紀が始まったときには、君主がほとんどの国を支配していた。重要な世界的国際機関はなかった。1900年代に入ると、世界の政治的発展の足並みはスピードを上げる。民主主義が王朝君主の正統性を急激に蝕みはじめた。1900年にはまだツァー（ロシア皇帝）もカイザー（ドイツ、オーストリア皇帝）もいたが、20年もしないうちに姿を消すことになる。1918年には国際連盟が創設され、非ヨーロッパ系の多くの国々が加盟し、国際外交に参加することにな

主要参戦国

	同盟国	協商国
第１次世界大戦（1914～1918）	ドイツ オーストリア=ハンガリー帝国 オスマン帝国 イタリア（1915年同盟離脱）	イギリス フランス ロシア イタリア（1915年～） 米国（1917年～）
	枢軸国	連合国
第２次世界大戦（1939～1945）	ドイツ イタリア 日本	フランス イギリス ソ連 米国

った。20世紀初めの40年間は、依然として国際関係の中心はヨーロッパにあったが、変化は進み、後には南北問題と表現される南北の軸が形成されつつあった。

当時の世界の人口は約15億だった。20世紀が終わるときには、民主的に選挙された為政者がほとんどの国を統治し、国連を始めとする有力な国際機関が存在するようになった。世界人口は60億に達し4倍に増えた。これらすべてが、記録が残る人類史３５００年の約１００年に過ぎない期間に起こった。１９２５年に20億人を記録後、１９５９年に30億人、74年に40億人、87年に50億人、そして98年に60億人と増加した。21世紀に入り、２０１１年10月には70億に達した。この変化の重要な要因は、加速する科学技術の革新にあった。20世紀には、テレビ、コンピューター、インターネット、原子力、航空旅行、宇宙旅行、ミサイル、効果的な産児制限、抗生物質、その他多くの技術革新が生まれ、恩恵をもたらした。

20世紀には、多極システムが崩壊し、後半は２極システムが生まれた。それに至る前半の状況は、２つのヨーロッパ大帝国の崩壊によっていっそうデリケートなものになった。19世紀末までにオスマン帝国は、一般的にはバルカン地域として知られる現在のボスニア・ヘルツェゴビナ、セルビア、ブルガリアからなる領土への支配を徐々に失いつつあった。独立運動はオーストリア＝ハンガリー帝国も悩ませた。その他の大国は衰退しつつある帝国とわが身を犠牲にして、勢力獲得にしのぎを削った。この競争の結果次第で、ヨーロッパの力の政治（パワーポリティックス）の長期に及ぶ勝者と敗者が決まると多くが思った。

第1次世界大戦を正式に終結させたベルサイユ条約は、1919年6月28日に調印された。その条約により国際連盟が創設され、ドイツの国境が引き直され、戦争により引き起こされた損害に対し相当な「賠償金」の支払いがドイツに要求され、将来のドイツ再武装に対してさまざまな制限が設けられた。第1次世界大戦の余波の中、多くの集団の国家への願望が、ヨーロッパにおける脱植民地主義の大きな波を通して実現していった。崩壊した帝国の版図から、ベルサイユ条約はヨーロッパにチェコスロバキア、ユーゴスラビア、ポーランド、バルト3国といった国々を創り出した。これらの東欧諸国に独立を認めることは、民族自決の考えを強く支持したウッドロー・ウィルソン米大統領の公約の1つだった。ウィルソン大統領は、伝統的に民主主義が欠けている地域に自由な民主主義国家が誕生すれば、その地域の平和は保証されると考えた。対照的に、中東、アフリカ、アジアの植民地は、単純に勝戦国の管理下に移された。

第1次世界大戦は、世界パワーにおける根本的交代も生み出した。第1次世界大戦はイギリスとドイツのどちらが優勢であるかを決する戦いという一面もあったが、結果として両国とも荒廃した。同時にこの戦争は米国という産業、軍事、金融大国の上昇を見せつけ、興隆に貢献した。

ウィルソンは第1次世界大戦を「すべての戦争を終結させる戦争」と呼んだ。その戦争のもたらした破壊は前例のないもので、今後、戦争を回避できるような新たな方策を見いださなければならないと多くの人々が確信した。その戦争の記憶が、指導者に必要な手段を講じるきっかけを与えたかのようだった。それでも、わずか21年後の1939年には第2次世界大戦が勃発する事態に至り、第1次世界大戦よりはるかに残虐な戦争になることは必須だった。[13] 次の戦争を避けたいという強い願望があったにもかかわらず、なぜ第2次世界大戦を防げなかったのだろうか。理由は複雑で今なお議論が尽きないが、２、３の重要な要因が判明している。

第1次世界大戦後に戦争を回避する手段として指導者が思い描いたのは集団安全保障で、どこかの国が戦争を始めたら、それ以外のすべての国が攻撃された国の防衛に駆けつけることにすべての国家が同意するというものである。この政策はヨーロッパ協調がもたらしたリベラルな政策の更新版である。ものの見事に第1次世界大戦阻止に失敗した時代遅れの勢力均衡システムを抱えた諸国家は、共同して解決に当たる必要を感じた。勢力均衡に基づいた安全保障システムの持つ欠点を補うものとして、集団安全保障システムは考えられた。集団安全保障は理論としては説得力があった。もし戦争を始めたら他のすべての国からの報復に直面するということを、どの国も承知しているわけである。したがって、戦争を始めたところで何かを得られるという希望はほとんどないので、戦争を起こしたりしはしないだろうし、集団安全保障が上手く機能すれば、脅しをかける必要は一切ない。

第2次世界大戦は大規模な災害をもたらし、従来の主要アクターのほとんどを荒廃させ、それによりヨーロッパ中心の多極構造が破壊した。第2次世界大戦は重要な経済的原因もあるというのがほぼ一致した意見である。１９３０年代は世界に経済恐慌が吹き荒れた時期である。経済が崩壊したためにほとんどの国が自分本位な戦略をとり、雇用の増大を図った。共通の戦略は輸入関税を引き上げて、国内の雇用を保つことである。しかし、すべての国がこの輸入障壁戦略を取ったら世界の貿易は崩壊し、すべての国の経済の効率が落ちるだろう。

第1次世界大戦までは、イギリスが世界経済の構築で指導的役割を演じていた。多大な海軍力と豊かな経済力を背景に、イギリスは世界中で大規模な貿易を推進できた。これはイギリスにとっても、他の国々にとっても有益であると思われた。しかし第1次世界大戦の戦費増大で、イギリスは主導的役割を演じる能力がかなり低下した。世界経済の新しい重要なプレーヤーは米国だった。しかし伝統的な孤立主義政策の結果、米国政府はイギリスの主導的役割を引き受けるのを躊躇《ちゅうちょ》した。その結果、大恐慌の重圧の下で貿易を維持するための、効果的な世界協調はなされなかった。

◉米ソ超大国の出現

第2次世界大戦はドイツ、フランス、イギリス、イタリアといった伝統的なヨーロッパの強国をひどく弱体化させ、米国とソ連という2つの比較的新参者にツー・トップの地位を譲った。この2つの国は対ドイツでは同盟していたものの、互いに激しい不信感を抱いており、戦後のヨーロッパに関しては相いれない計画を持っていた。1946年から1991年は「冷たい」戦い、冷戦として知られているが、その理由は、戦争の恐れが常にあったにもかかわらず、2つの「超大国」の間に本当の、つまり「熱い」戦争が1度も起こらなかったからである。冷戦がほぼ50年にわたり国際政治を支配した[14]。

冷戦が始まり、非ヨーロッパ国家であるソ連と米国が支配する2極システムが形成された。すなわち第2次世界大戦の戦禍で世界の主要アクターのほとんどが荒廃し、代わって米国が軍事的、経済的超大国として出現した。ソ連も巨大な被害を被ったものの、米国の主要ライバルとして出現した。経済的にはソ連は米国の比ではなかったものの、巨大な通常兵力を有し、堅固なイデオロギーを持ち、1949年には核兵器まで保有するようになった。そして東西の枢軸が確立した。「冷戦」と呼ばれる対立の本当の原因は複雑で、多くの議論がある。しかし、変化する経済および政治的利益とそれまでの勢力均衡構造の崩壊によって生じた勢力の真空が、国際政治の大部分が2つの超大国間の対立に集中した2極システムを生み出したというのは、妥当なところである。

やがて米国、ソ連という2超大国の対立構造が継続した結果、両国の国家予算が逼迫するなど2極システムが衰退するにつれ、新たに台頭する国々や超国家アクターが重要性を増していった。国際システムの拡大、欧米の影響力の低下、アジア、アフリカ、中南米諸国の影響力の増大が、深遠な衝撃をもたらした。ヘドリー・ブルとアダム・ワトソンが述べているように、第3世界諸国は、

非植民地化すなわち民族解放のペースを加速し、……植民地支配や少数による移民支配を不法とみなす新しい風潮を世界情勢に生み出した。そして新植民地主義すなわち間接手段による弱国支配を新たなターゲットとし、人種の平等を、とりわけアフリカ南部の白人至上主義政府に対し支持し、富める国と貧しい国の間の経済的公正を公式に要求した。……そして文化的開

放、つまり西側宗主国との政治的、経済的縁切りのみならず、知的、精神的縁切りを主張した。また、第3世界諸国は第3世界イデオロギーの宣伝活動に努めたが、この世界観はヨーロッパ人と非ヨーロッパ人の間の歴史を、自分たちが受け入れられるように説明したものである[15]。

1985年にミハイル・ゴルバチョフがソ連の最高指導者になり、経済破綻を回避するために、経済システム、官僚機関の改革、抑圧的政治システムの改革に着手した。過大な軍事支出を減らすために西側との関係改善を求めた。また東欧諸国に独自の国内政策の推進を許した。この結果、東欧諸国の民主革命が起こり、ドイツが再統一された。1991年には1955年に結成されたワルシャワ条約機構（WTO）が解体した。ソ連内の共和国が独立を宣言し、ゴルバチョフはもはや存在しなくなったソ連という国の元首を辞任した。1991年にソ連が崩壊することで、2極システムが終焉した。

20世紀には、多民族国家としての帝国がナショナリズムにより衰退した。オーストリア＝ハンガリー帝国など、ヨーロッパ全体にまたがる帝国は分裂し、イギリス、フランス、その他のヨーロッパ諸国が支配した植民地帝国も解体していった。20世紀後半、50年近く続いた冷戦体制も終結した。

◉ 21世紀の展開

21世紀は、多くの新しい傾向、不確定性がある。2極システムの後に何がくるかという重要な問題もある。ソ連邦崩壊直前の1991年に評論家チャールズ・クラウトハマーは、「ユニポラー・モーメント（1極の瞬間）」という記事の中で、「冷戦直後の世界は多極世界ではない。1極世界である。世界の力の中心は、比肩する者のない超大国、米国である」と述べた[16]。この見方には賛否両論ある。しかしクラウトハマーも、「やがて、米国と対等の大国が存在するようになる多極世界がやってくることは疑いない」と予見している[17]。現在は米国が軍事的、経済的に単一超大国となって限定的な1極システムが存続しているが、米国の支配力を弱め、世界を多極システムに向かわせるさまざまな力が作用している。この結果、「限定的1極システム」[18]といわれる世界が出現している。この変化において、グローバル、地域的な国際機関、国家が重要な役割を果たしている。

国際システムの変化の1つの特徴は、西洋志向の後退である。非ヨーロッパ諸国の数、パワーが急速に拡大し、21世紀においてはそのパワーがさらに拡大することは確実である。非ヨーロッパ諸国の価値観は通常、欧米の価値観とは大きく異なっている。国際システムの変化のもう1つの特徴は、国家の権限に対する正当性を疑問視するようになってきたことである。国家の権限に対する挑戦の増大である。これは国内的に統合を弱める役割を果たし、国際的には統合を強める役割を果たしている。これは21世紀に大きな影響を及ぼす要因である。

アナリストの多くは、世界的なハンバーガーチェーン、マクドナルドに象徴されるパワーを構成する政治的、経済的、社会的圧力が国家の重要性と権限を崩壊させ、世界の政治的、経済的、社会的統合をはるかに強めると信じている。政治的統合は、世界貿易機関（WTO）などの国際機関の重要性の高まりに反映されている。経済的相互依存の高まりは、一国の経済管理能力を弱め、国家の権限を衰退させる。社会的統合も、急速な通信、交通手段の発達、製品・サービスの交換により加速されている。2004年には、世界の製品・サービスの貿易は9兆2000億ドルを超え、米国人は他国に7兆2000億ドルの資産を保持し、外国人は米国に9兆6000億ドルの資産を保持した。世界は均一な地球村に移行しつつあり、これは内向きのナショナリズムを弱め、自国に対する帰属、忠誠心を弱める効果を生んでいる。経済的相互依存性の高まり、経済のグローバリゼーションに対処するため、世界銀行、国際通貨基金（IMF）などの国際機関の力と重要性が高まっている。これとともに、一国の内部では、民族、部族、エスニック・グループの対立が激化しており、国家の権限に挑戦を投げかけている。ロシアではチェチェン共和国の独立の問題が深刻になっている。ボスニアは国内の民族対立により崩壊した。

また平和追求努力も岐路に立たされている。近代兵器の破壊力の増大により、平和追求がより重要性を帯びている。20世紀には戦争で1億1100万人が死亡したが、これは19世紀に戦争で死亡した数の6倍、18世紀に戦争で死亡した数の16倍である。戦争で死亡する人の割合が世紀を重ねるごとに増加している。大量破壊兵器、ミサイルの拡散は戦争が与える損害をより大きくしている。

2つの大きな課題がある。1つは伝統的な国防戦略に対するテロ、ゲリラ戦などの非対称的戦争の脅威にどのような対処してゆくかという課題であり、もう1つは国防において、伝統的自衛のアプローチに依存するか、あるいは国際機関の平和維持活動その他の国際安全保障アプローチに依存するかという課題である。２００1年9月11日の米同時多発テロは、非対称戦の手段としてのテロの新しい脅威と、テロを防止する上での伝統的な防衛手段の限界を浮き彫りにした。

国際経済の変化も21世紀に影響を及ぼす要因である。経済の相互依存性が急速に進んでおり、国境を超えた貿易、投資、通貨の流れが世界のすべての国々を1つにつないでいる。またそれに対抗する圧力もある。こういう中で、国々は国際的経済統合の道を進むか、あるいはそのプロセスを止め伝統的な国家経済政策を推進するかという選択肢を持っている。国際的経済統合の道を選ぶ場合、グローバリゼーションに反対する人々の正当な懸念にどう対処するかという課題もある。

21世紀には、経済的先進国と開発途上国の間の格差、拡大する南北のギャップをどのように埋めるかも大きな課題である。21世紀には、人権、環境という生活の質に関係する課題もある。人権、環境問題への国際的関心が高まっており、そのための国際的提携、努力も拡大している。しかし人権保護、環境保全はまだまだ未解決の課題である。

(Endnotes)

1　トゥキュディデス著、久保正彰訳『戦史』中央公論社（中公クラシックス）、２０１３年。

2　Dennis Sherman and Joyce Salisbury, *The West in the World*, 2nd ed. (New York: McGraw-Hill, 2004), p.56.

3 *Ibid.*

4 Hendrik Spruyt, *The Sovereign State and Its Competitors: An Analysis of Systems Change* (Princeton, NJ: Princeton University Press, 1994), p.35.

5 *Ibid.*, p.1.

6 Gordon A. Craig and Alexander L. George, *Force and Statecraft: Diplomatic Problems of Our Time* (New York: Oxford University Press, 1990), pp.4-6.

7 *Ibid.*, Chapters 1-3.

8 Louise Richardson, "The Concert of Europe and Security Management in the 19th Century," in Helga Haftendorn, Robert O. Keohane and Celeste A. Wallander, eds., *Imperfect Unions, Security Institutions over Time and Space* (London: Oxford University Press, 1999), pp.48-79.

9 Spruyt, *op. cit.*, p.185.

10 Stephen M. Walt, "Alliances: Balancing and Bandwagoning," in Robert J. Art and Robert Jervis, eds., *International Politics*, 4th ed. (New York: Harper Collins, 1996), p.109.

11 Robert J. Art and Robert Jervis, eds., *International Politics: Enduring Concepts and Contemporary Issues*, 10th ed. (Boston: Pearson, 2011), p.127.

12 19世紀後半の帝国主義については Andrew Porter, *European Imperialism 1860-1914* (New York: Palgrave Macmillan, 1996) を参照。

13 戦間期については Edward H. Carr, *The Twenty Year's Crisis, 1919-1939* (New York: Harper & Row, 1964) を参照。第2次世界大戦については Martin Gilbert, *The Second World War: A Complete History* (New York: Henry Holt & Co., 1989) を参照。

14 冷戦の歴史については John Lewis Gaddis, *The Cold War: A New History* (New York: Penguin, 2005) を参照。

15 Hedley Bull and Adam Watson, *The Expansion of International Society* (London: Oxford University Press, 1982), pp.428-429.

16 Charles Krauthammer, "The Unipolar Moment," *Foreign Affairs, America and the World, 1990*, Vol.70, No.1, 1991, p.23.

17 *Ibid.*, pp.23-24.

18 Samuel P. Huntington, "The Lonely Superpower," *Foreign Affairs*, Vol.78, No.2, March/April, 1999, p.36-49.

第3章——冷戦時代——米ソ両極体制

◉ヤルタ会談

1945年2月、ソ連クリミア半島ヤルタでのローズヴェルト、チャーチル、スターリンの首脳会談で、第2次世界大戦の戦後処理についてのヤルタ協定が結ばれ、米英仏ソ4カ国によるドイツの戦後の分割統治、ポーランドの国境策定、エストニア、ラトビア、リトアニアのバルト3国の処遇など東欧諸国の戦後処理が決められ、ソ連の東欧支配への道を開いた。それに併せて米ソによるヤルタ秘密協定が締結され、ドイツ敗戦後90日後の対日参戦および千島列島、樺太南部（サハリン）などの日本領土のソ連への割譲、満州の港湾と鉄道へのソ連権益などが決められ、北方領土問題など戦後の日本とロシアの間の領土問題を生み出した。このほか、その後正式に発足した国際連合の投票方式について、米英仏中ソ5カ国の拒否権を認めたのもこの会談で、国際連合の安全保障理事会常任理事国を中心とする国連体制の基礎が決められた。

ヤルタ会談の結果、ドイツは3つのほぼ均等な大きさの区域に分割され、統治権が米英ソにそれぞれ与えられた。最終的にはソ連がベルリンの東半分を統治し、西半分は米英仏で分割統治することで合意された。

ヤルタ会談に先立つこと約半年、1944年8月末から10月初めにかけて7週間、ワシントンDC郊外のダンバートン・オークス邸で国連創設に関する会議が開催された。この会議で、国連総会と安全保障理事会の組織構造に関する基本的合意が達成された。総会は加盟国すべての平等な発言力を付与するよう配慮され、安保理は平和維持が戦勝4カ国（米、英、ソ、中／ダンバートン・オークス会議参加国）の総意に基づくことが配慮された。4大国は国際平和の維持に責任を持つ一方、特権として拒否権を付与されることが考案された。4カ国の代表すべてが拒否権を支持した。拒否権は、「ビッグ5（米、英、ソ、中、仏）の意見一致を見ない軍事行動には、自国軍の投入を求められることはないことを絶対的に保証する」ものだったからである。[1]

1944年夏以降、スターリンはソ連軍をソ連の境界線を越えて、フィンランド、ルーマニア、ブルガリア、ハンガリー、ポーランドへ進めていった。フィンランドはソ連軍に占領されたわけではないが、ソ連の影響下で中立化を余儀なくされた。それに伴い、欧米諸国にとってスターリンは交渉しにくい相手になっていった。スターリンとチャーチルは1944年10月のモスクワ会談で、戦後の東欧におけるソ連圏と西側の影響圏について話し合った。ローズヴェルトはこうした影響圏、ブロックの考え方を好まなかったが、強く反対はしなかった。

米、英、ソのビッグ3はそれぞれ異なる目標を持って会議に臨んだ。イギリスは、ドイツにフランス管理地域を設けること、ソ連のポーランド拡大を阻止すること、大英帝国を守り抜くことを目指した。ソ連は、打ちのめされた自国経済再建のための賠償金を獲得し、アジアを占領し、ポーランドを支配下に置き、二度と東に軍を進められないようドイツの弱体化を望んだ。そして米国の望みは、米主導の国連、ソ連の対日参戦、ポーランド共産主義政権の弱体化、中国の地位を引き上げ列強の一員にすることだった。参加者それぞれが相手の胸の内の探り合いをしてはいたが、「会議では大所高所からの合意というまずまずの決着を見た[2]」。

戦後、米国とソ連は共通の敵を失い、対立の様相を深め、本格的な冷戦時代が幕を開けた。戦争中は枢軸国と戦うために協調していた米国とソ連の関係は、1945年末から46年にかけて対立関係へと変化していった。

◉封じ込め政策

1946年3月、チャーチルは米国のフルトン市において「いまやバルト海のステッチィンからアドリア海のトリエステに至るまで、ヨーロッパ大陸を横断する鉄のカーテンが降ろされた」とヨーロッパを舞台にした冷戦時代の到来を告げた。

これに先立つ1946年初め、スターリンはマルクス・レーニン主義を明確に打ち出し、資本主義世界に内在する矛盾・対立のゆえに戦争が不可避であるという演説を行った。米国務省はモスクワの米大使館にスターリン演説の分析を要請し、それに対してソ連問題専門家ジョージ・ケナン代理大使が、同年2月に国務省に分析を打電した。第2次世界大戦後の米国の対ソ政策は、ケナンが唱えたソ連観に基づく封じ込め政策である。ケナンが2月にモスクワの米大使館から送った世界共産主義者の世界問題に対する見解という米政府の要請に答えた8000語にものぼる長文の電報は、封じ込め政策のもとになったソ連政権の性格についての見解を示した。それによると、ソ連の共産主義政権は西側諸国を最初から敵視しており、共産主義思想に基づいてソ連は西側諸国の体制を転覆することを義務と見ているというものだった。

ソビエトの権力は……理性の論理に鈍感なくせに、力の論理にきわめて敏感である。そのため、いかなる場合でも強い抵抗にあえば容易に後退しうるし、また、通常そうである。したがって、ソビエトの敵は力を行使する構えを見せさえすれば、力の論理に敏感なソビエトが後退するので、ソビエトの敵は実際に力を行使するところまで行く必要がない。[3]

封じ込め政策は1947年初めに政策として具体化され、やがて47年半ばには、自由主義圏が全体主義圏（共産主義圏）により脅かされており、米国は全体主義圏と世界的に闘争しなければならないという、のちにトルーマン・ドクトリンとして知られるトルーマンの議会演説の実践につながってゆく。

世界史の現時点において、ほとんどすべての国民がいずれかの生活様式の選択を迫られている。その選択すら思うようには行われていない場合が多いのである。その生活様式の1つは、多数の人々の意思に基づき、自由な制度、代議制の政府、自由選挙、個人の自由、言論、宗教の自由などの保証、政治的抑圧からの自由ということを特徴にしている。第2の生活様式は、多数の者の上にむりやり押し付けた少数者の意思に基づいたものである。それは、恐怖と抑圧、統制された新聞、放送、買収された選挙および個人の抑圧の手段によったものである。

武装した少数分子、あるいは外部の圧力による征服の試みに抵抗している自由な諸国民を支援することこそが合衆国の政策でなければならない、と私は信じている。[4]

一方、マーシャル・プランは米国が第2次世界大戦後に計画、実行したヨーロッパ復興計画のことで、1947年6月5日にマーシャル国務長官がハーバード大学卒業式場で行った演説で提案したことから、その名が付けられた。具体的内容としては、ヨーロッパの敗戦国や発展途上国に対して、無償または低金利で援助を行うことを骨子とした。その狙いは、大戦で被害を被った国々を早期に復興させることにより、東欧、さらにはヨーロッパ全土における共産主義勢力の伸張を食い止めることにあった。ヨーロッパ復興を米国の政策のよりどころにするという考えには、多くの魅力的な側面があった。米国はヨーロッパ復興を通じてソ連を挫折させ、ヨーロッパ全体を統合し、米国の莫大な経済援助歳出予算を将来的に軽減、ないし削除できる可能性が少なからずあったからである。[5]

当時、米ソのイデオロギー対立以上に、西欧諸国経済の崩壊が社会的、政治的な危機をもたらす恐れがあり、それが差し迫った問題だった。それを放置すれば米国経済も停滞し、世界の資本主義体制そのものが危機に直面する可能性があった。トルーマン大統領にとって、ヨーロッパの経済、社会、政治の危機を回避することは、膨張主義を追求するソ連を封じ込めるためにも必要なことだった。こうしてマーシャルは「ヨーロッパ復興計画」（マーシャル・プラン）を発表した。

ヨーロッパの復興に何が必要であるかを考える際に、人命の損失、都市、工業、鉱山、鉄道など目に見える破壊は正確に見積もることができる。だが、この目で見える破壊よりも、ヨーロッパ経済の構造全体の方がいっそう深刻であることが、この数カ月の間に明らかになった。

……

ヨーロッパは今後３、４年間に食料と必需品を外国、主に米国から得なければならないが、その需要が支払能力をはるかに上回っており、多額の援助が付加されなければならない。そうでなければ、ヨーロッパはきわめて深刻な経済的・社会的・政治的崩壊に直面せざるを得ない。

……

ヨーロッパの諸国民が自暴自棄に陥ったならば、世界全体が沈滞することになり、混乱が起こる可能性があるが、それは別にしても、米国経済への影響は必至である。世界に正常で健全な経済を取り戻させるために、米国はできるかぎりのことをするのは当然である。正常で健全な経済がなければ、政治的安定も平和もありえないのである。[6]

◉ソ連の対応――冷戦の本格化

当初の米国の申し出は、ソ連および東欧を含むすべてのヨーロッパ諸国が援助対象だった。マーシャル演説のヨーロッパとはアジアの西の地域のすべての国を意味した[7]。ソ連が東欧諸国とともにマーシャル・プランに参加することは、ソ連圏にとってさまざまな不都合を生じさせることが明らかだった。東欧が西側諸国に経済的に依存することになり、ドル資金がソ連圏に大量に流入するだけでなく、国の財政を公開することも義務付けられることになる。ソ連にとっては受け入れがたいことだった。巨大な経済力によって「鉄のカーテン」をこじ開けようとする米国の試みは壁にぶつかった。このためマーシャル・プランは東欧諸国を対象外として、西欧諸国の戦後復興にもっぱら充てられることになり、ヨーロッパの東西分断を加速化する役割を果たすことになった。

トルーマンは1949年1月の一般教書演説で、北大西洋条約機構（NATO）の結成を計画していることを発表し、同年4月4日にはワシントンに12カ国代表が結集して、NATO条約に調印した。これは米国が、ヨーロッパ諸国の復興にとってマーシャル・プランを通じたヨーロッパへの経済的援助だけでは不十分であり、安全保障面での安心感を提供する必要を認識し始めていたことの表れであった。NATO創設は米国にとって先例となった。ヨーロッパ諸国との「紛糾時の同盟」にもずっと慎重だった米国が、平時に同盟にコミットすることになった。とりわけ条約第5条では「締結国は、ヨーロッパまたは北米における1または2以上の締結国に対する武力攻撃を全締結国が、国連憲章第51条の規定によって認められている個別的または集団的自衛権を行使して、北大西洋地域の安全を回復し、維持するためにその必要と認める行動（兵力の使用も含む）を個別的におよび他の締結国と共同して直ちにとることにより、その攻撃を受けた締結国を援助することに同意する」

ことが規定された。

ソ連は米国が西欧諸国に軍事的支援を行うことに強く反発、１９５５年にはワルシャワ条約に基づき、東欧諸国とワルシャワ条約機構（ＷＴＯ）を結成した。ヨーロッパでＮＡＴＯとＷＴＯの２つの防衛機構が対峙《たいじ》することになった。ＷＴＯはソ連邦が崩壊した１９９１年12月直前の７月に正式解散するまで存続した。

こうして米ソの冷戦時代が本格的に始まることになった。冷戦幕開けの原因としては、いくつかの要因が考えられる。１つには、イギリス、ドイツ、日本などのパワーがなくなるにつれ、米ソの友好協力の理由が薄れていった。またそれに伴い、世界に生じた真空地帯に米国、ソ連が進出するにしたがって、米ソ間の摩擦の領域が広がり、米ソ対立・紛争の可能性も高まっていった。ソ連はバルト３国、フィンランド、ポーランド、ルーマニアの一部を併合し、ポーランド、東ドイツ、ルーマニア、ブルガリア、ハンガリー、アルバニアに傀儡《かいらい》政権を樹立した。極東では南サハリン、千島列島を領有し、満州地域の港湾、鉄道を支配下に置いた。

米国は第２次世界大戦を境に世界的な大国として成長していった。米国の工業生産量は倍増し、強大な艦隊、空軍力を保有するようになり、原爆を独占した。世界中の金の３分の２を保有し、ヨーロッパの旧帝国、日本が支配していた地域を影響下に置くようになった。米国は国連信託統治地域として、マリアナ諸島、マーシャル諸島、カロリン諸島を獲得し、日本、ドイツの一部を占領下に置いた。米国はその最大の艦隊を地中海に、２番目の艦隊を東アジアに配置し、イギリス、フランス、北アフリカ、トルコ、サウジアラビア、パキスタン、台湾、韓国、その他の国々に軍隊を駐留させた。遠からず米国は世界の45カ国と同盟関係を結んでいく。

米国、ソ連の軍事力は他の国々に追随を許さない圧倒的規模を誇ったので、米国はソ連にとって、ソ連は米国にとって最大の軍事的脅威となった。この米ソ対立関係の構図は、米国、ソ連のイデオロギー的な違いによりさらに深まった。[8]

トルーマン大統領は、国務省、国防総省に軍事・外交政策の包括的な再検討を命じていたが、1950年4月にその再検討作業の結果として国家安全保障会議文書NSC－68がまとめられた。同文書は経済的、軍事的に同盟諸国の強化を呼びかけ、国防費をその当時の135億ドルから350億ドルへ激増させることを勧告した。1950年6月に朝鮮戦争が勃発し、NSC－68に基づく軍事支出の大幅増大が議会により承認され、米国の外交政策は軍事重視へと大きく動いてゆくことになった。

NSC－68の草案作りは、米政治家、外交官ポール・ニッツェと政策計画スタッフの直接指揮の下、国務省と国防総省計画グループによって行われた。NSC－68起草者はトルーマン・ドクトリン起草者とは異なり、対照をなす米ソ両国の生活様式には関係なく、本質的には世界は2極だと考えていた。世界の政治と権力の両極化は一時的というよりはむしろ、「本質的に形を変える」世界権力分布であり、米ソ両国のような全く対照的な目的と理念を持つ世界大国が、「対立が固有と化した」国際システムにおいて、互いに対立していると考えた。[9]

東アジアでの出来事がNSC－68の兵役動員を即座に承認する形となり、1950年6月の北朝鮮の韓国侵攻が、国連の庇護の下に米軍の軍事介入を引き起こした。そしてこの介入がケナンの封じ込め政策の最初の試金石となった。朝鮮戦争は、冷戦が時として「熱く」なり、大国をして国境の端から端まで実際の戦闘に突き込ませることもあることを証明した。

◉冷戦のグローバル化

最初はヨーロッパが中心だった冷戦も、世界の国々に影響を及ぼしていった。最初の兆候が表れたのは中国で、1949年に毛沢東率いる共産党が勝利し、30年に及ぶ内戦を終結させた。共産主義の勝利が及ぼす影響についての米国の懸念は、1950年6月に共産主義の北朝鮮が韓国を攻撃したことにより高まった。それまで南北両朝鮮間では再三の国境紛争があったにもかかわらず、米国はこの侵攻には虚をつかれた。外部の識者はこの北朝鮮の攻撃を、ソ連が北朝鮮のスターリン主義者キム・イルソン（金日成）政権を支援することによる、一般的な共産主義の攻撃戦略の一環であると解釈した。その侵略は、この攻撃戦略に米国が立ち向かう気持ちがあるかどうかを試すものと多くの人々は考え、韓国における共産主義の拡大をより大きなドミノ理論の一部ととらえる米国の政策決定者も同様の考えであった。論拠は、「もし韓国でスターリンを止めなかったら、さらに進軍し、国々が次々と共産主義の手に落ち、共産主義がヨーロッパやアジアを支配するか、第3次世界大戦が勃発するまで続くだろう」というものである。[10]米国は弱腰とみられることへの懸念から、北朝鮮軍が南下したときに北朝鮮を侵略者と認定するよう国連に要求した。朝鮮戦争は冷戦のグローバル化のハイライトであった。

第2次世界大戦後の時代は超大国間の緊張が特徴の1つだが、脱植民地化プロセスの時代と定義することもできる。ただし、脱植民地化そのものは中南米諸国や米国がイギリス、ポルトガル、スペインの帝国と民族解放戦争を戦った18世紀終盤から19世紀初頭に遡る。また、これが植民地主義からの退却のサインとはいえず、19世紀終盤から20世紀初頭にかけて多くの国々が帝国主義政策に積極的に関わっていた[11]。中でも、ベルギー、イギリス、フランス、イタリア、オランダ、ポルトガルが、アフリカやアジアに新たな植民地を手に入れていた。

多くの国々は当然ながら、どちらかを選べという超大国の圧力を撥《は》ねつけた。1955年4月18日から25日まで開催されたバンドン会議で、29のアジア・アフリカ諸国が冷戦の対立に関わらないという決定を下した。これら諸国の間で、ネルー（インド）、ナセル（エジプト）、スカルノ（インドネシア）、カストロ（キューバ）、チトー（ユーゴスラビア）などの指導者の影響により、1961年に非同盟運動（NAM）が設立された。実際面で、NAMは「積極的中立」政策をとった。これは、冷戦中は両超大国との関与を支持し、それと同時に、加盟国の社会的、経済的安定の発展を模索するという政策である。やがてはポスト冷戦の世界において、NAMの焦点は世界的勢力均衡に対する懸念から、債務免除、貿易と投資、グローバル化の影響、エイズなどの健康問題などの主な関心事へと移っている。

スターリンの死とソ連の核能力増強により、米国防戦略の早期見直しが促進された。米国防戦略見直しの産物であるアイゼンハワーとジョン・フォスター・ダレスによるニュールックは、「侵略を抑止ないし反撃するに足りるだけの」通常兵力と、米国が脅威に対してその都度「好きな手段で精力的に応酬できる」経費節減型の「大量核能力（massive atomic capability）」を組み合わせたものである。[12] アイゼンハワー大統領は、ダレスのいう「大量報復」を「敵が何か悪さを始めたら、そのときは徹底的にやっつける」と簡潔に表現している。[13] 核抑止に頼る方が安くすむ。その理由を大統領はこう説明している。「国防費を野放しにしたら、インフレに陥る。……次に来るのは統制で、ついには軍事国家（軍事政策中心の全体主義国家）になり、……そしてそれほどまでしてわれわれが守ろうとした価値そのものを失うはめになる[14]」。

巨大な核兵器庫と強力な軍隊を有する米国は、たとえ戦争の瀬戸際まで行くことになろうとも、危機下において譲歩はしないという「瀬戸際作戦」を実践してきた。「勝利は最後の15分まで気力を持ちこたえられる者のもとに行く」とダレスは書いている。[15]

通常戦力よりも核戦力による抑止力に依存する大量報復政策は、通常戦力の維持コストよりも核戦力の維持コストの方が安上がりである点に着目して、最小限の軍事コストで最大限の効果を維持しようとする考えに基づいていた。アイゼンハワーは、米ソ冷戦が50年は継続する長期的戦いだと見ており、長期戦のためには米国経済の健全さが重要であると考えていた。このためアイゼンハワー政権は、経済力と軍事力のバランス維持を安全保障政策の基本原則にしていたが、大量報復政策もその原則を反映したものだった。
1957年10月4日にソ連が世界初の人工衛星スプートニクの打ち上げに成功すると、議会の軍備増強派は「スプートニク・ショック」に乗じてソ連に対する危機感を煽った。1958年1月、米国は最初の衛星エクスプローラー1号の打ち上げに成功した。同年7月議会は米航空宇宙局（NASA）を創設した。アイゼンハワーは対ソ政策において、ソ連からの攻撃に対して究極的対応ができる軍事能力をもとにした政治・軍事戦略を模索した。
その一方、アイゼンハワーはソ連との関係を改善し、兵器競争を終結できるのではと考えていた。1955年7月、廃墟と化したベルリン郊外のポツダムで開かれた1945年7月の会談以来、初めての英米仏ソの首脳会談がジュネーブで開かれ、米ソ間でいわゆる「雪解けムード」が醸成されていった。アイゼンハワーは、1959年9月にニキータ・フルシチョフソ連首相を米国に招いた。明らかにフルシチョフは、いちかばちかの個人外交によってデタントを追求しようとしていた。しかしこの訪米の大成功が、この賭けを正当化したようだった。フルシチョフは、1958年には権力基盤を強固にしていた。1959年9月、アイゼンハワーに温かく迎えられたフルシチョフは初の米国訪問を劇的な国連演説で開始した。その演説でフルシチョフは、「3年以内の全面軍縮」を提案した。[17]
米国滞在10日目、ソ連首相はメリーランド州の大統領別荘キャンプ・デービッドに出向いた。2日間にわたり両首脳は戦争の四方山話《よもやまばなし》をし、ベルリン問題を協議した。アイゼンハワーは、フルシチョフがベルリンの最後通牒を放棄するまでは、新たな首脳会談開催には同意しないつもりだった。フルシチョフは放棄に同意し、これが「キャンプ・デービッド精神」を生み出し、両陣営がデタントに向けそれぞれの方策を進んで語り始めた。

米ソがケネディ＝フルシチョフ時代に入った1961年8月13日、ソ連は突如、共産主義統治下にある東ベルリンを西ベルリンから分離するために、45キロの長さの壁を一方的に建設し始めた。東西ベルリンの境界通行点にコンクリート壁の建設が始まり、東西ベルリン間を市民が移動する通路が塞がれた。1949年以来、東ベルリンから西ベルリンに技術労働者、スパイ、難民を含む200万人以上が脱出していた。ベルリンの壁はこの難民流出を停止するものだった。壁の建設により避難民の脱出は遮断された。

◉キューバ危機

1962年にはキューバをめぐって核戦争にもなりかねない緊張した事態が発生した。キューバミサイル危機である。1959年初頭キューバ革命政府が成立し、同政府に対して米国は61年4月、CIAの工作によるキューバ反革命軍の進攻作戦を起こして失敗していた。1962年9月、ソ連・キューバ武器援助協定が締結されていた。キューバ危機は、米空軍のロッキードU－2偵察機が1962年10月、ソ連がキューバに建設中の核ミサイルサイロの写真を撮影したことから始まった。ケネディは国家安全保障会議（NSC）特別幹部会議（エクスコム）を設置し、直ちに対応措置を検討した。エクスコムは連日にわたり危機への対応策をめぐり協議を展開していくことになる。

こうした軍事的準備を背景に、ケネディ大統領は1962年10月22日、国民向け演説を行った。ケネディは、ソ連がキューバに建設中の攻撃用ミサイル基地は米国にとって重大な脅威であるとし、キューバの「隔離」を言明した。隔離は国際法上の封鎖であり、攻撃用兵器積載の全船舶の反転を求め、拒否すれば撃沈するという強硬手段である。

キューバ危機は冷戦を緩和すると同時に加速させた。危機の間、コミュニケーションをとることの難しさを実感した米ソ両国は、危機後、危機回避のために直接回線を設けた。1963年8月にホワイトハウスとクレムリンの間に、テレタイプ型回線である「ホットライン」を設置した。これにより6月に調印した米ソ両国のホットライン協定が実質スタートした。両国とも核戦争の危機に肝をつぶし、それがより協調的関係へと進み、同年8月には米英ソ3国間で大気圏内および水中の核実験を禁止した部分的核実験禁止条約が締結された。地下核実験を除く核爆発を禁止する部分的核実験禁止条約である。ケネディはこうして核戦争の危機を回避し、一方フルシチョフはこのときの対応が部分的理由になって1964年10月に失脚した。

両超大国の緊張は1960年5月1日にソ連が米国のU－2偵察機をソ連領土内で撃墜したときに高まったが、ソ連のプロパガンダにとっては願ってもない大成功となった。そしてこのキューバ危機発生であった。1962年10月14日、キューバ上空を飛行中の米国のU－2偵察機が中距離および準中距離弾道ミサイル基地を建設するソ連兵の姿を撮影したことから、両国の緊張は危機に追い込まれた。その行動は、キューバに攻撃用兵器を送らないとするフルシチョフ首相の誓約に反するもので、ケネディはこれを、世界を核戦争の瀬戸際まで導く極めて深刻な問題であるとみなした。キューバに配置中のミサイルは首都ワシントンを直撃する射程を持ち、メガトン級の核弾頭を搭載することができた。なぜソ連はキューバにミサイル基地を建設する決定を下したのか、その意図は分からなかったが、ジョン・ヤングは、ベルリンの壁建設に対してケネディ大統領が何もしなかったことが１つの引き金になったのではないかと強調している。[18]

核の大惨事がかろうじて回避されたといっても、冷戦が熱い戦争にならないという保証にはならないというのが一般的見解である。キューバ危機の最中に米ソ指導者が直面したことは、核戦争だけは避けなければならないという考えにもかかわらず、相手の出方によっては核戦争にエスカレートする可能性に直面するという、まさに核時代の危機の力学である。ロバート・マクマホンはキューバ危機を回避して、核の惨事が回避されたことは「核の深淵を見つめたことで、米国とソ連の指導者がキューバ型の対立を回避する必要性を認識し、その方向で重要な第一歩を踏み出した」ことを意味するとしている。[19]米国はソ連の排除を目的とするこれまでの外交政策の見直しを迫られた。つまり、現実の世界では米国が簡単には覇権を行使することができず、ソ連と共存せざるを得なくなったことを意味した。

ケネディは、対ソ軍事戦略において、アイゼンハワー政権のジョン・フォスター・ダレス国務長官により提唱された大量報復戦略から柔軟対応戦略への転換を決定した。これは急速なソ連の核戦力増強により、米ソの核戦力の格差が小さくなってきた現実から、先制核攻撃を受けても残存する大量の核兵器で報復するという大量報復戦略が成り立たなくなりつつあることが根底にあった。このためケネディは、相手の出方にあわせてゲリラ戦から通常戦まで幅広く柔軟に対応できる軍事戦略の構築を目指した。ケネディ政権はその防衛戦略をあらゆる種類の戦争に対応する手段を備えた「柔軟に反応する」戦略とした[20]。

この戦略の変化の背景には、1960年代に入り、国際政治が2極から多極へと構造的に変化し始め、それが冷戦の性格に反映される現実があった。1961年1月にはソ連のフルシチョフ書記長が演説の中で、世界中の民族解放戦争へのソ連の支援を公言した。

◉ベトナム戦争

大統領に就任したリンドン・ジョンソンにとって最大の外交課題は、ケネディから引き継いだベトナム戦争への対応だった。ジョンソンは64年大統領選では直接軍事介入には反対の立場を取ったにもかかわらず、1965年から68年まで米軍を増派し、北ベトナムへの爆撃（北爆）を繰り返してベトナム戦争をエスカレートさせていった。ジョンソンは共産主義拡張のドミノ理論を信じ、共産主義を封じ込めなければならないという信念のもとに、共産勢力拡張を阻止する取り組みを強化した。とりわけジョンソンはベトナムの共産化が中国共産主義の東南アジア全域への拡大につながり、台湾、韓国、日本まで脅威に晒《さら》されると考えた。このドミノ理論の考え方は、アイゼンハワー、ケネディからジョンソンへと継承されてきたものだった。

トンキン湾事件は、1964年8月に北ベトナムのトンキン湾で哨戒活動と情報収集をしていた米軍駆逐艦に対してベトナムの哨戒艇が魚雷を発射した事件で、ジョンソン政権のベトナム政策の大きな曲がり角になった。ベトナムの哨戒艇による発砲は、その直前に米軍の支援を受けた南ベトナム政府軍がトンキン湾の島々に奇襲攻撃をかけ、同時に米海軍が哨戒活動をしたことへの報復だった。しかしジョンソンはこの発砲を利用し、さらに2日後に北ベトナムの周到な計画に基づく2回目の攻撃があったと主張をして、ベトナムへの軍事介入を含むあらゆる手段を行使することについて議会の支持を求めた。しかしその後、ニューヨークタイムズが暴露報道したペンタゴン白書の詳細な分析によると、ジョンソンが主張した2回目のベトナムからの米駆逐艦への発砲は、米議会からベトナムへの武力行使容認決議を勝ち取りやすくするために、米政府が仕組んだもので実際には存在しなかったことが明らかにされた[21]。

米議会はこの事件を契機に、上院で88対2、下院は416対0で、共産主義の侵攻に脅かされている東南アジアのいかなる国に対しても、軍事介入を含むあらゆる手段で支援する権限を大統領に与えたトンキン湾決議を採択した。この決議は、ジョンソン大統領がベトナムへの軍事介入をエスカレートさせる法的根拠として使われた。実際にこのときから米国はベトナム戦争に本格的に突入した。1965年2月には民族解放戦線がプレイク空軍基地を攻撃して米兵死者7人となる事件が起こり、ジョンソンは報復として北爆を実行した。北から南への人や物資の流入をくい止め、北の意思をくじくことが意図された。ジョンソンが北ベトナムを爆撃することにより報復したときに、世論のジョンソン支持率は42％から72％に急上昇したとされる。

こうしてジョンソンは、1965年7月にはベトナム駐留米軍の規模を年末までに17万5000人に増やすことを決定した。国防長官だったマクナマラは、大規模な米地上軍のベトナム投入が、南ベトナム政府に代わって米国がベトナムでの戦争を主導することを意味すると考え、ジョンソンにもその意味を伝えていた。この増派決定はジョンソン政権を本格的にベトナム戦争に突入させる転換点となり、ベトナム駐留米軍の規模は1967年末には48万人にまで膨れ上がった。米軍が60年代半ばから70年代初めにかけてベトナムに投下する爆弾の総重量は、米国が第2次世界大戦で投下した爆弾の3倍以上に達した。ベトナム戦争は泥沼化の様相を深め、米国にとって最も長い戦争になった。

1968年は米国にとって大きな転換の年になった。ベトナムでは68年1月末、北ベトナムに指揮されるベトナム民族解放戦線による南ベトナム主要都市への一斉攻撃が開始され、いわゆるテト攻勢が実行された。解放戦線側は軍事的には大きな打撃を受けたが、テト攻勢は米国民に大きな衝撃を与えた。ベトナム戦争は戦闘状況が同時にテレビで放映された初めての戦争であった。

1968年大統領選挙戦では、テト攻勢以降、ベトナム戦争が大きな論点となった。ジョンソンはニューハンプシャー州の予備選では辛勝したものの、行政面でも選挙面でも、ベトナムの戦雲は重くのしかかってきた。同年の民主党全国大会には、ベトナム戦争に反対する何十万人もの若者、ヒッピー、ブラック・パンサー党などの過激派が抗議活動のため結集し、シークレットサービスはジョンソンに大会への出席を許可しなかったほどだった。米国の本格的介入により、内戦から民族解放戦争へと性格を変えていったベトナム戦争は、結局ジョンソン自身の政治的キャリアにも終止符を打つ結果をもたらした。ベトナム戦争による過大な財政負担は財政危機を深刻にし、国内でも「偉大な社会」政策関連の支出を抑制するマイナス効果を生み出し、ジョンソンの国内政策をも挫折させた。

ベトナム戦争を引き起こした要因は何だったのだろう。キューバミサイル危機後、米ソ関係には雪解けがあったものの、米中関係に緊張が高まったというのがこれに対する答えの1つである。米国は東南アジアにおける中国の拡張主義政策にとりわけ懸念を抱いていて、ケネディ、ジョンソン両大統領は中国を封じ込め、東南アジアにおける共産主義の拡大を阻止しようと決心していた。ミッチェル・ホールが述べているように、米国は「南ベトナムを失うことはその地域の他の国々を脅かし、世界における米国の名声（地位）を危うくすると信じていた[22]」。ドミノ理論である。同時に戦争は、第2次世界大戦後の米国の政策の基盤である封じ込め政策を通して、共産主義の脅威に立ち向かう意思と能力を示す機会を米国に与えた。

◉核不拡散条約（NPT）からデタントへ

ジョンソン政権下で成立した軍備管理条約の中で最も重要な事項は、核不拡散条約（NPT）である。[23] 1960年にフランスが核実験を行い、米ソ英に続いて4番目の核保有国になった。1964年には中国が核実験を実施し、5番目の核保有国となった。次々と核保有国が増えるなかで、米ソを中心にした関係諸国は、核兵器をこれ以上世界に拡散させないことを目的とした交渉を行った結果、NPTが1968年に最初の62カ国により調印された。条約は1970年3月に発効し、今日に至るまで核不拡散体制の支柱となっている。1963年の部分的核実験禁止条約調印以来、核拡散の阻止が米国の軍備管理政策の重要な課題とされた。米国の一部には、4〜5の核保有国が存在するほうが世界は安定するという見解もあったが、誤認や事故によって偶発核戦争が起きるリスクの増大も含め、核兵器の拡散を危険なものと見る見方が大勢を占めた。ジョンソン政権時代にNPT体制が作られ、国連安全保障理事会の5常任理事国のみに核兵器国の地位が例外的に与えられ、この5大国以外は非核兵器国として核不拡散体制に参加していった。

当時、ソ連はワルシャワ条約機構諸国の核武装を厳格に禁止しており、米国が北大西洋条約機構（NATO）との共同所有という形で核兵器を移転する可能性を懸念していた。1966年9月にディーン・ラスク米国務長官はアンドレイ・グロムイコソ連外相に対して、米国はいかなる核兵器もNATOに移転することはしないと約束した。NATO同盟諸国の要請により、米国は条約が核兵器を規制するが、その運搬手段までは規制しないし、米国が保有・管理する核兵器のNATO諸国への配備を禁止するものではないという解釈を採用することで同意した。ソ連はこれに対して異議を唱えることはしなかった。核不拡散条約は1968年7月1日に調印されたが、ジョンソン大統領はこの条約を「核時代の始まり以来最も重要な国際合意」であると評価した。

ニクソン政権の時代は、世界が構造的な変化をとげるただ中にあった。ニクソン政権の外交政策で中心的役割を演じたヘンリー・キッシンジャーはこう述べている。「戦後時代はすべての大陸が相互関係を結んだ初めての期間である。１９４５年には国際社会は51カ国から構成されていた。１９６８年にはそれが倍以上になり、１３０カ国近くなった。……ニクソン政権が発足したときには、国際関係のすべての要素が同時的に変化していた[24]」。米国の軍事力はソ連との関係で相対的に減退していた。

１９６０年代終盤のパラドックスの1つは、米国がベトナムにおける冷戦対立の象徴とされる戦争への関与を一段と深めつつあったときに、両超大国間の緊張緩和につながる諸状況が出現したことである。これはデタント時代として知られることになるが、基本的には国際政治における緊張の減少を意味する。しかし、キューバミサイル危機後の１９６３年には「ホットライン」設置協定が結ばれ、また部分的核実験禁止条約が締結されるなどデタントの兆しは明らかだったものの、両国が影響力の維持を望んだために、両超大国の底流には緊張が流れていたのが実情だった。ソ連は１９６８年、プラハの政治家が導入した改革を抑制するためチェコスロバキアに侵攻、権限を主張した。１９６９年にはソ連贔屓《びいき》の共産主義国家の主権制限論を推進するブレジネフ・ドクトリンが発表され、ソ連の影響力はますます強調された。

しかしこうした緊張にもかかわらず、両国の関係を改善すべきという偽りなき思いもあった。デタントへの圧力は多方面からやってきた。西欧では、デタントの原点は東欧圏との交渉を提唱したヴィリー・ブラント西ドイツ首相の政策にあるとされる。東方外交（Ost politik）として知られるブラントの政策は、東ドイツおよびベルリンの地位を承認した条約を始めとする数々の合意を生み出した。また、西ドイツがドイツを代表する唯一の国家であるとする、1955年9月22日に西ドイツのコンラート・アデナウアー首相により表明された、それまでのハルシュタイン・ドクトリンを破棄した。

デタントの根底にある共通テーマは、両超大国の核戦争に対する恐怖だった。米ソは大陸間弾道ミサイル（ICBM）や、潜水艦発射弾道ミサイル（SLBM）を中心に激しい軍拡競争を続けた結果、相互確証破壊（MAD）と呼ばれる関係が形成され、1960年代末までに両超大国は軍拡競争を加速させるか、減速させるかの基本的選択に直面した。デタント政策追求の決定は1969年に米国大統領に就任したリチャード・ニクソンに負うところが大きい。ニクソンは就任演説で「交渉の時代」の到来を強調した。ニクソンは、ヘンリー・キッシンジャー補佐官とともに、冷戦の緊張緩和とベトナム戦争終結、ソ連との核均衡（パリティ）という広い概念の容認を切望した。そうした戦略の基礎にあるのは、1960年代の米国が「1つあるいは同時に2つの問題に気をとられて、あらゆる領域で政策の悪化につながる傾向」にあることへのニクソンの懸念だった。[25] これには中国との国交回復政策も含まれる。米国はその政策によって中ソ関係の悪化をさらけ出そうとした。米国にとって中国政府との対話を開始する利益は、米国の政策決定者が望んだように、対中国交回復が膠着《こうちゃく》した米ソ関係では考えられない、より流動的な国際システムを生みだすかもしれないことだった。同時に、平和的関係の発展を擁護する政策を米国がとることを示すことによって、ベトナム戦争から立ち退く手段でもあった。

キッシンジャーは米外交から「感傷癖（センチメンタリティ）」を一掃しようとした[26]。一般的にニクソン＝キッシンジャー外交の推進力とされる言葉が「デタント」であり、全体的に対立環境にあるソ連および中華人民共和国との限定的な協力をさす。デタントは国際的緊張を緩和し、国際政治における米国のリーダーシップを維持するための手段となり、プロセスとなり、風潮となった。そしてデタントは、ソ連と中国を封じ込め、急進的革命を抑えることによって、「均衡（equilibrium）」すなわち地政学的勢力均衡を生み出すとされた[27]。

ニクソンは1969年7月23日に、東南アジア、南アジアを歴訪した際にグアムに立ち寄りいわゆる「グアム・ドクトリン」を発表した。これは後にニクソン・ドクトリンと呼ばれ、ニクソンの外交政策における重要な指針となった。米国は過去には朝鮮戦争やベトナム戦争に見られるように米軍人と武器を同盟国に提供したが、今後は自国を防衛するために自国の将兵を活用する用意がある国に対してだけ、軍事援助、経済援助を提供するというものである。

◉ニクソン・ドクトリン、SALT、多極化時代

ニクソン・ドクトリンの知的基盤は力のバランスの概念に深く根ざしており、具体的には安全保

障は国際的な均衡に見いだすことができるという想定に基づいている。ニクソン政権は、自国の安全保障により大きな責任を担う能力を持つ日本や西欧諸国とのより成熟した関係を模索し、同時にソ連とのデタントを追求した。デタントが意図したところは、米国と冷戦時代の主要な敵対国との間の緊張を緩和させ、協同者として国際体制に参加できるようにすることである。

１９７５年に米国が支援した南ベトナム政権の降伏によってベトナム戦争が終結する。その４年前の１９７１年、ニクソン大統領は「国際関係の新たな安定した枠組み」の必要性を宣言した。[28]ニクソンは５大国による世界秩序について言及したが、これは米国、西欧、日本という経済的３極、米国、ソ連、中国という戦略的・政治的３極を意味し、いずれの３極においても米国が中心的役割を担うという考え方に基づいていた。「国際関係の新たな安定した枠組み」構築というニクソン大統領の戦略の目玉は、ソ連および中国という米国の２つの冷戦時代の敵とのデタント政策であり、同盟国とのよりバランスのとれたパートナーシップである。[29]

ニクソン政権が対ソ関係で最も重要視したのは、戦略兵器の制限交渉であった。米ソはジョンソン政権時に、１９６８年から戦略兵器制限交渉（ＳＡＬＴ）を開始することで合意していたが、ソ連のチェコスロバキア侵攻と米国の政権交代により交渉開始は１９６９年11月まで延期された。ニクソン大統領は、米ソが戦略兵器の増強によって相手より決定的な優位を達成しようとすれば膨大な投資が必要になり、仮に優位を一時的に達成したとしても相手の対抗措置によって相殺されるため、優位の達成は不可能であると主張した。ニクソンは、米ソが戦略兵器の制限に同意するほうが、両国の国益にはるかに適《かな》っていると主張した。当時、米国内ではベトナム戦争による疲弊によって、政策の優先順位を海外から国内に移す世論の圧力が強まっていた。大規模な軍備増強を継続できない状況にあったニクソン政権は、ソ連の軍備増強に歯止めをかけることを望み、戦略兵器制限交渉（SALT）に取り組んだ[30]。

ニクソン大統領は1972年5月26日にモスクワを訪問し、ブレジネフ書記長との間で弾道弾迎撃ミサイル制限条約（ABM）に調印し、5年間の有効期限を持つSALT1暫定協定を達成した。ABM条約は、米ソそれぞれが配備できる迎撃ミサイル発射装置を200基に制限（1974年には双方100基に変更）した。SALT1暫定協定は米ソが保有する陸上、海上配備の戦略核ミサイルの数量を当時のレベルで凍結するもので、米国の場合は大陸間弾道ミサイル（ICBM）1054基、潜水艦発射弾道ミサイル（SLBM）656基、ソ連の場合はICBM1619基、SLBM740基が上限とされた。

ABM条約に米ソが同意したということは、両国が戦略核ミサイルから自国を防御する能力を制限し、同時に相手の先制攻撃から生き残る核報復攻撃力を保持することを認め合ったことを意味した。いわゆる「相互確証破壊（MAD）」の状況が条約上も固められ、米ソはともに先制攻撃ができなくなった。すなわち、いずれか一方が先制攻撃を行えば、相手から耐え難い核報復攻撃を受け、米ソは共倒れになる。SALT1暫定協定の対象はICBMとSLBMに限られ、当時米国がソ連に対して460機対140機という圧倒的優位にあった戦略爆撃機は対象から外された。この協定は、ＩＣＢＭとＳＬＢＭの数量ではソ連の優位を放置しつつ、米国の質的優位（核兵器の精度、弾頭設計、ロケット推進技術、潜水艦建造など）を温存することでバランスが図られた。ＳＡＬＴ１によって米ソの戦略核の上限は定められたが、質的改善を進める余地は残され、実際、米ソはＳＡＬＴ１後に戦略核の技術競争を継続したのである。

フォード政権の最大の課題は、対ソ関係に関して前政権がまとめたＳＡＬＴ１交渉のフォローアップであった。大統領就任後1年も経過しないうちに、インドシナ半島の共産化という事態に直面し、それをただ見ているしかなかったフォードは、外交政策の成果を米ソ関係に求めた。ＡＢＭ条約は無期限の条約であったため、ＡＢＭ問題は一段落したが、暫定協定は5年間の期限しかなく、ＳＡＬＴ１で対象外とされた戦略爆撃機や核兵器の質的規制の問題が残されていた。ＳＡＬＴ１では、米ソは多弾頭化（ＭＩＲＶ）された戦略核ミサイルを規制しておらず、米国側としては年々増強されるソ連のＭＩＲＶ化ＩＣＢＭに規制を設ける必要性を意識した。こうしてフォード政権は第2次戦略兵器制限交渉（ＳＡＬＴ2交渉）に取り組んだが、ＳＡＬＴ1交渉のときと異なり、ＳＡＬＴ2交渉には交渉を前進させようという勢いがなかなか生じなかった。

１９７５年にフォードはソ連との間にヘルシンキ合意を結び、ヨーロッパ地域の人権状況を監視する非政府組織「ヘルシンキ・ウォッチ」の枠組みを作り、それがさらに人権ウォッチに発展していった。西ドイツ、米国は東ドイツの政権を認めることを拒否していたが、１９７２年12月に西ドイツと東ドイツは関係正常化の合意を結び、西ドイツは東ドイツを承認した。東西両ドイツの協議は、1970年代の東西関係改善の枠組みになったフィンランドのヘルシンキを舞台にした全欧安保協力会議（CSCE）の先駆けになった。1975年8月に開かれたヘルシンキ会議は、1815年のウィーン会議以来最大の政府首脳会議だったが、講和会議ではなく、第2次世界大戦後のヨーロッパにおける国境線の多国間の受け入れを象徴した。調印国は、いかなる国も既存の境界線を武力により変更する試みはしないことで合意した。この合意により、ソ連は衛星国内での武力行使権を事実上放棄したことになったが、半面、合意はソ連の衛星国化した東欧の現状を容認する内容を持っていた。

◉人権外交

カーター大統領は就任当初から、停滞している第2次戦略兵器制限交渉（SALT2交渉）を進展させることを、米国の重要な外交政策課題の1つと規定した。カーターは対ソ外交において、人権問題でソ連批判を加えながらも、前政権のデタント政策を継承し、軍備管理交渉を推進しようとした[31]。

カーターは1979年6月にブレジネフとウィーンで会談し、両国は軍事的優位を求めないことを約束した。この会談で米ソは、双方の戦略核ミサイルと戦略爆撃機の総数を2250基（機）に制限し、MIRV化ミサイルを1320基、重ミサイルを308基に制限する第2次戦略兵器制限条約（SALT2条約）の枠組みについて合意した。SALT2条約の内容は、戦略核の運搬手段における米ソの実質的な均衡を確認するものであった。しかし、この条約は、ソ連を攻撃できる英仏の核兵器を規制の対象外とした。また、西ヨーロッパに配備され、ソ連に届く射程の中距離兵器も対象外とされた。

SALT2条約は、2つの政権にまたがって約7年もの難交渉の結果、ようやく成立した。しかし、1979年末のソ連軍のアフガニスタン侵攻で米ソ関係が急速に悪化したため、米議会上院における批准手続きが中断し、結局、条約は批准されなかった。[32] ソ連はアフガン侵攻後、アミン政権を倒して親ソ派的な社会主義派のカルマル政権を樹立した。

カーターは新しい米外交際策の基礎を築くと誓約し、1977年1月20日、大統領に就任した。カーター政権以前のニクソン、フォード両政権、そして両大統領に仕えたキッシンジャーの外交政策はリアルポリティックス（現実政治）、バランス・オブ・パワー（勢力均衡）に力点を置いたが、カーターはパワー（力）やインフルエンス（影響力）を人道目的に使う、基本的価値観に根ざした民主的外交政策を約束した。こうした外交政策は、ソ連の行動の一挙手一投足に神経を費やすことによってではなく、人権の促進と世界の各地域問題の解決に米国外交政策の焦点を合わせることによって成し遂げられるはずとされた。

米国では新大統領の下で新しい約束が4年ごとに繰り返されるパターンがあることは、しばしば指摘される。政権発足後、カーターは「人権へのわれわれのコミットメントは絶対でなければならない」と宣言した。[33] カーターは人権が米外交際策の中心的要素であると主張したのである。

カーターは確かに米国の人権政策を前進させた。カーター政権のビジョンはそれまでの政権のビジョンより包括的だった。米国は伝統的に人権を市民権ないし国政参与権の観点から考えてきたが、カーター政権はそれに経済および社会的権利を付け加えた。4年間を振り返ってみると、カーターのコミットメントは本物であったが、必ずしも常に政策に移されたわけではなかったことも明らかである。同時に人権という名の下に実行された外交際策に一貫性を欠いていたこともしばしば指摘される。

対立の可能性の観点からみると、冷戦中の超大国関係がかなりの変動に晒されてきたのは明らかである。この意味では、冷戦は超大国間の直接対立にこそつながらなかったものの、朝鮮戦争やキューバミサイル危機のように、戦争勃発の可能性が相当大きかった例もみられる。こうした情勢の低強度分析を図1に示したが、この情勢はポストデタント期間にも及んでいる。

図1　冷戦期の緊迫度

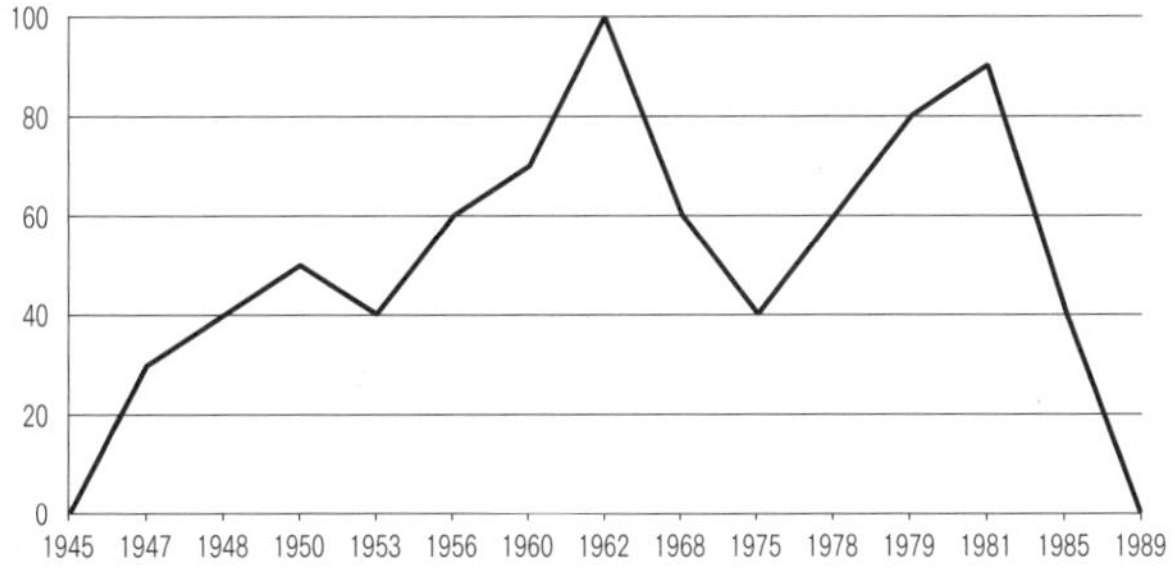

出典：Alasdair Blair and Steven Curtis, International Politics: An Introductory Guide, Edinburgh University Press, 2009, p.78.

1970年代も終盤に近づくにつれ、超大国がデタントの意味について異なる見解を持つことが明らかになった。また超大国に自国のイデオロギーや同盟を捨てる気がないことも明白だった。ソ連は貿易協定や戦略兵器制限交渉（SALT）を取りつけようとした。一方の米国は、ソ連の領土拡張政策を抑えようとした。このような違いの結果と、SALT1協定の不均衡さ加減の結果、1979年にSALT2交渉の際は米国側が強硬な姿勢を見せた。

他の出来事もSALT交渉の実りある決議の妨げとなった。1979年のイラン革命もその1例で、テヘランの米国大使館で人質にとられた米国人外交官だけでなく、重要な西側同盟国も失うことになった。数カ月後にはソ連がアフガニスタンに介入し、米国の政策決定者の目には、ソ連の領土拡張政策のさらなる証拠となった。米国は一連の措置でこれに応じた。SALT2協定の批准をしない決定を下し、アフガニスタンのイスラム戦士、ムジャヒディンを軍事支援し、1980年のモスクワオリンピックをボイコットし、国防費を急増させた。こうした強硬措置にもかかわらず、1970年代終盤の潜在的情勢は、米国がソ連との競争では不利な立場にあり、冷戦を失いつつあった。こうした政策成果に対する責任の大半は、ソ連の国防費増大と第3世界への介入を阻止することのできなかったカーター大統領にあるとされた。この情勢を反映して、カーター大統領の国家安全保障問題担当補佐官ズビグネフ・ブレジンスキーは、カーター政権の主なつまずきは、間違いなく、「中欧戦線でのデタント政策と、米国が地政学的利益を有する地域周辺での軍事拡張政策（最初は代理による、その後は直接的軍拡）を組み合わせたソ連の政策に、早い段階で立ち向かうことができなかった点である」と言及している[34]。こうして、1970年代終盤になると、多くの人々が、10年後にはデタント期間が終わり、冷戦対立が再開するだろうと予想したが、これは当然の成り行きといえる。

◉戦略防衛構想（SDI）

レーガン大統領はソ連の脅威を重視し、1983年3月23日の演説ではソ連を「悪の帝国」と呼び、戦略防衛構想（SDI）を発表した。また1970年代半ば以来、世界に左翼革命政権が次々に誕生した背後にソ連の膨張政策があると考えた。レーガンはソ連に対する巻き返しを求め、1981年度の国防予算をカーター政権時よりも14・6％増額し、その後7％の実質増を維持する方針を発表し、「強い米国」を目指す政策を推し進めた。国防予算は50％も増大し、1980年の1439億ドルから85年には2947億ドルになった。

当初、レーガンの外交政策はきわめてイデオロギー的に見えた。レーガンはデタントを拒絶し、ソ連は〝悪の帝国〟〝現代世界の悪の焦点〟であると主張した。レーガンは後に、「米国人は民主主義と自由を防衛しているのに対して、ソ連人は〝非倫理的で見境のない拡張主義〟を進める〝悪者〟である」と書いている[35]。

レーガン・チームの分析では、米国とロシアを敵対させたのは、ソ連の体制の性格とその対外的行動であることは明らかだった。ホワイトハウスの有力クレムリノロジストのハーバード大学教授リチャード・パイプスによると、ソ連が共産主義を放棄しない限り、結果は最終的には戦争につながるしかない[36]。レーガンもパイプスの論理に共鳴している。「すべてのソ連の指導者は最初から、共産主義は世界全体を1つの共産主義国家にして初めて成功すると宣言してきた。……彼らは全世界が共産化されるまで、社会革命を支援し続ける」とレーガンは語った[37]。

レーガンは1985年の一般教書演説で、「われわれの使命は、自由と民主主義を育て、それを守り、その理想を可能なところにはどこにでも伝えることである」と述べ、世界の「自由の戦士」を支援する方針を宣言した[38]。この「自由と民主主義」のための世界の自由勢力支援は、レーガン・ドクトリンと呼ばれる。レーガン・ドクトリンが力説したのは、通常戦争に至らないが対立する国家や集団間における政治的、軍事的紛争に対処する「低強度紛争（LIC Low Intensity Conflict）」へのコミットメントである。つまり、エリート部隊が影の戦争の汚れ仕事をする人を組織し、同盟国、代理人、準軍事組織を通した軍事行動を行い、米国の兵士が外地で戦い、命を落とすことをできるだけ少なくすることである。

カーター政権からレーガン政権へと変わる中で、米国の対ソ政策は大きく変化した。レーガンは冷戦を強力に推進した。レーガンは、ソ連は米国以上に軍備に費やし、核兵器においては米国を凌《りょう》駕《が》していると認識していた。反SALT2キャンペーンを張り、核兵器制限交渉にはあからさまな嫌悪を見せた。米国は核兵器を補強することによって「脆弱《ぜいじゃく》な窓」を閉めなければならなかった。つまり、ソ連の先制攻撃に対し論理的に脆弱とされていた地上配備のICBMを補強しなければならなかった。レーガンが大統領に就任したとき、ソ連は西欧諸国に向けて3弾頭の中距離ミサイルSS－20の配備を続けてきた。レーガンはNATO同盟国の承認を得た後、パーシングⅡと巡航ミサイルの追加配備で対抗する方針を明らかにした。レーガン政権は、西側核戦力の強化計画を背景にして、ソ連との間に中距離核戦力制限交渉（INF交渉）を開始した。INF交渉において、米国側は「ゼロ・オプション」を提案し、米ソ双方がヨーロッパからすべての中距離ミサイルを撤去する提案を示した。そのためには、ソ連は613基の中距離核ミサイルを解体し、米国は572基を配備するのを控えなければならなかった。この提案はソ連に拒否されたが、核軍拡競争の激化が核戦争へとエスカレートするのではないかという西欧諸国の不安を沈静化させる上では一定の効果があった。

レーガン大統領が発表したSDIは、核兵器による先制攻撃あるいは報復攻撃を無効化することにより、従来の相互確証破壊戦略を根本的に転換する意味を持っていた。同時に米国のソ連に対する技術的優位を軍事戦略に生かし、さらに米国のハイテク産業の技術的競争力を高める狙いもあった。これはまた、米国内の核凍結運動の勢いを削ぐ役割も果たした。これが成功すれば、このシステムは、米国が自ら破壊されることなく、ソ連を破壊する能力を回復させるものだった。ワインバーガー国防長官の言葉では、この状況は、米国が唯一の核大国である状況を再現するものだった。ただ、SDIは技術面、費用面から実現可能性に大きな疑問が持たれ、反対意見も強かった。

戦略兵器削減交渉（START）合意の見通しも、SDI発表によって先行きが不透明になっていった。「スター・ウォーズ計画」と称されたＳＤＩは宇宙空間の対弾道ミサイル防衛システムを想定したもので、レーザーすなわち粒子ビームで米国を防御（遮蔽《しゃへい》）し、宇宙空間でソ連の弾道ミサイルを阻止、破壊するというものである。ＳＤＩを数10億ドルの「役立たず」と見る向きもあったが、「凍結した改革運動に切込みを入れる……秘密兵器」の役割を果たした。[39] 大統領自身は楽観的で、ＳＤＩを「ソ連の核攻撃から米国が免れる完璧な防御システム」と考えていた。[40] ＳＤＩ研究は進められ、議会の予算を引き続き獲得するために、時には実験結果を誇大に強調し、一方えすＳＴＡＲＴは、その後長く店ざらしにされた。しかしＳＤＩそのものの実現以上に、ＳＤＩ推進の政策そのものが、ソ連との関係において重要な意味を持っていた。

ソ連は、核兵器を含む軍備拡張路線を継続し、さらに世界的にも第3世界への膨張政策を推進していたが、これはソ連経済に過大な負担を課し、経済的に限界に直面していた。こうした状況で、多大な投資を必要とするＳＤＩ開発をめぐってソ連が米国と競争することは経済的には困難な状況だった。あえて競争しようとすれば、ソ連が経済的に破綻に直面する。米国がＳＤＩを推進しても、ソ連はそれを手を拱《こまね》いて見ているしかなく、ＳＤＩによって自国の核戦力が効力を失ってゆくときを待つしかない状況に追いやられた。

実際、ＳＤＩは途方もなく高くつき、１９８６年までに米国は配備前の準備に４００億ドルを支出していた。ソ連がそれに対抗することを余儀なくされれば、その費用はすでに切迫していた経済にさらに負担をかけることが予想された。１９８６年のソ連政治局決議は、米国が経済的、軍事的圧力でソ連を消耗させようと試みていると非難した。レーガンの国家安全保障顧問ロバート・マクファーレンは1993年の回想録で、SDI計画はソ連を破産させることを目的に採用され、その目的は達成されたと書いている。

ソ連では1985年3月にゴルバチョフ政権が誕生し、こうした手詰まり状態を打開し経済的活路を見いだすため、ペレストロイカ（改革）とグラスノスチ（公開）を推進するとともに、「新思考外交」を開始した。ゴルバチョフは対米外交では、軍縮と米ソ関係改善を求め、これに呼応してレーガン政権も第2次冷戦から新デタントへと政策を転換してゆくようになる。

1986年10月にアイスランドのレイキャビクで米ソ首脳会談が行われ、レーガンとゴルバチョフは戦略核兵器の大幅削減とINF問題の処理に関してほぼ合意に近づいた。ただゴルバチョフは、この合意と交換条件にSDIの放棄を強く求めたが、レーガンはSDI継続の路線は頑として譲らず、核兵器の削減合意は最終的に成立しなかった。レーガンはこの成り行きに「わくわく」した。しかしゴルバチョフが「もちろんすべてはあなたがSDIを諦めるかどうかにかかっている」と語ったとき、レーガンは「まるでお気に入りの子供を噴火している火山に放り込めといわれたかのような反応をした[41]」。会談は即座に終わりになったが、それでも状況は明らかに好転した。

1987年12月にワシントンで開かれた米ソ首脳会談では、レイキャビク会談で原則合意されていたINF問題で、INF全廃条約の最終合意に漕ぎつけ、条約が調印された。核軍拡競争が恒常化していた米ソ関係において、INFという特定の分野に限られてはいるが、一度配備した核兵器を全廃する条約が始めてまとまった。ゴルバチョフは「ゼロ・オプション」を受け入れ、「米国が望んだことの１２０％」を与えることで交渉の主導権を握った。[42] レーガンとゴルバチョフの間の和《なご》やかさが交渉をスムーズにした。「私がゴルバチョフに、われわれは手持ちのカードをテーブルに並べるべきだといったら、彼はビザカードとマスターカードを取り出したんだ」と後にレーガンがジョークをいったほどである。[43]「われわれはアフガニスタンから撤退する」とエドゥアルド・シュワルナゼ外相は約束した。気むずかし屋のアンドレイ・グロムイコ外相と比べて有り難い変化だった。[44]

ＩＮＦ条約調印を契機に米ソ関係は急速に改善され、冷戦終結へとつながった。冷戦終結を挟んで、他の軍備管理分野でも交渉が進展し、１９９０年11月にヨーロッパ通常戦力（ＣＦＥ）条約の調印、91年7月には第1次戦略兵器削減条約（ＳＴＡＲＴ１）の調印が行われた。

競争から和解への移行は、ゴルバチョフとレーガンの間の友好的な人間関係によりさらに促進された。両指導者は深く根ざすイデオロギー的な違い、超大国である相手国に対する不信を持って権力の座についた。イデオロギー的な競争関係を解消する見通しはなかったが、両指導者は首脳会談外交の過程を通じて互いを尊敬し合うようになった。一連の首脳会談を通じて、共通の利益および相互に利益になる合意の機会に対する認識が徐々に生まれるようになった。その結果、圧倒的な不信感に満ちた冷戦の特徴は徐々に、盲目的信頼ではなく約束は守られるという証明に裏付けられた信頼に変わっていった。[45]

レーガンは米国の国力衰退の流れを逆転させ、国際政治におけるその力の信頼性を回復し、ソ連の影響力拡大を阻止するという外交政策上の主要目標を巧みに実現した。

(Endnotes)

1　Edward C. Luck, *Mixed Messages* (Washington, DC: Brookings, 1999), p.154.

2　Diane Shaver Clemens, *Yalta* (New York: Oxford University Press, 1970), p.287.

3　George Kennan, *Memoirs, 1925-1950* (Boston: Little, Brown, 1967), pp.557-58.

4　"The Truman Doctrine: Special Message to the Congress on Greece and Turkey," *Public Paper of the President of the United States* (Washington, DC: Government Printing Office, March 12, 1947), p.536. http://www.trumanlibrary.org/publicpapers/index.php?pid=2189

5　James A. Nathan and James K. Oliver, *United States Foreign Policy and World Order*, 3rd ed. (Boston: Little, Brown 1985), p.83.

6　U.S. Department of State, *A Decade of American Foreign Policy: Basic Documents 1941-1949*, Revised ed., 1985, pp.806-07.
邦文訳は永田実著『マーシャル・プラン—自由世界の命綱』中公新書、１９９０年を参照。

7　Peter Calvocoressi, *Survey of International Affairs 1947-1948* (New York: Oxford University Press, 1952), p.91.
１９４７年６月12日のマーシャル国務長官の記者会見で、マーシャル・プランの対象地域に関する質問に対し、それがアジアの西のすべての地域を意味していると答えた。

8　Wesley M. Bagby, *America's International Relations since World War I* (New York: Oxford University Press, 1999),

p.143.

9 NSC-68, A Report to the National Security Council, *United States Objectives and Programs for National Security* (Washington, DC: Photocopied, April 14, 1950), p.4.

10 Martin McCauley, *Russia, America and the Cold War 1949-1991*, Revised 2nd ed. (New York: Routledge, 2013), p.40.

11 M. E. Chamberlain, *The Scramble for Africa*, 2nd ed. (Essex, UK: Longman, 1999).

12 Saki Dockrill, *Eisenhower's New-Look National Security Policy, 1953-61* (New York: St. Martin's, 1996), p.4; William B. Pickett, *Dwight Eisenhower and American Power* (Arlington Heights, IL: Harlan Davidson, 1995), p.104.

13 Ronald E. Powaski, *The Cold War* (New York: Oxford University Press, 1998), p.102.

14 Shane J. Maddock, "The Fourth Country Problem," *Presidential Studies Quarterly*, Vol.28, No.3, Summer 1998, p.554.

15 Gordon H. Chang, *Friends and Enemies* (Redwood City, CA: Stanford University Press, 1989), p.70.

16 Robert D. Schulzinger, *American Diplomacy in the 20th Century* (New York: Oxford University Press, 1994), pp.255-256.

17 David Wolff, "One Finger's Worth of Historical Events," Working Paper No.5, *Cold War International History Project* (Washington, DC: August 2000), p.12.

18 John W. Young, *Cold War Europe, 1945-89: A Political History* (London: Edward Arnold, 1991), p.13.

19 Robert J. McMahon, *The Cold War: A Very Short Introduction* (New York: Oxford University Press, 2003), pp.96-97.

20 Michael Mandelbaum, *The Nuclear Question* (New York: Cambridge University Press, 1979), p.90.

21 "National Security Action Memorandum 328, April 6, 1965," *The Pentagon Papers* (New York: Bantam Books, 1971), pp.442-443; Mitchell Hall, *The Vietnam War*, Revised 2nd ed. (New York: Pearson/Longman, 2008), p.15.

23 NPTについては、William Kincade and Christoph Bertram, *Nuclear Proliferation in the 1980's* (New York: St. Martin's, 1982)を参照。

24 James E. Dougherty and Robert L. Phaltzgraff, Jr., *American Foreign Policy: FDR to Reagan* (New York: Harper & Row, 1986), p.240.

25 Richard Nixon, *RN: The Memoirs of Richard Nixon* (London: Sidgwick and Jackson, 1978), p.343.

26 Henry Kissinger, *A White House Years* (Boston: Little, Brown, 1979), p.191.

27 *Ibid.*, p.55.

28 Richard Nixon, *U.S. Foreign Policy for the 1970s: Building for Peace* (Washington, DC: U.S. Government Printing Office, 1971), p.6.

29 Glenn P. Hastedt, *American Foreign Policy: Past, Present, Future*, 5th ed. (Upper Saddle River, NJ: Prentice Hall, 2003), p.50.

30 Gerard C. Smith, *Doubletalk: The Story of Salt I: The Story of the First Strategic Limitation Talks* (Lanham, MD: University Press of America, 1985); John Newhouse, *Cold Dawn: The Story of SALT* (Austin, TX: Holt Rinehard and Winston, 1973).

31 Jimmy Carter, *Keeping Faith: Memoirs of a President* (Fayetteville, AR: University of Arkansas Press, 1995).

32 SALT-IIの交渉過程については、Strobe Talbott, *The Endgame: The Inside Story of SALT-II* (New York: Harper & Row, 1980)を参照。

33 A. Glenn Mower Jr., *Human Rights and the American Foreign Policy: The Carter and Reagan Experiences* (New York: Greenwood Press, 1987).

34 Zbigniew Brzezinski, *Power and Principle: Memoirs of the National Security Advisor* (New York: Farrar-Straus-Giroux, 1983), p.517.

35 Bagby, *op. cit.*, pp.331-322.

36 *Baltimore Sun*, March 19, 1981, p.4.

37 *New York Times*, January 2, 1981, p.1.

38 Ronald Reagan, Address before a Joint Session of the Congress on the State of the Union, February 6, 1985. http://www.reagan.utexas.edu/archives/speeches/1985/20685e.htm

39 David Wirls, *Buildup* (Ithaca, NY: Cornell University Press, 1992), p.149.

40 Deborah H. Strober and Gerald S. Strober, eds., *Reagan* (Boston: Houghton Mifflin, 1998), p.128.

41 Ronald Reagan, *An American Life* (New York: Simon & Schuster, 1990), p.675; Jack F. Matlock, *Autopsy on an Empire* (New York: Random House, 1995), p.97.

42 Carolyn M. Ekedal and Melvin A. Goodman, *The Wars of Eduard Shevardnadze* (University Park, PA: Penn State University Press, 1997), p.xix.

43 Walter LaFeber, *America, Russia and the Cold War, 1945-2006* (New York: McGraw-Hill, 2006), p.325.

44 Leon V. Sigal, *Hang Separately* (New York: Century Foundation Press, 2000), p.91.

45 Jack F. Matlock Jr., *Reagan and Gorbachev: How the Cold War Ended* (New York: Random House, 2004), p.319.

第4章——ポスト冷戦秩序

◉新世界秩序の模索

ジョージ・H・W・ブッシュ大統領は、強い米国の復活を求め、いわば富国強兵政策を進めてソ連を軍事的、経済的に追い詰めたレーガン大統領の後を引き継いで、冷戦を終結させた。一方ソ連は、ゴルバチョフ首相の改革路線により米ソ関係は大きな転換期を迎えていた。ソ連では民主主義と自由市場への動き、衛星国への締め付けの弱まり、西側との関係改善が加速した。

冷戦は、ソ連による東欧諸国支配に対し、米国がその対抗勢力を支援することで始まった。1947年のトルーマン・ドクトリンの実行である。そして1989年初め、ゴルバチョフは東欧からソ連の戦車と軍隊を撤退させ始め、同地域の国々が厳格な共産主義支配から自由化された共産主義あるいは非共産主義政権に移行するのを、明確に容認し静観した。1989年6月には、ゴルバチョフは東欧の変化を感動的と呼び、東欧諸国に介入する権利を放棄し、東側陣営諸国の主権を制限するというブレジネフ・ドクトリンを否定し、それをある高官言うところのシナトラ・ドクトリンに置き換えた。フランク・シナトラのヒット曲「マイ・ウェイ」にちなんで、国々に自国の好きな方法でやっていいということを意味した。1989年5月12日、ブッシュは戦後米国の一貫した「封じ込め政策」から、ソ連の国際社会への統合推進に移行する、平和の時が来たとして次のように述べた。

今や封じ込めを越え、90年代の新しい政策に向け踏み出すときにきた。……米国は今や、単にソ連の拡張主義を封じ込めることよりもはるかに大きな目標を持とうとしている。……われわれの最終目標は、ソ連を世界秩序に迎え入れることである。[1]

1989年12月2日から3日、その秋の歴史的なベルリンの壁崩壊を受けて、ブッシュとゴルバチョフは地中海のマルタで首脳会談をしたが、ゴルバチョフは米国に対する先制攻撃はしないことを約束し、長期的な米ソ協力を推進する意思を表明した。これは冷戦終結への道を開いた重要な会談だったと見られている。1990年7月の北大西洋条約機構（NATO）首脳会議では、NATOとワルシャワ条約機構（WTO）が互いにもはや敵同士ではないことを共同宣言し、正式に冷戦を終結させることを提案した。

ブッシュとゴルバチョフは1991年7月31日のモスクワでの首脳会談で、それまで9年間にわたり交渉が続いてきた第1次戦略兵器削減条約（START1）に調印した。これはレーガン政権下の1987年に調印された中距離核戦力全廃（INF）条約以来の重要な核兵器削減合意だった。この条約は、米ソそれぞれが保有する戦略核弾頭総数の上限を6000発、弾道ミサイルに搭載した核弾頭数を4900発、大陸間弾道ミサイル（ICBM）、潜水艦発射弾道ミサイル（SLBM）、戦略爆撃機などの戦略核運搬手段の総計を1600基に削減することを規定したものである。これらの削減目標を条約発効後7年で3段階を通して達成することとし、条約履行の査察・監視も盛り込んだ。さらに、ブッシュとエリツィン大統領がSTART2条約に合意した1992年に、いっそう大幅な削減が合意された。戦略兵器数は米国3500基、ソ連2997基にまで削減され、双方はさらにICBMから多目標弾頭（MIRV）をすべて廃絶することでも合意した。

これにより、米ソはポスト冷戦時代に移行してゆく。ゴルバチョフが進めたペレストロイカ（改革）、グラスノスチ（公開）を軸にした体制改革は、ソ連に属していたバルト3国や他の共和国の独立をもたらし、同時にソ連に配備されていた戦略核兵器はいくつかの共和国に分散することになった。ブッシュはこれらの情勢変化のほとんどに対して、情勢を静観する政策で臨んだ。STARТ1条約調印から5カ月後にソ連が崩壊したため、START2の条約当事国は、米国とロシア、ベラルーシ、カザフスタン、ウクライナとなり、START1条約批准は1994年までずれ込んだ。米ロ両国は2001年までに、START1の弾頭数削減が終了したことを宣言した。

冷戦がいつ終結したかは、1989年11月のベルリンの壁崩壊のときとも、1991年12月のソ連崩壊のときとも考えることができるが、20世紀における最も重要な出来事の1つである。

ゴルバチョフの改革努力に由来する外交政策問題は、一連の容赦ない波となってジョージ・H・W・ブッシュ政権を襲った。最初の波はブッシュが大統領に就任する数週間前の1988年12月に到来した。国連の演説でゴルバチョフは、ソ連がヨーロッパ駐留軍を50万人削減すると一方的に発表した。次なる波はポーランドとハンガリーである。ポーランドでは1980年に東欧初の労働組合「連帯」が結成され、共産主義体制に抵抗していたが、その後合法化されると、1989年には自由選挙で勝利した。連帯は大勝利を収め、ポーランド新政府は市場ベースの経済改革の実行を誓約した。ハンガリーでは１９９０年に共産主義支配が終結した。１９８９年に正式に解散され名前を変えた社会主義労働者党は、１９９０年の３月と４月に行われた自由選挙で大敗を喫した。ブッシュは１９８９年７月、ポーランドとハンガリーを訪問、ヨーロッパは今、自由と民主主義の諸価値に基づく東西融和と自由な全ヨーロッパの創造という歴史的転換期にあると演説し、それぞれの国への改革支援プログラムを発表した。[2]

さらに驚くべきは次の波だった。１９８９年の８月から９月にかけて、大量の東ドイツ人が国外へ脱出し始めた。この脱出には民主改革を求める大規模なデモが伴った。そして11月、１９６１年から存在したベルリンの壁が崩壊した。多くの人々が冷戦終結の象徴だとする動きだった。同じ11月、西ドイツのヘルムート・コール首相が２つのドイツを統合して１つの連合を結成することを提案し、翌年２月には、東ドイツ新首相が独自の再統一計画を提出した。フランス、イギリス、ロシアおよび米国の４つの「占領勢力」と東西両ドイツによる、いわゆる２＋４会談が５月に開催され、ドイツ再統一の枠組み合意に達した。１９９０年10月、東西ドイツは正式に再統一され、１つの国になった。

次の波はソ連自体から到来した。１９４０年に強制的にソ連に組み込まれたバルト３国の１つリトアニアが、１９９０年３月に独立を宣言した。ゴルバチョフはその動きを「不法かつ無効」とした。他の共和国がソ連を離脱しようとする動きを鈍らせ、ゴルバチョフの政治基盤を補強するために、ロシアと9つの共和国は1991年4月に、より多くの自治を共和国に与える新たな連邦条約に同意した。同年8月19日、この条約を調印することになっていた日の前日、「国家非常事態委員会」を名乗る、民間および軍部で強硬路線をとるゴルバチョフの対立者が権力を掌握しようと試みた。ロシア大統領ボリス・エリツィンは、政府内外から勢力を結集し、クーデターを阻止した。

ゴルバチョフは権力の座に復帰したものの、その政治力は大いに弱まり、独立への圧力は激化した。1991年末、ロシア、ベラルーシ、ウクライナの3共和国が、もはやソ連は存在しないと発表した。そして、ソ連に代わり新しい独立国家共同体（CIS）が創設された。リトアニア、エストニア、ラトビアのバルト3国とグルジアは共同体に加わらない道を選んだ。同年末の12月21日、カザフスタンでの首相会議でグルジアを除く11共和国がCIS条約に調印し、12月25日にはゴルバチョフもソ連大統領を辞任して、69年にわたるソ連の歴史が幕を閉じた。

◉『歴史の終わり』か『文明の衝突』か

米国は冷戦に勝ったという見方を唱道する人々は、西側の政治、経済、軍事制度がソ連とその同盟国の制度よりも遥かに持続性があると主張した。さらに、米国が主導した封じ込め政策は圧力と忍耐をうまく組み合わせてソ連の能力を圧倒した。言い換えれば、封じ込めは提唱者ジョージ・ケナンが50年近く前に予言したような効果を発揮し、西側の対抗手段を入念に選択しつつ利用することでソ連の膨張を防止した。[3]

米国の冷戦勝利は米国自体の経済的苦悩と時期を同じくしたが、米国はそれでも自国の全体的実績を誇るに足る理由があった。米国が西側同盟を率いた冷戦の約半世紀の期間に核戦争は勃発しなかった。ソ連の膨張主義の野望は牽制された。民主主義が台頭する国々の数は着実に増えていった。冷戦勝利後、米国政府は満足感にひたることなく、旧ソ連ブロックを経済的、政治的改革プロセスのパートナーとして引き込もうとした。このプロセスはこれまでの共産主義封じ込めプロセスと同じくらい複雑かつ困難で、場合によっては潜在的に危険だったが、ヨーロッパとの協力の領域を徐々に拡大し、20世紀においてそれまで見られなかったほどの安定を生み出すことになった。[4] ポスト冷戦時代の到来である。

冷戦後の時代については、新たなる国際政治パラダイムを求めて、国際政治学者の間でさまざまな考察と議論がなされ、平和な新世界秩序の到来、新世界無秩序の始まりなどいろいろな推測がされた。フランシス・フクヤマは、冷戦後の時代は「歴史を支配してきた思想的に分断された世界の終わり」であり、「人類のイデオロギー的進化の終着点であり、人間の政府の最終形態としての西洋自由民主主義の普遍化」を意味すると指摘した。[5] 冷戦の終結は社会主義に対する西側のリベラルデモクラシーの勝利を意味し、それに対抗するイデオロギーはなくなったと論じたのである。しかし現実には、その後も部族対立やナショナリズムなどの多くの破壊的な歴史的力が継続した。

サミュエル・ハンチントンは、冷戦後の時代について、「文明の衝突」が国際政治を支配すると予測した。この時代の紛争の根本的源泉が文化にあるとし、異なる文明を代表する国家群、集団間で主要な紛争が発生すると予想した。[6] ハンチントンは、イデオロギーの対立に縁取られた冷戦時代は終わり、今後は、異なる文明下にある国家群や集団によって引き起こされる文明上の対立が、国際政治の最も重要な特徴になっていくと論じたのである。1990年代半ばのボスニア紛争におけるキリスト教徒とイスラム教徒の対立は、この文明の衝突理論を裏付けているように見えた。しかし、冷戦後の多くの紛争は文明間というより同一文明内で起こり、エリートによるエスニック対立の扇動という形でも起こってきた。1990年のイラクのクウェート侵攻は同じイスラム教文明の中で起こったことであり、欧米のクウェート支援、NATOのコソボ支援などの同盟関係は文明間をまたいで形成された。

冷戦終結後かなり経過しても、冷戦後という言葉の意味、冷戦後の「秩序の構成要素」に関する統合的理解が達成されていない。[7] また1989年以降何年にもわたって安定した世界秩序が欠如する状態が継続し、「過去200年で初めて、1990年代の世界はいかなる国際システムも構造も全く欠いている状態にある」とさえいわれている。[8]

世界をとらえるパラダイム論争が続く中、冷戦終結が既存の安全保障制度にどのような影響を与えるかが、多くの国々の関心事になった。西欧諸国の場合、ソ連の脅威がなくなることで国防費削減が可能になることによる「平和の配当」があるか、NATOを通じて米国の安保保障に依存しなくてもよくなるのかといった問題意識があった。フランスやベルギーなど一部ヨーロッパ諸国は、これがヨーロッパ連合（EU）独自の防衛機構を樹立する機会だと捉えた。これに対して、イギリスなどは米国からの安全保障が冷戦中も冷戦後も変わらず重要であると考え、ＥＵが独自にＮＡＴＯに挑戦するような防衛機構を構築するのを好んでいない。冷戦後の安全保障環境についての見方は国によってまちまちだった。

冷戦時代の2極構造はソ連崩壊により激変する状況にあった。このため米国、とくにジョージ・Ｈ・Ｗ・ブッシュの出方に国際的注目が集まった。しかしブッシュはソ連崩壊により不安定と混乱が生じるのを嫌い、2極構造の存続を願った。既存の秩序の存続を求める保守的外交政策を取った。[9]レーガンが国際問題に関して個人的経験をほとんど持たないイデオロギー主義者だったのに対して、ブッシュは米中央情報局（ＣＩＡ）長官、中国大使、国連大使などを務めたプラグマティストだった。１９８８年大統領選でブッシュが米国民に約束したのは、レーガン政権につきまとった行き過ぎやつまずきのないかたちで、全体的政策の継続性を保つことだったと指摘できる。[10]

◉湾岸戦争

冷戦後の最初の危機は、１９９０年8月2日のイラクのクウェート侵攻とともに訪れた。冷戦終結後、米国はポスト冷戦時代の最初の主要な国際紛争に直面することになる。ジョージ・Ｈ・Ｗ・ブッシュ政権の外交政策の本質が明らかになった瞬間は湾岸戦争である。１９９０年8月2日の夜明け前にサダム・フセイン大統領のもとでイラク軍が隣国クウェートに電撃的に侵攻し、米国をはじめ世界の国々を驚かせた。ジョージ・Ｈ・Ｗ・ブッシュ大統領はそれに対して、国連安全保障理事会に緊急安保理事会開催を要請し、また、米国内のイラク、クウェートの資産凍結を表明した。米国はフセインが次にサウジアラビアに侵攻し、世界の石油の40％を支配するのを懸念した。米政府と同じくサウジアラビアのファハド国王も、イラクがクウェートの次にはサウジにも侵攻を試みるのではないかという不安を強め、米軍の支援を要請した。ブッシュは、イラク軍のクウェートからの即時全面撤退を要求し、米軍部隊をサウジアラビアなど湾岸地域に派遣することを含め、空爆、地上軍作戦の準備を１９９０年８月から開始した。

イラクのクウェート侵攻から４日後、サウジアラビアのファハド国王からの要請に応えて、ブッシュは米空挺部隊２３００人、ＡＷＡＣＳ機、Ｂ52機、Ｆ１１１機を「砂漠の盾」作戦の一環として、サウジアラビアの油田を防護するために派遣した。サウジアラビアに派遣された米軍部隊は８月末までには10万人に達し、11月には20万人を突破し、１９９１年初めまでには40万人に拡大することが予告された。１９９０年８月２日にイラクがクウェートに侵攻した際、イラクに軍事顧問団と最大の武器供与を行ってきたソ連は、即時イラクとの軍事取引を停止した。米ソ両国は共同でイラクへの「武器供給の全面的中止」を世界に訴えた[11]。

国連安全保障理事会は、イラクのクウェート侵攻「無効」を宣言し、経済制裁をイラクに課すとともに、イラク禁輸を維持するために船舶による臨検を実施する権限を米国に認めた。ブッシュは外交交渉により34カ国の連合を形成し、国連安全保障理事会の武力行使容認決議を得て、１９９１年１月15日に「砂漠の嵐」作戦を開始し、同年２月28日にイラク軍の降伏を勝ち取った。１月17日に「砂漠の嵐」作戦の名のもとに米軍を主力とする多国籍軍による空爆が開始され、空爆は約4週間継続した。多国籍軍は2月24日に地上軍による進攻作戦を開始した。地上軍投入が開始されてからわずか100時間で停戦を宣言した。地上戦突入後わずか100時間で、イラクは国連の停戦案を受け入れた。クウェートは約7カ月ぶりに解放された。湾岸戦争は43日というこれまでにない短い期間で終了した。

国連安保理は冷戦時代を通じてその機能が麻痺してきたが、湾岸戦争は朝鮮戦争以来、初めて国連安保理が侵略行為を阻止し撃退する本来の機能を果たした出来事だった。このため国連の復活に期待が高まった。反イラク連合にはアラブ連盟加盟国の半分が加わった。これは諸国がリベラルな理論的路線を中心に協力しあう新世界秩序が生まれたというブッシュの主張を裏付けるものとなった。ブッシュは1990年9月11日に議会への演説で新世界秩序という言葉を初めて用い、「法の支配がジャングルの法に置き換わり、諸国が自由と正義への共通の責任を認識し、強国が弱小国の権利を尊重する新世界秩序が生まれうる」と述べた[12]。半面、湾岸戦争では諸国は集団的利益よりも国益を中心に展開されたと見ることもできよう。例えば、米国は国連を利用して自国の国益を追求したということができるし、また先進国が石油の利権確保のために動いたともいえる。

ブッシュは新世界秩序に現実的内容を与えることができなかった。ブッシュの外交政策に関しては、プラグマティズム（実務主義）を評価する声もある半面、ポスト冷戦時代の到来という歴史的機会に相応しい長期的なビジョンが欠けていたことについての批判も多い。第2次世界大戦後に構築されたのと同じような超党派的コンセンサスをポスト冷戦時代に構築する機会、勝利の余韻を他の外交目標を達成するために活用する機会が失われた。ブッシュは冷戦後の「新世界秩序」を口にしながらも、ソ連が崩壊し米国が世界の唯一の超大国として残る1極世界が浮上したポスト冷戦時代をリードするグランド戦略を欠いていた。デビッド・ガーゲンは、ブッシュ政権は新しい世界の枠組みを構築するよりも、古い世界の瓦礫《がれき》を清掃することのほうにはるかに熟達していたと指摘した[13]。

ブッシュは1992年12月、ソマリアに希望を回復しようと人道援助のため2万8000人の米軍部隊を投入したが、武装勢力間の抗争で混乱した国に秩序を回復できず、内戦に巻き込まれた。ブッシュのソマリア政策は米軍主導の多国籍軍を短期的に人道支援のために派遣し、治安回復後、任務を国連に引き継ぐというものであった。しかし次の大統領クリントンは1993年3月に採択された国連安保理決議814を梃子《てこ》に、多国籍軍の役割を人道支援からソマリアの国家再建へと拡大し、本格的にソマリアに関与するようになった。こうしてクリントンは1993年にソマリアの首都モガディシュに派兵して武装勢力に対する戦闘を開始したが、米軍ヘリ2機が武装勢力に撃墜されて18人の米軍兵士が死亡しただけでなく、武装勢力は米軍パイロット1人の死体を車につないで首都モガディシュの街頭を引きずり回した。その映像を見た米国民は海外軍事介入に反対を強め、クリントンは就任後すぐに米軍部隊をソマリアから撤収させた。米国は国連平和維持活動（PKO）への資金拠出にも躊躇するようになった。

クリントンは国内経済に焦点を当てた選挙戦を展開して当選し、外交については基本的に部下の閣僚に任せ、国内の人気を高められるときだけ外交政策決定に関与した。また米国の経済的立場、競争力を強めることが外交の中心になった。これは外交が受身で一貫性がないという印象を生み出した。１９９５年のボスニア危機のときには「自由世界の指導者の位置は空席だ」というシラク仏大統領のコメントもあった。[14] クリントンは、自由市場経済の世界的拡大、資本主義と民主主義の世界的拡大の政策を打ち出した。また国連や世界貿易機関（ＷＴＯ）などを通じての多国間外交を強調しつつ、個々の相手国ごとに外交政策を形成するというアプローチを取った。

外交政策という観点から見るとき、米大統領は３つのタイプに大まかに分類することができる。[15] 第１は国家安全保障大統領、第２は経済外交大統領、第３は外交の素人である。最近の大統領では、ＣＩＡ長官、駐中国大使、副大統領などの経歴を経て第41代大統領に就任したジョージ・Ｈ・Ｗ・ブッシュが国家安全保障大統領の典型である。経済外交大統領というのは第２次世界大戦以後では珍しい。クリントンは米国史上最も長期にわたる経済好況に助けられ、経済政策の運営に成功したというイメージを定着させるのにかなり成功した。おそらく経済外交大統領に該当するのは、国内経済発展を最重視し、外交においても北米自由貿易協定（ＮＡＦＴＡ）や世界貿易機関（ＷＴＯ）などの貿易政策を国内雇用創出のために重点的に推進したビル・クリントンくらいである。

クリントンは平和と民主主義拡大政策の一環として、中東安定化に力を入れ、１９９３年のイスラエルとパレスチナ解放機構（ＰＬＯ）の間のオスロ合意を達成した。またクリントン・ドクトリンとして、北朝鮮、イラクなどの「ならず者国家」を制裁や爆撃などを使って封じ込め、大国である中国やロシアなどライバル国家を世界経済に組み込むため関与を強め、EUや日本など貿易相手国と関係を維持し、米軍へのリスクが最小限の場合にのみ、安全な遠距離から巡航ミサイルや空爆などにより軍事力を投入する政策を進めた。クリントンはアフリカを定期的に訪問したが、外交政策では1994年ルワンダ大虐殺などを含めアフリカを無視した。これはイラクの化学兵器国連査察拒否には空爆で対応し、ロシアのチェチェンでの人権侵害には貿易合意で対応するという二重基準を生み出した。

1980年にレーガンが前任者カーターの外交政策の混迷を批判して大統領に当選したように、2000年にはジョージ・W・ブッシュがクリントン外交の混迷を批判して大統領に当選した。クリントン外交に挑戦するプラットフォームを提供するため、1997年に設立された米国新世紀プロジェクト（PNAC）の支持者が重要な位置を占め、とくにクリントンの多国間外交を批判し、ブッシュの単独主義外交の方向性を作り出した。

◉テロとの戦い

2001年9月11日、米国の世界貿易センタービルとペンタゴンを標的に同時テロ攻撃が実行され、ジョージ・H・W・ブッシュ大統領の息子ジョージ・W・ブッシュ大統領が対応した。これは米国の外交政策の転換点になった。ブッシュは世界を善と悪に分けてテロとの戦いを宣言し、海外での積極的な軍事攻勢を行うようになった。タリバン政権転覆、アルカイダの脅威排除のために、２００１年にはアフガニスタンに侵攻した。

米国はテロリストを匿《かくま》う国々や大量破壊兵器開発により国際的安定を脅かす国々に直接挑戦し、将来浮上しうる脅威に直接挑戦した。その結果、２００３年3月20日に危険の源泉になりうるイラクに対して予防的戦争を仕掛けた。政権内のディック・チェイニー副大統領やロナルド・ラムズフェルド国防長官ら、いわゆるタカ派がブッシュのこの外交政策に大きな影響を与えた。また過激主義を推進する権威主義政権を容認する政策を停止した。

イラクが国連兵器査察に順守することを拒否したことに対して、米国、イギリス、その他の国々がイラクに対して軍事作戦を準備した。しかしジョージ・W・ブッシュは、湾岸戦争あるいはアフガニスタン軍事作戦のような広範な多国間協力を樹立することができなかった。国連安保理での交渉でもイラクへの武力行使に関してコンセンサスを達成することができなかった。

ブッシュ大統領は、サダム・フセイン政権の大量破壊兵器開発・保有、アルカイダとの提携を根拠に、イラクへの武力行使を主張した。また、イラクが湾岸戦争停戦に関する国連安保理決議に違反し、大量破壊兵器査察を拒否していることがイラクの停戦合意侵害にあたり、それだけでイラクに対する武力行使を可能にする根拠になるという立場を取った。それゆえに新たな国連安保理による対イラク武力行使容認決議は不必要というのが基本的姿勢だった。ドイツ、フランスなどのヨーロッパ同盟国との連携のため、国連安保理にイラク大量破壊兵器査察拒否問題を持ち込み、安保理の支持を取り付ける努力をしたが、最終的に米国は国連安保理の支持なしにイギリスと協力して事実上の単独武力行使に踏み切った。

米国国内では、ブッシュ大統領は国連安保理審議に先立って、米国議会で対イラク武力行使支持の決議を求め、それを獲得した。湾岸戦争のときに大統領が国連からの支持を重視し、米国議会からの支持は後回しにしたのとは対照的なプロセスを経た。イギリスが米国を無条件に支持したのに対してフランスとドイツはイラク侵攻を支持せず、NATO同盟にも亀裂が入った。イラク戦争は「ブッシュの戦争」あるいは「ブレアの戦争」と呼ばれた。[16]

テロとの戦いが米国の外交政策の基礎となり、ブッシュはイラク戦争をテロとの戦いの一環として見たが、人々は正当性に欠けた行動だとも見た。2004年9月30日のCIAのイラク調査報告は、イラクの大量破壊兵器プログラムが1991年湾岸戦争のときに停止されたことを強調した。[17] これはイラクの大量破壊兵器の脅威を除去することを理由にイラク戦争を開始した米英の前提を否定するものだった。この結果、米英はフセイン政権の自由の欠如、人権侵害の事実を強調することにより、イラク戦争を独裁政権の転覆、民主化プロセスとして強調するようになった。半面、イラク戦争を通じて、テロ攻撃の可能性が排除されるよりも、アルカイダなどのテロ攻撃の脅威が増大した。現実にはアフガニスタンもイラクも安定とはほど遠い状態にあり、国際的不安定の環境が生み出されている。

◉米帝国論

多くの評論家が冷戦後の米国の外交政策を評価する上で、「アメリカ帝国」に言及しており、２００１年９・11テロ後の米外交政策の方向性に照らしてそれが否定的な意味合いで言及されることも少なくない。[18] 帝国というとき、海外の領土支配、世界支配への覇権的アプローチ、一方的行動による国益の追求といったさまざまな概念がありうる。もっとも、こうした趨勢は帝国主義の過度の拡張において見られ、すべての大国を悩ます国際政治の原則ともいえるもので、米国に限らず大国は支配を維持する能力を超えて影響力を拡大する傾向にあると、『大国の興亡』の著者ポール・ケネディは指摘している。[19] 周辺部の保護、過度な野望、イデオロギー上の使命、これらすべてにかかる費用はいずれ大国のつけに回る。そういう意味では冷戦の終焉《しゅうえん》は、機能不全に陥ったソ連経済にはその世界的野望を達成するだけの財源がなかったということでもある。

米国は１９４５年以降、ヨーロッパに対してＮＡＴＯを通じて帝国的力を発揮してきたが、ヨーロッパ諸国は米国による安全保障を歓迎し積極的に奨励してきた。[20] 米国の世界的影響力の拡大は「アメリカ帝国」に対する需要があるがゆえに実現してきた。これは米国が多くの場合、紛争地域で軍事的安全保障を提供し、核兵器拡散を阻止し、海洋の航海の安全を保障し、麻薬取引に対処し、ならず者国家に対処する能力を最も持つと考えられているためである。

リチャード・パイアスは、『米国の大統領』の中で、大統領は国を統治し指導したいならば、「大権による統治」(prerogative government)を行使しなければならないと述べている。パイアスは大権による統治について、大統領はその権限行使においてきわめて積極的で、憲法の限界に迫るような決定に到達しなければならないとしており、大統領が大統領権限、大権による統治を行使する可能性が高いのは、危機のときであるとしている。パイアスは、「大統領は憲法的根拠、列挙された権限、あるいは主張された権限に基づいてその決定を正当化する。その拡張的な解釈が挑戦を受けるとき、大統領はその行動を国家安全保障あるいは国益という観点から弁護することにより、公衆の支持を訴える」と説明している。[21]

ジョージ・W・ブッシュ大統領は、9・11テロ以後、米国合衆国憲法解釈をめぐる大きな議論を生むような大権行使を、外交、内政におけるテロとの戦いにおいて行ってきた。イラクへの軍事コミットメント堅持もその例であり、キューーバのグアンタナモ基地に収容されたテロ容疑者の特別軍事法廷による裁判をめぐっても、最高裁がそれを否定するような判決を下したが、議会との連携で特別軍事法廷を修正する法律を制定し、テロ容疑者の裁判を進めようとしてきた。イラク戦争開始をめぐる是非の論議はさておいても、米軍をイラクから急激に撤退させることは、イラク情勢のいっそうの混乱、内戦の拡大、テロ組織の勢力拡張などをもたらし、米国および国際社会の安全にとって大きな脅威を生み出しうることも事実であった。このためブッシュ大統領は、議会や裁判所から批判に晒《さら》されても、国家安全保障の観点から憲法を拡大解釈することを正当化して政策を押し進め、大統領の強大な権限による統治を実行しようとした。その意味で、ジョージ・W・ブッシュ大統領は、まさしくパイアスが説明するリーダーシップを行使しているといっていいだろう。

パイアスは、大統領権限を幅広く捉えている大統領は統治に最も成功し、歴史にも最高の大統領として記録される可能性が最も高いが、同時に権限の濫用という政治的リスクも抱える恐れがあるとしている。合衆国憲法が曖昧な文書であり、大統領が合法的に権力を行使しているのか濫用しているのかが不明瞭になりがちであると指摘している。

パイアスは、大統領が大権を行使した場合に3つの結果をもたらしうるとしている。1つは、戦争などの国家的に緊急事態がある場合で、大統領は合法的に巨大な権限を行使できる立場に立つ。過去において、南北戦争時に大統領だったリンカーン、第2次世界大戦時に大統領だったフランクリン・ローズヴェルトがこの例だが、9・11テロ直後のジョージ・W・ブッシュ大統領も同じような立場にあったと考えられる。問題はこうした緊急事態が過ぎ去り、平時に戻るときで、その場合、議会や国内政治がその本来の権限を取り戻し、大統領の権限を抑制するように動く。パイアスはこれを「フロントラッシュ」と呼んでいる。

2つ目は、大統領が国内政策において大権を行使する場合は、国内政策では外交政策におけるような自由と柔軟性は大統領に許されない場合が多い。この場合、「バックラッシュ」が起こることになり、大統領は権限を濫用していると受け止められがちである。ブッシュ大統領は9・11テロ事件後、外交だけでなく国内政策においても国土安全保障、テロ対策の名目で大権を行使しようとした。愛国法の制定、テロ容疑者のグアンタナモ基地長期収容、特別軍事法廷の設置、国内盗聴実施などで、ジョージ・W・ブッシュ大統領は市民権、プライバシー権の侵害などの誹《そし》りを受けてきた。これは国内政策における大権行使のバックラッシュといえよう。

第3に、社会において緊急事態に直面しているという認識がないにもかかわらず、大統領が大権を行使する場合で、とくに国内政治がそこに関与している場合は、大統領が大きな批判に曝される立場に立ちうる。ジョージ・W・ブッシュ大統領のイラクへの軍事介入はこの例に当たると考えられる。世論では、イラクが大量破壊兵器により米国を直接、間接に攻撃するという認識はなかったが、ジョージ・W・ブッシュ大統領は大量破壊兵器とテロの脅威を理由に軍事介入に突入した。結局、イラクにおいて大量破壊兵器の存在やテロ組織との明瞭なつながりは確認されず、緊急事態がなかったのに戦争に突入したという批判が大統領に向けられている。また9・11テロの余韻が弱まり、それ以降、大規模テロ攻撃がない状態が続くに及んで、米国民の間には緊急事態に直面しているという危機意識が薄れてきている。こうした中で、ジョージ・W・ブッシュ大統領は国内的にも国内盗聴プログラムなどを推進しようとし、それに対しては大きな抵抗に遭遇《そうぐう》した。

ジョージ・W・ブッシュ大統領はこの間、パイアスが挙げた大権行使の3つの結果を、時間差をおいて経験している。

◉多国間協力、国際協調

冷戦時代の米国の封じ込め政策は1947年から89年まで継続したように、テロとの戦いの政策も長期間継続すると見られる。オバマ大統領はブッシュ前政権の外交からの転換、変化を掲げて就任したが、外交・安全保障政策の最優先課題がテロとの戦いであるという点で継続性を維持している。オバマは２００９年1月20日の就任演説で、「わが国は戦時下にある。暴力と憎しみの大規模なネットワークとの戦争である」と述べた。[22] ただテロとの戦いの焦点、方法論が前政権とは異なるだけである。多国間協力、国際協調が前面に出ている。

ブッシュ前政権はテロとの戦いをもっぱら軍事力により進めようとしたが、オバマは軍事だけでなく、外交、政治、経済、社会にまたがる包括的対応で進めようというビジョンを掲げている。これはクリントン米国務長官が指名承認公聴会で「スマートパワー」という言葉を使って打ち出したアプローチで、「外交、経済、軍事、政治、法律、文化など米国が活用できるあらゆる手段を状況に応じて臨機応変に駆使する」ことである。[23] またオバマは就任演説で、「防衛については、安全と理想の間の二者択一を誤りとして拒絶する」と述べ、テロとの戦いと人権、法治主義、自由といった原則との両立を宣言した。さらに「先人たちが、ミサイルや戦車だけでなく、確固たる同盟と揺るぎない信念も武器にして、ファシズムや共産主義に立ち向かったことを思い起こそう。彼らは、軍事力だけでは自分たちを守れないことも、軍事力が好きなように振舞う資格を与えるわけではないことも理解していた」と強調した。[24]

米国がテロとの戦いという世界的任務に取り組むに当って、帝国的拡張はつきものである。だが、オバマ政権に入り顕著になったように、米国が世界的テロとの戦いを継続するのに必要な国防支出を継続できなくなる危険があり、米国がテロとの戦いでの米兵戦死者の増加に耐えられなくなる危険がある。米国の累積赤字は経済・金融危機の対応、国際テロネットワークとの戦いの遂行などで支出が嵩《かさ》んだことを反映して多額に達している。

米国の外交戦略では、ヨーロッパにおいては北大西洋条約機構（NATO）などの多国間機構で、米国は要の役割を担っている。一方、アジアにおいては個別の2国間関係は強いものの、多国間機構においては米国は中心的役割を担っていない。このため米国は今後、東アジア・サミットなどアジアの多国間機構、会議に積極的に参加してゆきたい意向を持っている。ロシアとの関係では、2010年4月に調印された米ロ間の新たな戦略核兵器削減条約（新START条約）は、1991年に調印されたSTART1条約、1993年に調印されたSTART2条約を踏まえて作成された重要な軍備管理条約であり、オバマ大統領の主要な外交成果といえる。オバマ政権は、プーチン体制との「強力なパートナーシップ」や、イランと北朝鮮の核拡散問題に対する多国間協力、さらには「核なき世界」に向けた一歩になるとして新START条約の意義を強調した。

冷戦後の秩序を推し量る上で考量すべきいくつか重要な問題がある。冷戦後の国際体制はより平和的になるのか、1つの超大国だけの1極世界になるのか、19世紀から20世紀初頭までのような多極世界になるのか、世界最大の軍事大国である米国がどういう外交政策を採用するのかといった点である。第1の問題に対しては、イデオロギー対立に代わって民族対立が表面化し、大量破壊兵器化開発を進める「ならず者国家」の脅威が深刻になっている。アルカイダなどのテロ組織の脅威が浮上した。冷戦時代の米ソの抑制力が弱まり、冷戦時代の秩序が冷戦後の無秩序に移行した。安全に対する脅威が分散・多様化し、より管理が難しい世界になっている。第2の問題に対しては、冷戦後最初は軍事よりも経済が重要になり複数の経済大国からなる多極世界になると考えられていたが、紛争と無秩序が深刻になるにつれ軍事は重要であり続けている。米国は世界の軍事支出の40％以上を占め、その軍事的支配力は強まっている。軍事的には米国による1極世界、経済的には米、EU、日本、中国による多極世界になっている。世界の軍事、経済の各レベルとともに、超国家主義的世界の第3レベルとして、多国籍企業、非政府組織、テロ集団など国家により統制できない集団の重要性が高まっており、世界を極に分けて考える見方では規定できなくなっている。[25]第3の問題に対しては、米国が単独行動主義の外交政策を進めるか、あるいは多国間協力主義の外交政策を進めるかが冷戦後の世界秩序の性格に大きな影響を与える。

２０１2年1月早々にオバマ大統領、パネッタ国防長官は、米国の新国防戦略、同戦略指針を公表した。[26]この中で、オバマとパネッタは、米国が国際軍事戦略、安全保障戦略において、イラク、アフガニスタンへの軍事介入を終結させ、アジア太平洋地域に軸足を移すという大きな方向性を打ち出した。さらにポスト冷戦時代を通して米国が維持してきた世界の2つの地域で2正面戦争を同時に遂行する能力を維持するという基本原則を修正した。新しい戦略は、1正面で全面戦争を遂行し、第2の正面で紛争が戦争にエスカレートするのを牽制・抑止するという1正面プラス抑止の能力を維持するというものだ。これは向こう10年間に４８７０億ドル以上の国防予算を削減しなければばならず、米陸軍の正規軍を57万人から49万人まで縮小する必要があるという経済的現実が大きな要因になっている。国防予算の全般的削減の中で、米国はアジア太平洋地域における米軍のプレゼンスは維持するが、展開部隊の規模は多少縮小してもハイテク化により能力的には強化する構えだ。オバマが2014年1月の一般教書演説で外交に費やした時間は、予想以上に少なかった。オバマ大統領は外交に関しては、シリアの化学兵器処理、イラン核問題をめぐる外交交渉の進展を外交成果として強調した[27]。大統領は、「安全保障は軍事力だけに依存することはできない」として、国際協調を推進する外交の重要性を訴え、議会で検討されている対イラン制裁強化法案については可決されても拒否権を行使すると言明した。

オバマがアジア太平洋地域重視というスローガンにもかかわらず、中東地域に関心を注ぎ続ける1つの理由は、大統領が1期目で達成した外交成果を守るためだ。実際、オバマ政権は2期目に入り、外交において中東に最大のエネルギーを注ぎ続けてきた。大統領は1期目で、イラクからの米軍部隊撤収を実現し、アフガニスタンからも2014年末までに米軍を撤収する路線を定着させた。しかし、イラクではアルカイダ系を含むイスラム過激派の活動が活発になっており、アフガニスタン、パキスタンでも治安は悪化している。さらに内戦3年目を迎えるシリアは、アルカイダ系はじめイスラム過激派が反政府勢力の主導権を握りつつあり、シリアがイスラム過激派テロリストのリクルートと訓練の拠点と化しつつある。

このままでは、オバマ政権がアルカイダ国際指導者のウサマ・ビンラディンを殺害し、テロとの戦い勝利を宣言し、イラク、アフガニスタンから米軍撤収を進めてきた成果が脅かされてしまう。オバマ大統領がここにきて、イランとの関係改善に本格的に乗り出したのは、穏健派と見られるロウハニ大統領の登場もその要因になっているが、イランに代表されるシーア派の力を借りて復活しつつあるアルカイダを中心とするスンニ派過激主義テロを抑制したいという狙いもある。ただこの戦略は、シーア派とスンニ派の宗派対立を煽ることになり、統制が取れない状況になるリスクもある。

ジェームズ・クラッパー米国家情報長官は、２０１４年１月29日の米議会上院情報委員会での証言で、テロリズムとサイバー攻撃が米国に対する最大の脅威であると明言した[28]。いずれにしても、オバマ政権の中東への梃入れ《てこい》は今後も継続してゆくことは間違いない。オバマ大統領は、国際社会における米国の役割を、「脅威に対して防衛することだけでなく、協力を促進することだ」と述べ、外交解決を優先し、軍事力を背景として「世界の警察官」の役割はもはや果たさない意向を示唆した。これはイラク、アフガニスタンへの軍事介入で、米国内で厭戦気分が広がっていることの反映でもある。しかし問題は、シリア、イラン、イラク、アフガニスタンなどの情勢は、再び軍事的解決を必要とする状況に逆戻りし始めていることだ。

オバマは２０１４年一般教書演説で、アジア太平洋地域について、「この地域の同盟国を支え、より安全で繁栄した未来を創造する」と語った[29]。ただ抽象的な方向性の言及に止まり、張成沢（チャンソンテク）処刑という国内政治情勢の変化のただ中にある北朝鮮情勢、北朝鮮の核・ミサイル問題や東シナ海、南シナ海での中国の覇権的行動には全く言及しなかった。また日米同盟への言及もなかった。最近のアジア、太平洋地域情勢を見ても、中国の東シナ海での一方的な防空識別圏設定などの動きに、後手に回っている感を否めない。共和党のマルコ・ルビオ上院議員は、大統領がアジア重視といいながら、一般教書演説ではアジアの具体的問題に触れなかったことで、アジア重視の体裁を取り繕っただけだと批判している。アジア重視戦略を推進したクリントン前国務長官、ゲーツ元国防長官がオバマ政権を去り、ケリー国務長官が中東への対応に主力を注ぐ中、自からを太平洋大統領と称したオバマ大統領のアジア重視が本物なのか疑問視する向きもある。

ただ、アジア太平洋地域は経済的に世界で最も重要な地域になっており、米政府も経済面における米国の将来はアジア太平洋地域にあると見ている。このため、米国はアジア太平洋地域の経済において、将来に向けて質の高いルール作りを欲している。この関連で、環太平洋経済連携協定（TPP）を重視している。世界3位の経済大国である日本のTPP交渉参加を米国は歓迎している。

◉極と同盟関係のゆくえ

冷戦後の秩序を考える上で重要なことは、極と同盟関係についてである。国家は他国を力で抑えようとし、あるいは敵対国の力を相殺するために同盟を求めようとする。これにより固定的な同盟のブロックが成立する場合もあるし、より競争環境が流動的な場合は重複する多様な同盟が形成される場合もある。第2次世界大戦以降、世界における力の均衡の状態は変化してきた。その変化は大きく分けて、１９４５～49年の１極世界、１９４９～91年の２極世界、１９９１～２００１年の多極世界、２００１年以降現在までの米国による１極世界という４つの時期に区分され、循環サイクルのように変化している。

　戦後の第１の時期には、ほとんどの国が第２次世界大戦により荒廃する中で、米国が支配的な立場に立つようになる。米国経済は世界全体の国内総生産（ＧＤＰ）の半分を占め、世界で唯一原子爆弾を保有し、それを使用する意思を示した。米国が比肩するもののない力を誇示した。第２の時期は、第２次世界大戦後5年を経過せずして、ソ連経済が復興し、軍事力増強を進めた結果、米ソの２大超大国としての競争時代に入る。１９５３年にはソ連は核爆弾の爆発実験に成功し、米国の原子爆弾独占の時代を終わらせた。また米国とソ連はそれぞれ同盟のブロックを形成し、分極化が進んだ。ブロックの中では同盟国間の協力が強まるが、ブロック間では対立が深まる。１９６０年代、70年代初期にかけてブロック内の結束が弱まり、２極構造が弱まってゆく。米国とルーマニア、フランスとソ連などブロックを越えた連携関係が生じ始め、ブロック内の弱小国家がより操作できる余地が生じてゆく。超大国の兵器システムにおける急速な技術革新により、冷戦ブロックの解体が促進されてゆく。大陸間弾道ミサイル（ＩＣＢＭ）の出現・拡大により、同盟における軍隊の前方配備の必要性が弱まる。核戦争により自国が破壊されるリスクを冒してまで同盟国を保護する米国の意思に疑問が表明され始め、拡大抑止の概念が揺らいでゆく。１９８０年代末にソ連共産圏の一部の国々が民主主義、市場経済を思考し始め、ブロック体制を維持していたイデオロギーの絆がさらに弱まってゆく。1989年のベルリンの壁崩壊により米ソ冷戦のブロック体制が崩れ、ワルシャワ条約機構が解体し、1991年にはソ連崩壊によりソ連の脅威が後退してゆく。この結果、NATOの存在理由が問われるようになるが、NATOは東欧諸国を吸収し、ロシアをNATO体制の中に組み込むかどうかが緊急の課題になっている。

第3の時期は、ソ連崩壊後、米国が唯一の超大国として世界的に君臨する1極世界になるのか、あるいは米国が超大国として存在しながらも国際問題解決のための他の国々が多くの連携関係を結ぶ1極・多極共存世界になるのかが議論された。第4の時期は、米国が唯一の超大国として支配的力を持つ第2次世界大戦直後のような状況に戻るが、米国の唯一の超大国としての君臨が世界にとって有益か有害かの議論もされるようになった。ただ米国を中心とした1極世界が長続きはしないとも見られている。経済的には、急速に成長する中国、インド、ヨーロッパ連合（EU）が米国の経済的優位に対して挑戦を突きつけている。新しい大国が米国の支配に挑戦し、力の均衡が移行するときに、混乱と不安定が拡大する。中国は21世紀の超大国として米国に対等に接し、日本などを頭越しにしたG2の関係を模索・構築したい意向と見られるが、米国がそれにどう応じるかが注目される。日本、韓国など伝統的同盟国との関係を配慮し対中協力関係の推進には慎重に望むのか、あるいは米中蜜月時代に急速に進むのかは、後者の可能性が少ないとはいえ、オバマ大統領の意向と外交手腕、後継米大統領にかかっている。

今後の見通しとしては、中露ブロック、欧露ブロックが形成されて、米国との間で2極世界が再び出現する可能性も否定できない。あるいは、米国、中国、日本、ロシア、インド、ＥＵがそれぞれ世界の６つの力のセンターを形成する一種の多極世界になってゆく可能性もある。ブラジルなどもその極に加わるかもしれない。多極世界の競合関係、力の均衡は、２極世界の場合とはかなり異なっている。すでに多極間競争は開始されている。米国のジョージ・Ｗ・ブッシュ政権が開始した世界的テロとの戦いは、新しい同盟関係を生み出しつつある。また２００３年のイラク戦争は、ドイツ、フランスなど米国の同盟国の米国からの離反を生み出した。一方では、米国が例えばロシアと中国の間を取り持つなど、バランサーとしての役割を果たす動きも出てきている。

(Endnotes)

1 *Public Papers of the President, George Bush 1989 I* (Washington, DC: U.S. National Publishing Office, 1989), pp.540-543.

2 *Ibid.*, pp.924-927.

3 Steven W. Hook and John Spanier, *American Foreign Policy Since World War II*, 6th ed. (Washington, DC: CQ Press, 2007), p.211.

4 *Ibid.*, p.218.

5 Francis Fukuyama, "The End of History?," *The National Interest*, Vol.16, Summer 1989, p.4.

6 Samuel P. Huntington, "The Clash of Civilization?," *Foreign Affairs*, Vol.72, No.3, Summer 1993, p.22.

7 Ian Clark, *The Post-Cold War Order* (New York: Oxford University Press, 1999), p.36.

8 Eric Hobsbawm, *Age of Extremes, 1914-1991* (New York: Penguin, 1994), p.559.

9 John Dumbrell, *American Foreign Policy: Carter to Clinton* (New York: Macmillan, 1997), p.143.

10 Glenn P. Hastedt, *American Foreign Policy: Past, Present, Future*, 5th ed. (Upper Saddle River, NJ: Prentice Hall, 2003), p.66.

11 *New York Times*, August 5, 1990.

12 George H. W. Bush, Address Before a Joint Session of Congress, September 11, 1990. http://millercenter.org/scripps/archive/speeches/detail/3425

13 David Gergen, "America's Missed Opportunities," *Foreign Affairs, America and the World, 1991*, Vol.71, No.1, 1992, p.3.

14 D. Halberstam, *War in a Time of Peace: Bush, Clinton and the Generals* (New York: Scribner, 2001), p.305.

15 Jerel A. Rosati, *The Politics of United States Foreign Policy*, 3rd ed. (Belmont, CA: Wadsworth/Thomson Learning, 2004), p.134

16 David Coates and Joel Krieger, *Blair's War* (Cambridge UK: Polity Press, 2004).

17 CIA, Comprehensive Report of the Special Advisor to the DCI on Iraq's WMD, 30 September 2004. https://www.cia.gov/library/reports/general-reports-1/iraq_wmd_2004/index.html

18 C. Johnson, *The Sorrows of Empire: Militarism, Secrecy and the End of the Republic* (New York: Owl Books, 2005); L. Gardner and M. B. Young, eds., *The New American Empire: A 21st Century Teach-in on US Foreign Policy* (New York: The New Press, 2005); A. J. Bacevich, *American Empire: The Realities and Consequences of US Diplomacy* (Boston: Harvard University Press, 2004); D. Harvey, *The New Imperialism* (New York: Oxford University Press, 2005).

19 Paul Kennedy, *The Rise and Fall of the Great Powers* (New York: Random House, 1987).
ポール・ケネディ著、鈴木主税訳『決定版　大国の興亡―１５００年から２０００年までの経済の変遷と軍事闘争』（上巻・下巻）、草思社、１９９３年。

20 Geir Lundestad, *'Empire' by Integration: United States and European Integration, 1945-97* (New York: Oxford University Press, 1998).

21 Richard M. Pious, *The American Presidency* (New York: Basic Books, 1979), p.47.

22 "A New Era of Responsibility," Inaugural Address by President Barack Obama, Briefing Room, The White House, January 21, 2009.
http://www.whitehouse.gov/the_press_office/President_Barack_Obamas_Inaugural_Address

23 Nomination Hearing to Be Secretary of State, Hillary Rodham Clinton, Secretary of State, Statement before the Senate Foreign Relations Committee, January 13, 2009.
http://www.state.gov/secretary/rm/2009a/01/115196.htm

24 Obama, "A New Era of Responsibility," *op. cit.*

25 Joseph S. Nye Jr., *Power in the Global Information Age: From Realism to Globalization* (New York: Routledge, 2004), p.98.

26 Remarks by the President Obama on the Defense Strategic Review, The White House, Office of the Press Secretary, January 05, 2012.

http://www.whitehouse.gov/the-press-office/2012/01/05/remarks-president-defense-strategic-review

27 Remarks by the President Obama in State of the Union Address, The White House, Office of the Press Secretary, January 24, 2012.

http://www.whitehouse.gov/the-press-office/2012/01/24/remarks-president-state-union-address

28 Remarks as delivered by James R. Clapper, Director of National Intelligence, Worldwide Threat Assessment to the Senate Select Committee on Intelligence, January 29, 2014.
http://www.dni.gov/files/documents/WWTA%20Opening%20Remarks%20as%20Delivered%20to%20SSCI_29_Jan_2014.pdf
http://www.intelligence.senate.gov/140129/clapper.pdf

29 President Barack Obama's State of the Union Address, The White House, Office of the Press Secretary, January 28,

2014.
http://www.whitehouse.gov/the-press-office/2014/01/28/president-barack-obamas-state-union-address

第5章 国家の役割

◉国家の形成と確立

国家は国際社会において、最も重要な政治的アクターである。国際システムの基本単位は国家である。現在の国家概念は、カトリックとプロテスタントの宗教的対立により起こったヨーロッパでの30年戦争を終結させた1648年のウェストファリア条約で具体的な形として認定された。

現代国際政治を定義する特徴の1つは、国民国家の普遍化という現象の出現である。今日、十分な市民権を持たない者、単なる在留者も多数いるものの、世界の人口のほぼ100%がそれぞれ1つの国民国家内に住んでいる。多くの人々がそれぞれ異質の政治組織のもとで生活していた1945年頃から比べると、目を瞠《みは》る新しい展開である。例えば、インド、東南アジアとアフリカのほとんどの国々は、当時、ヨーロッパ列強の植民地支配を受けていた。歴史をさらに遡《さかのぼ》って、巨大帝国と共存する都市国家や国民国家の出現の例をあげることもできる。しかし1945年以降、世界は植民地や委任統治領に終止符が打たれ、主権国家が世界に拡大するのを目撃してきた。近代主権国家も当初は、国王が絶対的な権力を持つ絶対主義国家として登場し、やがて近代国民国家が形成されていった。国際システムにおけるこうした国家の有り様を検証し、将来を展望することは意義があると思われる。

国家の形態には、国民国家、民族国家と呼ばれるネーション・ステートと多民族国家であるマルチナショナル・ステートがあり、前者はほぼ同一の言語、民族により構成された国家であり、後者は数多くの民族、言語、宗教などが雑居する国家である。前者の例としてはイスラエル、日本などがあり、後者の例としては米国、ロシア、中国などがある。

国家の起源は、約5000年前のメソポタミア文明、古代中国文明の時代に存在した都市国家に遡る。ギリシャ、ローマにおいても都市国家が形成され、都市国家の間で対立や同盟形成が行われた。ギリシャは山岳的地形で領土全部を統括する国家は存在せず、多くの都市国家が分立した。そのうちアテネが都市国家の中でも通商などで経済力を蓄え、強大になったが、他の都市国家はこれに対抗するため同盟形成を試みた。アテネは他の都市国家の征服に乗り出したが、アテネとライバルの都市国家スパルタとの間で約100年間にわたる対立、戦争が継続した。

14～15世紀になるとヨーロッパで、フランス、イギリス、ドイツなど王権を中心とする新しい国家が形成された。中世ヨーロッパでは、法王を中心とするカトリック教会と王権とが対立し、多くの人々は王権を選び、そこから近代国家が生まれるようになった。グーテンベルクにより発明された印刷技術は王が定める法令を大量に印刷し、それを国家全域の人民に伝達することを可能にし、近代国家の確立を助けた。

現在は世界に200ほどの国家が存在する。1945年に50カ国が国連憲章に署名（その後、ポーランドが国連憲章に署名し、原加盟国51カ国）して国際連合が創設されたが、現存する国家の大半はそれ以後の約半世紀間に誕生したものである。交通、通信の急速な発達によりグローバリゼーションが加速し、国家間の相互依存性が増大するにつれ、国家はその統制力を超えた脱国家的、超国家的要因に影響をますます受けるようになっている。半面、国家を形成してきた民族グループや宗教グループの力が強まり、地方分権的傾向も強まるようになっている。国家は、国際社会における国際機関を形成しようとする求心力と、国内において権力を分散さえようとする遠心力の中で、相対的にその力を弱めてきている。とはいえ、国際システムにおいて、国家が基本単位であるという現実には変わりない。

◉国家の目的と構成要素

国家が具体的な形をとり始めたのは中世末期以来で、人類歴史の中では比較的新しい存在である。現在のほとんどの国家は100年以下の歴史しか持っていない。常に国家、いわゆるネーション・ステートが存在してきたわけではない。[1] 人類歴史の初期には、個人、家族という単位が存在していただけである。そういう家族が、社会を形成し、さらに国家を形成するようになった理由としては、生活の改善、向上という動機があったと考えられる。家族だけで生活するよりも、社会を形成し、さらに国家を形成した方がより効果的に生活の改善を達成することができるという認識が生まれた。またさまざまな危険から個人、家族を守るためにも、社会を形成した方が有利だった。国家は必然的に形成されたものではなく、個人、家族の生活改善のためという目的で形成された。そこには社会契約が存在し、国家は何ができて、何ができないかという権限とその限界が規定されている。

この点については、トマス・ホッブズ（1588〜1679年）とジョン・ロック（1632〜

1704年、主著『市民政府二論』（1690年）が説明している。両者は、人々はかつては自然状態において、個人あるいは家族グループとして生活していたと主張した。やがて人々はこの極めて分散的存在のあり方が満足できないものであることを見いだすようになった。その理論によると、個人と家族が集まって社会を形成し、各自の主権の多くを委譲し、社会的営みのために政府を作り上げたのは、自分達の生活を改善しようという願望である。[2] 人々をして自然状態を放棄して社会に融合するようにさせたものが何であるかについて、ホッブズとロックは意見を異にしている。ホッブズはそれが恐れだったといっており、政府のない生活は余りに危険で、保護を提供するために人々は強い政府を作り上げたのだとしている。ロックはもっと前向きの見方をしており、個人だけの努力よりも協力した方がもっと容易に生活を改善できるという認識から人々は集まって社会を形成するようになったのだと主張した。

このホッブズとロックの考え方は、米国独立革命と米国の基本的文書の中に明白に表れている。1776年、東部13州がイギリスから独立したことを宣言した。その独立宣言文の中の人民は生命、自由、幸福の追求に対する権利を持っているというアイデア、これらの権利を確保するために人々の間に政府が組織されたというアイデアはロックの考え方に非常に近い。そして、米国憲法の前文は、ホッブズの保護に対する強調とロックの個人の向上への焦点を、新しい政府の目的を国内の平穏を保障し、共通の防衛を提供し、一般的福利を促進することにあるという文言に集約している。

国家、国民、政府の違いは重要である。なぜならナショナルインタレスト（国益）というときには、何が国民の利益になるかを意味するからである。この場合、国家や政府の利益について論じているのではない。国家や政府は国民に仕えているに過ぎない。言い換えれば、国家の役割（機能）は国民の代表（代理人）として行動することであり、ある学者が述べているように、国家の「第1の責任（関心事）は、それが唯一の責任ではないにしても、市民の幸福（福祉、繁栄）である。……有益な国家かどうかはその誠実性にあるが、誠実性は（国民の利益）に反映される」[3]。この基準からすると、国民の利益に供しない国家や政府は切り捨てられてしかるべきである。このドクトリン（教義）は米国独立宣言などのラディカルな宣言で明確にされている。

物理的に造られた国家や政治的レジームでなく国民に焦点を当てることは、どんな利益をなすべきかを理解する重要なポイントである。公益とは、誰の利益が厳密に考慮されているかを明確にするための言葉である[4]。

国家は、特定の領域とそこにいる人民に対して法的権限を行使する統治単位であり、外部にはそれより高い合法的権限を認めないものである。国家には、主権、領土、人口、外交的認知、内部組織、国内支持という要素がある。国家の最も重要な政治的特徴は主権であり、それは最高の法的権限を保持していることを意味する。つまり主権はいかなる権限からの独立を意味する。同時に主権は諸国家間の法的平等の理念を含んでいる。国連総会ではこれが適用され、加盟国は一票を有する。

主権というのは、国家を治めるそれ以上ない最高権威であり、自律的、自主的な統治機関の存在を意味する。

主権は必ずしも完全な独立を意味しない。時として小国家は強大な近隣国により支配を受け、独立しているとはいえない場合もある。とくに外交、防衛政策という意味では、法的に主権を持った国であっても、インドとの相互協力関係の維持及び拡大を謳《うた》うブータン、国防、安全保障の権限、責任を米国に委ねるマーシャル諸島、フランスが領土防衛の責任を持つモナコ公国のように独立が制限された国もある。小国の多くは、真に主権国家としてやっていけるだけの経済的あるいは政治的能力を有しない。カナダの学者ロバート・ジャクソンは、この希薄な地位を「消極的主権国家」(negative sovereignty) と名づけている。[5]

主権とは国が自国の国内問題を自由に統制できることも意味する。この政策は啓発されたレジーム体制においては建設的であるが、抑圧、弾圧されたレジーム体制にあっては破滅的である。人類の価値観が時とともに変化するにつれて、国際政治システムの規範も変化していく。こうした変化はシステムの動き方に影響を及ぼす。例えば、主権は徐々に蝕まれている。国家も、かつては自国を自由に統治できたが、今では昔のようにはいかなくなっている。民主主義や人権に関する規範が増加している。議論の余地はあるものの、１９９１年のクーデターの際に陰謀を企んだソ連保守派は、世界の世論を懸念して暴力行使を控えたとされる。南アフリカの白人政権は、国際的圧力を受け、アパルトヘイトと呼ばれた人種隔離政策を緩和した。[6]

また、すべての国家がこの6つの要素全部を備えているわけではない。人口は国家の明白な要素である。例えば、人口という観点からみると、中国のような人口13億の国家があると思えば、人口3万のサンマリノや800人足らずのバチカン市国（ローマ法王庁）のような国家もある。主権と領土と国際的認知という側面に焦点を当ててみよう。国家の特徴の1つは領土を有することである。国家が存在するためには、物理的国境がなくてはならないのは明白にみえる。ほとんどの国家は認知され、国境を有している。しかし綿密にみてみると、国境の問題は実に複雑である。境界地域をめぐり幾多の国際紛争が起こり、領土の境界は劇的に拡張、縮小、移動し、さらには領土なき国家を有することさえありうる。

国際的認知については言い古された修辞疑問がある。森の中で1本の木が倒れても、誰もそれを聞いていなかったら、はたして音を立てたことになるのか。同じような問題が、国家の地位、そして他の国による認知の問題を支配している。ある政治的実体が独立を宣言しても、他のどの国も外交的に認知しなかったら、それを国家といえるのか。答えは「ノー」だろう。国家としての地位を望んでも、認知してもらえなければ生き残ることは困難であろう。

パレスチナ自治政府という主権を持つパレスチナの場合は、人口がヨルダンなどさまざまな国に分散しており、明確な領土はない。イスラエルとの取決めでヨルダン川西岸、ガザ地区のようなパレスチナ自治区があるが、領土とはいえない。しかしアラブ諸国はパレスチナを国家として認知しており、パレスチナ自治政府（PNA）によると、中国、インドを含む100カ国以上が「パレスチナ独立国家」を認知している。外交的認知はあるが、領土はなく、主権が大幅に制限されている。あらゆる外交的駆け引きの中で、独立したパレスチナ国家がまだ存在していないことは明瞭であり、それが主権国家であるという主張は実際的現実というよりも法律的ニュアンスの問題である。

またパキスタンの場合も、パキスタン北西部は隣国アフガニスタンにおいても最大の民族グループであるパシュトゥーン族により支配されている。パキスタンのパンジャブ族が支配する政府は、国境沿いの同地域と武装したパシュトゥーン族に対しては限定的な権限しか行使しておらず、過去数年間にわたりウサマ・ビンラディンがそこに隠れ続けることができた理由はそこにあるといえる。

国家が成立するには、どれくらいの数の国から認知されなければならないかということは難しい問題である。半面、国際的認知がないからといって、他の大多数の国々が認知しない場合でも、必ずしも国家が存在しないということにはならない。中国の毛沢東政権に対するほとんどの国による国際的認知は、１９４９年の政権奪取からかなりの時間がかかった。米国による外交的認知は、１９７２年のニクソン訪中で上海コミュニケを出したものの、１９７９年の正式な国交を待たなければならなかった。ではその期間、中華人民共和国がその期間存在しなかったかというとそうではない。国家の存在を確立する上で、外部の認知と同じくらいかそれ以上に力と能力が重要である。[7] また台湾の場合、多くの国が国家として外交的に認知しており、主権、領土、人口はあるが、台湾は自らを国家として宣言したことはない。

またヨーロッパ連合（ＥＵ）加盟国のように、主権の一部がＥＵという地域機構に委ねられ、領土と人口の国ごとのまとまりが流動的になっているケースもある。ＥＵ域内のある国の国籍を持つ住民が別の国に居住し、そこで地元の選挙の投票に参加し、さらには選挙により公職に就くということも可能になっている。こうした国家の存立は、かなりの部分政治的なものである。

内部の組織、国内支持に焦点を当ててみよう。国家の最後の特徴は国内支持である。これは、国民が国家に好意的な一体感を有し、国家に支配し統治する権限を認めていることを意味する。国民の愛国心と国家の正当性の結びつきである。国家が通常有するあらゆる強制力にもかかわらず、国民の受動的な黙認すら得られないような国家は存続が難しいだろう。

国家は通常、一定レベルの政治的、経済的構造を持たねばならない。ほとんどの国家は政府を持っているが、激しい混乱、さらには無政府状態の中でも国家は存在し続けている。アフガニスタン、リベリア、シエラレオネ、ソマリア、その他の既存の国々が過去10年前後の期間に混乱に陥り、そのいずれも国土のほとんどに対する実質的権限を持つ安定した政府を再確立したとはいえない。しかし、これらの破綻国家のいずれも法的に存在しなくなったわけではない。ソマリアは２０１２年、暫定政府の統治期間が終了、大統領選挙を実施した。それまでは、ソマリアは１９９０年代初め以来機能する政府がなくなり、敵対するさまざまな部族に分裂し、内戦が激しくなった。２００５年半ばの時点で、第14代目の「移行政権」が形成されたが、ソマリアの首都モガディシュで安全に会合する力を欠いているので、ケニアに存在している。

国内支持という観点では、国民は政府を自主的に受け入れるか、あるいは嫌々ながらも受け入れるか、いずれにしても国内支持がなければ国家が成立できない。チェコスロバキア、ソ連、ユーゴスラビアは、不満を抱く民族グループの分離主義志向により、民族国家が崩壊した例である。戦後のイラクが直面する挑戦課題は、分裂しているシーア派、スンニ派、クルド族からの政府に対する十分な国内支持を生み出すことが可能かということである。これらの各々がその内部で対立を抱えている。

◉民主主義の広がり

国家には、一般的に権威主義国家と民主主義国家がある。前者は中国、後者はカナダが代表的国家である。権威主義国家は政府の上層部以外の個人やグループによる意思決定の参加が少ないか、あるいは全く許さない政府形態で、君主制、神権政治、共産主義、全体主義の形態がある。これに対して民主主義国家は、はるかに広範でもっと意味のある参加を許容する政府形態である。人類の歴史において、民主主義はギリシャ、ローマの都市国家などを例として存在してきたが、歴史の大半においては権威主義国家が多かった。最も古い非民主的統治は神権政治だった。これは現在にも存在しており、タイの王室、チベットのダライ・ラマ、アフガニスタンの崩壊前のタリバン政権などは神権政治の要素を含んでいる。君主制は現在少なくなっているが、サウジアラビア王室などがその例である。

共産主義は、レーニン、毛沢東などにより社会主義国家として樹立されてきたが、社会のすべての側面に対する党の支配が非常に強くなったため、全体主義だという批判を受けてきた。共産主義は、共産政権が世界人口の約30%に当たるソ連、中国、東欧諸国その他を支配した20世紀末期にピークに達し、その後多くの国で排除されてきた。現在、共産政権は中国、キューバ、北朝鮮、ベトナムに残っているだけだが、共産党は多くの国々で活発に活動しており、モルドバの2009年議会選挙では過半数を獲得した。もう1つの権威主義は全体主義だが、イタリアのベニト・ムッソリーニ、ドイツのアドルフ・ヒトラー、その他のファシストにより唱導されたファシズムの理念は、(1)合理性を拒否し感情に依存して統治する、(2)特定グループの優越性、他のグループの劣等性を信じる、(3)「劣等な」人々の国を支配する、(4)人民が国家の労働者だという協調組合主義の観点から個人の権利を拒否する、(5)協調組合的国家を経済活動が支援することを要求する、(6)国家を有機的なものとして捉える、(7)個人の最高の表現は人民であると信じる、(8)個人の最高の表現は全体主義的独裁者として支配する指導者にあると信じる、などの内容を持っている。

民主主義はイギリスの民主主義の台頭、18世紀末の米国、フランス革命により、重要な国家的、超国家的政治思想に変化し、20世紀の後半になって急速に普及し、過去数十年間で今や民主主義国家が世界の主流になっている。冷戦時代、第3世界に多々見られた権威主義政権により統治される国家の数は減少しているが、依然として独裁はごく普通に見られる。

民主主義の形態にも世界の国々により違いがある。民主主義の定義そのものが確定していない。欧米諸国では、多数決などの民主的プロセスそのものを重視する傾向が強い。手続き的民主主義はプロセス重視である。市民が言論の自由、競合しあう候補者の定期的選挙を享受し、その他の手続きに従うならば、民主主義が存在するという見方である。それに対して、アジア諸国などはプロセスよりも民主主義の実質的結果を重視し、人民の平等という成果を重視する傾向がある。欧米以外の多くの文化圏では実質的民主主義を強調しており、平等に伴う実質的成果を民主主義と見ている。例えば、民主的プロセスが確立されても、経済の自由競争の結果として社会の貧富の差が拡大し、多くの人々が貧困の中に苦しむようでは、完全な民主主義とはいえないという見方がある。

1945年以降の国際政治における最も明るい展開の1つは、民主主義の世界への広がりである。国民国家が地球上の政治コミュニティの優勢な形態であるように、民主主義が唯一の合法的な政府形態であるといいうる。ドイツ民主共和国（旧東ドイツ）や冷戦期のほとんどの共産主義国家のように、独裁主義政権や権威主義政権でさえ、自らを民主主義国家であると主張している。

フランシス・フクヤマがこれを「歴史の終わり」と表現したのは有名である[8]。フクヤマのいう歴史は単なる歴史ではなく、大文字で始まるHistoryは、出来事の年代順の流れを意味するのではなく、イデオロギー体制の紛争の時代を意味する。この紛争は20世紀、ファシズム、共産主義、自由民主主義（リベラルデモクラシー）の3つのイデオロギー体制がしのぎを削った。2つの世界大戦と冷戦が示すように、これらの戦いは単にイデオロギー上の戦いではなかった。1970年代、80年代までスペイン、ポルトガル、中南米で続いた右派独裁主義はその限りでないが、第2次世界大戦がファシズムの敗退をもたらし、北朝鮮とキューバという大きな例外はあるものの、冷戦終結により共産主義が敗退した。

したがって、フクヤマによれば対抗する政治イデオロギー間の闘争は終結した。世界にひろがる自由市場経済においては、情報テクノロジーと大衆ツーリズムの出現で、独裁主義は機能障害を引き起こし、時代遅れの政治形態となった。この意味では自由民主主義が唯一の信頼できる、試験済みの、実行可能な統治形態ということができよう。

民主主義は複雑な概念であり、政治体制が民主的かどうかを判定する上ではさまざまな基準が適用される。民主主義と国内・国際安全保障との間には多くのつながりがある。その最も重要なつながりは、民主主義と戦争回避、あるいは平和のつながりである。これは「民主主義的平和」理論と呼ばれる。[9] 民主主義国家同士は戦争しないという考え方である。なぜ民主主義国家同士が戦争しないのかという理由については、学者の間でさまざまな見解の違いがある。これは民主主義が世界に普及し、世界の国家が民主主義国家になることが世界平和にとっていいことかどうかという問題を提起する。確かに、多くの学者が、民主主義は戦争をなくし、世界平和を増進することにつながるという見方を取っている。フランシス・フクヤマはその代表であり、フクヤマは民主政体が政治の進化の最終段階であるという見方をしている。[10] フクヤマは「われわれが、西洋自由民主主義が最終的な政府の形態として普遍化する政治の進化の最後に差し掛かっているとしている」。そうであれば、外交政策において、民主主義を世界に普及させ、国家の民主化を進めることがプラスであるということになる。ジョージ・H・W・ブッシュ大統領などは、この見方を取って、民主主義の世界的拡大を外交政策の重要な焦点にしてきた。

民主的平和という概念は思わせぶりな期待をちらつかせる。世界のすべての国が民主主義ならば、戦争は起こらないだろう。この点で、民主的平和論は、戦争の可能性を国際社会の必然的事実の１つと考えるリアリズムとは完全に相いれない。平和な民主主義国家であふれた世界は短期的にはありえないとしても、多くの人々が北アメリカ、西欧、日本そしてその他の地域から成る平和地帯は既に存在していると確信し、この平和地帯が徐々に拡大して多くの国々を包み込むことを望んでいる。平和的民主主義国家からなる限定的な地域が徐々に拡大して世界を覆っていくプロセス、これこそがカントが２００年以上も前に『永遠平和のために』の中で想定したことである。

現存の平和地帯に新たな民主主義国家を加えれば平和地帯を拡大できるという考えは、冷戦終結後、西欧で実行されてきた。ヨーロッパは新しい国家に民主主義を促進し、それらの国家を制度上の仕組みに統合するという精力的な計画に乗り出し、旧共産主義国家の不安定性の軽減と現存する平和地帯の拡大に努めてきた。これがヨーロッパ、ＥＵ、ＮＡＴＯにおける安全保障構築につながっている。

民主的平和論を批判する人は、民主主義国家が互いに戦う機会はほとんどないが、そうでない国家とならば戦うことがあるはずだと主張する。一般的に、大国、超大国を除いて国家は隣国と戦争するものである。比較的最近まで、民主主義国家が国際システムに占める割合はごく小さかった事実を考えると、民主主義国家同士の戦争がなかったことは驚くに値しないだろう。しかし、１９４５

年以降、民主主義国家の数は増大し、その多くは国境を共有しているが、それでも民主主義国家同士の戦争はまだ例がない。２００8年のロシアのグルジア進攻は、両国の少なくとも一方で民主主義が適切に機能していなかったという理由から、除外できる。したがって、フクヤマやイギリスの外交官ロバート・クーパーは、これまでの概略した相互制約の結果、世界の民主主義国家が平和圏を形成することを期待すべき、と提唱している。[11]

外交政策において、諸外国に迅速な民主化を要求することの是非も重要な外交上の考慮事項である。民主主義と経済開発の間に強い関係があることは明瞭である。一方の見方は、経済開発は民主主義の結果として生じる副産物であるというものである。民主主義は、指導者をして軍事支出その他の非生産的分野よりも国の教育、消費財、その他の経済力構築、生産刺激の分野に投資させることにより、経済成長を促進するという見方である。[12] 多くの開発途上国は、経済開発か民主化かという選択で、経済開発を取る傾向が強い。世界で経済が発展している国々は民主主義国家が圧倒的に多いが、民主主義は経済発展の結果として進むのか、あるいは民主主義の結果として経済が発展しているのか、鶏と卵の議論のような議論が行われている。国民は飢餓、貧困の状態では民主主義を論じる気持ちにもなれないので、経済開発がまず優先すべき課題で、経済発展がある段階に至って初めて民主主義を論じることができるという見方がある。経済開発が民主主義の必要前提条件であるという見方である。経済発展が未達成な国家に対して、民主化を一方的に要求することは社会の不安定化、混乱をもたらし、マイナス効果を生むという見方もある。

1991年、ソ連政府内の共産主義強硬派によるクーデターが失敗した後、ソ連邦は崩壊した。ロシアは、西欧型民主主義に移行するとのボリス・エリツィン大統領の宣誓の下、大規模な内部改革に乗り出した。米政策決定者は、ロシアを共産主義崩壊前とほぼ変わらない威嚇的な政権ゆえに敵とみなすか、国内改革の実効性ゆえに友とみなすかの選択に迫られた。当初は、ジョージ・H・W・ブッシュ政権もビル・クリントン政権も民主主義的平和理論に従い、ロシアが民主主義になればロシアの兵器庫は米国にとって脅威にはならないだろうと信じた。そして米政府と他の西側政府は、ロシアが市場経済と民主主義ルールへ移行する支援プログラムに着手した。ロシアの経済と転換の規模を考えたら支援の額はかなり不十分だったにもかかわらず、ロシア支援に反対するする人々もいた。リアリスト理論に則り、ロシアの意図や政府形態ではなく、ロシアの軍事力に基づきロシアを脅威とみなしたのである。

結局、ロシアを民主化しようという米国の努力は必ずしも上手くいかなかった。ウラジミール・プーチン大統領の下でロシアは次第に民主主義を失い、原油価格の値上がりによってロシアは潤い、西側の経済支援は必要なくなった。ロシアは1991年のソ連崩壊後、民主化を進めてきたが、プーチンが大統領に就任して以降、言論、報道の自由を制限するなど、民主化の道を逆行するような動きが強まっている。民主主義が平和につながるという理論が正しいとすれば、ロシアにおける民主主義の後退は世界平和にとって好ましくない傾向であるということになる。

民主主義の重要な側面の1つは、婦人参政権であり、女性の政界進出を許す政治環境である。依然として世界における女性の政治指導者の割合は小さいが、女性の政界進出が世界平和を増進するかどうかという問題も興味深い点である。女性国家指導者の中には、インドのインディラ・ガンジー、イスラエルのゴルダ・メイア、イギリスのマーガレット・サッチャーのように、戦争にも積極的に関与した強い女性指導者がいる。ただ一般的には、フランシス・フクヤマが予測しているように、世論調査は、女性の方が男性よりも戦争を好まず、和解と平和を志向することが示されている。[13]この見解をサポートするものとして、男性が紛争へのアプローチをとるのと比べ、女性は交渉と紛争解決のアプローチをとる傾向があることを、最近の研究は示している。[14]このため、女性政治指導者が増加することで、戦争が減るという可能性がある。

◉国民国家の将来

国家が将来どうなってゆくかという問題は、学者の間で最も議論されている問題の1つである。一部の分析家は、国家は時代遅れで、国際社会の中心的アクターとしての国家はやがて消滅してゆくと見ている。とくに、20世紀後半に次々に独立を勝ち取って生まれた国家は、国民の教育、経済力などで立ち遅れており、国民の福利を保証することができない場合が多い。

逆に、自国民を大量虐殺したりする破壊的行動をしている場合もある。国家は本来、人民の生活の改善のために形成されたという考え方からすると、こういう場合は国家の存在理由そのものがなくなってしまう。また国内の国民に対する抑圧や暴力など従来外部から干渉できないと考えられていたことに対して、国際的に介入する傾向が強まっている。例えば、1990年代に旧ユーゴスラビアのスロボダン・ミロシェビッチ大統領（任期1989〜2000年）はボスニア、クロアチア、コソボで民族浄化政策を推し進めた。これにより戦争犯罪で国際刑事裁判所（ICC）の裁きを受ける立場となり、終身刑の公算が高いとされたが、2006年3月、結審を待たず独房で死亡した。

また、2001年9月11日テロを契機に、国連はアフガニスタン政府を転覆するために武力を行使することを承認した。

このように、国際機関がかつては内政干渉としてタブーになってきたような各国の国内の統治にますます関与するようになっている。リビアにおける反政府民主デモに対するカダフィ政権の弾圧に対して、それを阻止するためにヨーロッパ諸国が武力行使を行おうとした情勢もその例である。これらは国家主権が弱まっている例として挙げられる。

また世界には、地球温暖化問題、国際テロ、グローバリゼーション、国際金融危機など超国家的性格の問題が増えており、単独の国家だけで対応できない課題が多くなっている。こうした課題に対しては、国際的協力のもとに多国間で対応しなければ解決の道を見いだすことができない。このことも、国家の存在意義が薄れている1つの側面である。

リベラリズム派の研究者は、国家の脆弱《ぜいじゃく》性の増大が国家間の相互依存の高まりの証《あかし》だとする。とはいえ、主権が終焉《しゅうえん》に向かっているのではなく、新しい状況によって主権の行使が修正されているにすぎないとし、相互依存をよしとする烙印を押す。リベラリストは原料を他国に依存し商品を輸出している国は、紛争解決に当たり戦争に訴えたりせず、協力しあう、と考える。[15]

ケネス・N・ウォルツをはじめとするネオリアリストは、この考えをあまりに単純すぎると批判している。そして、国家がどのように相互に依存しているかを調べたうえで、米国は世界のほかの国々なしでもおそらくなんとかやっていけるが、ほとんどの国は米国なしでは立ちいかないだろうということを、率直に認めるべきだとしている。ウォルツは、米国の他国への依存度の低さがその超大国の地位の第1の源であり、国力の劣る国々の行動を1極支配するのを相対的に容易にする源であると述べている。[16]

国家の存在意義の希薄化に対して、国家は依然として健在であり、今後国際環境の変化に適応、変化して重要なプレイヤーとして存続し続けるという見方もある。国民国家は、理論的には独自の国家を持ち、それを維持し、自主的に統治したいという民族の願望の当然の成り行きである。国民国家は旗、国歌、鷹、熊、龍等の動物などのシンボルで表される。愛国主義的忠誠心の対象であり、多くの人々は国民国家を政治的権限の最高の形式と考えている。[17] 国民国家が過去数世紀にわたって世界政治の主要アクターであったし、そして、これまでも見てきたように、国家は自国の利益を追求して、国際システムの中で一方的に行動しがちであり、この傾向はこれからも続くであろう。

20世紀後半以降、国家の数は増えていることもその表れだと指摘されている。インドは国際連合規約の原加盟国になったものの、その時点ではまだイギリス領だった。1945年当時、世界には50カ国強の主権国家しか存在していなかった。現在の国際システムには約200の国家がある。国連加盟国は１９４５年の51カ国から、今日、２００６年にモンテネグロが加盟し、２００９年時点で１９２カ国、２０１１年には南スーダンが加盟し、現在１９３カ国になった。加盟国の大幅な増大により、当初60から70カ国の代表団しか想定していなかったニューヨークの国連施設は、無理な拡張を強いられている。こうした発展の最終結果が、地球上のほぼすべての個人がそれぞれの国民国家に住んでいるという現状である。

しかし、誰もが自分の住んでいるところに満足しているわけではない。トルコやイランに住むクルド人のように、ある国に住んではいるものの、別の地に住みたいと思っている人々もいる。そうしたグループに共通した特徴は、自分たちの住んでいる国の一部として統治されるのはおかしいという思いである。さらに注意しなければいけないのは、すべての国民国家が同じではないという点である。大多数は民主主義国家であっても、選挙によらない統治者に支配されている国がまだ多く残っている。同時に、かつての政治組織形態と類似した形態を有する国もある。目立つ例をあげると、中華人民共和国は古代帝国に似ているし、シンガポールやリヒテンシュタインは、その地理的大きさから、古代ギリシャやルネッサンス期のイタリアの都市国家に似ている。こうした違いはあるものの、国民国家の概念はすべてに適用されており、台湾は最も注目すべき例外であるとしても、国際法上は、ほぼすべてが主権国家である。

また複数の国家群が地域ごとに連携する地域共同体がますます増えており、国家間で連携して国家を超えた問題に対処しようとする傾向が見られる。アラン・ミルワードは、諸国家をＥＵ統合プロセスに参加しようとする気にさせた要因を検証し、ヨーロッパ石炭鉄鋼共同体（ＥＣＳＣ）創設は、フランスの引き続く経済回復を確実にすることにより国益を満たそうというフランスの願望の表れであると強調している。[18]ミルワードは、国益に焦点を当てることによって、ヨーロッパ統合は国民国家が必要としたときに起こり、超国家的組織は特定の目的のために設立されたのであり、国民国家の影を薄くする手段として設立されたのではないと主張した。[19]

これは国家が国際環境に適合し生存してゆく兆候とされる。世界的な民族主義、国粋主義の高まりも、国家の継続的重要性を示すものと見られている。また国家は存続を保障する多くの資源を保持している。

リアリストにとって国家は主な、というより唯一の国際政治分析単位である。軍を管理するのは国家の責任だからである。リアリストは、国家は正当な武力行使の独占権を持つ実体であるというマックス・ウェーバーの定義を奉じている。リアリストの描く国際的無政府状態という危険な世界では、軍事力だけが国家が自衛し、世界の舞台で意味のある行動をとる手段である。

21世紀に入り主権国家の未来はどうなるのだろうか。ほとんどの政治学者は、国家の重要性の低下は認めるものの、予測可能な将来、国家が消滅することはないという中道の立場をとっている。[20]中道派の１人がいうように、「主権国家システムは（予見しうる将来において）世界政治の主要構造であり続けるだろうが、世界政治の中身は変化している」[21]。そうした変化をある研究者がうまく表現している。

新時代が展開しつつある。それは幾重にも反駁する世界である。……国家は変貌を遂げてはいるが、消滅しているのではない。国家主権は蝕《むしば》まれてはいるが、依然その存在は力強い。政府は弱体化しているが、威張り散らす力はまだある。……国境は今のところ侵入者を締め出しているが、小穴はどんどん増えている。Landscapes（土地の風景）という言葉は、民俗の風景、メディアの風景、イデオロギーの風景、テクノロジーの景色、経済の景色に道を譲りつつあるが、領土権（縄張り意識）は多くの人々にとって依然として最大関心事である。[22]

唯一確かなことは、国家を基盤とするシステムは変化に動じない、非脆弱《ひぜいじゃく》であると決めつけるのは誤りである。ある研究者が言及しているように、「歴史は誰にも与《くみ》しない。……（国家の興隆から）引き出せる教訓は、あらゆる組織は常に正当性が問われる、ということである」。したがって、国家を維持できるか否かは、その大部分が、「そうした挑戦に効果的に応じることができるかどうか」にかかっている。[23] 国家は、将来におけるその役割は小さくなるが、政治的プレイヤーとして消滅することはないというのが大方の見方である。

(Endnotes)

1 Walter C. Opello Jr. and Stephen Rosow, *The Nation-State and Global Order: A Historical Introduction to Contemporary Politics*, 2nd ed. (Boulder, CO: Lynne Rienner, 2004).

2 Leon P. Baradat, *Political Ideologies*, 8th ed. (Upper Saddle River, NJ: Prentice Hall, 2003).

3 Clive Perry, "The function of Law in the International Community," in Max Sorensen, ed., *Manual of Public International Law* (New York: St. Martin's, 1968), p.6.

4 Friedrich Kratochwil, "On the Notion of 'Interest' in National Relation," *International Organization*, Vol.36, No.1, 1982, p.4.

5 Robert H. Jackson, *Quasi-states: Sovereignty, International Relations, and the Third World* (New York: Cambridge University Press, 1990), p.1.

6 Newell M. Stultz, "Evolution of the United Nations Anti-apartheid Regime," *Human Rights Quarterly*, Vol.13, No.1, 1991, pp.1-23.

7 Kenneth W. Thompson, *Fathers of International Thought: The Legacy of Political Theory* (Baton Rouge, LA: Louisiana State University Press, 1995), p.220.

8 Francis Fukuyama, *The End of History and the Last Man* (London: Hamish Hamilton, 1992).

9 John M. Owen, "Democratic Peace Research: Whence and Whither?," *International Politics*, Vol.41, No.4, 2004, pp.605-617.

10 Francis Fukuyama, "The End of History?," *National Interest*, Vol.16, Summer 1989, p.3.

11 Fukuyama, *op. cit.*, *The End of History and the Last Man*, p.276; Robert Cooper, *The Breaking of Nations: Order and Chaos in the Twenty-First Century* (New York: Atlantic Books, 2004).

12 Amartya Sen, *Development as Freedom* (New York: Alfred A. Knopf, 1999).

13 Francis Fukuyama, "Women and the Evolution of Politics," *Foreign Affairs*, Vol.77, No.5, 1998, p.33.

14 Natalie Florea, Mark A. Boyer, Michael J. Butler, Magnolia Hernandez, Ling Meng, Haley J. Mayall and Clarisse Lima, "Negotiating from Mars to Venus: Some Findings on Gender's Impact in Simulated International Negotiations," *Simulation and Games*, Vol.34, No.2, 2003, pp.226-248.

15 Robert O. Keohane and Joseph S. Nye Jr., *Power and Interdependence: World Politics in Transition* (Boston: Little, Brown, 1977).

16 Kenneth N. Waltz, *Theory of International Politics* (Boston: Addison-Wesley Publishing, 1976), pp.129-160.

17 Paul Brass, *Ethnicity and Nationalism: Theory and Comparison* (Thousand Oaks, CA: Sage Publications, 1992).

18 Alan S. Milward, *The Reconstruction of Western Europe, 1945-51* (New York: Routledge, 1984).

19 Alan S. Milward, *The European Rescue of the Nation State* (New York:Routledge, 1994).

20 K. J. Holsti, *Taming the Sovereigns: Institutional Change in International Politics* (New York: Cambridge University Press, 2004); Georg Sørensen, *The Transformation of the State: Beyond the Myth of Retreat* (New York: Palgrave Macmillan, 2004).

21 Robert O. Keohane and Joseph S. Nye Jr., "Globalization: What's New? What's Not? (And So What?)," *Foreign Policy*, Vol.118, Spring 2000, p.118.

22 James N. Rosenau, "The Dynamism of a Turbulent World," in Michael T. Klare and Yogesh Chandran, eds., *World Security: Challenges for a New Century*, 3rd ed. (New York: St. Martin's, 1998), p.18.

23 Hendrik Spruyt, *The Sovereign State and Its Competitors: An Analysis of Systems Change* (Princeton, NJ: Princeton University Press, 1994), p.185.

第6章 ― 現代外交と国力

◉外交の本質

国家の外交は、他国に譲歩するよう説得するために国力の資産を適用することにより、国の国益を推進することを試みるプロセスである。

外交の歴史は非常に古い。その外交は国家運営の基本となるものである。ペルシャの宰相ニーザム・アルムルク（1018~92年）は国王に、「外国の大使をもてなすときはその大使を使わした王としてもてなすように」という賢明なアドバイスをした。[1] このアドバイスはその当時だけでなく今日も有効である。外交が、時として無秩序になりがちな現代国際政治において、効果的な働きをするとされる今なお現存する方策の1つだからである。近年顕著になった各国首脳が一堂に会すサミットであろうが、古くからの外交様式である個々の代表による大使レベルの交渉であろうが、外交は秩序ある国際社会を構築するための努力に希望を与えるものである。

外交は古典的な外交政策手段で、その本質に変化はなかった。[2] 交渉と駆け引きを通じて合意に到達するというのが、その中核である。外交は技術ないしは技能ともいわれ、時間をかけて獲得、養成される。その成功、失敗は外交官の技能に大きく依存する。

外交は一貫してきたが、外交が解決しようとする問題は変化してきた。外交によって達成される合意としては、核不拡散条約の無期限延長合意のような既存合意の延長、1978年キャンプ・デービッド合意、1998年北アイルランド自治合意のような異常な外交状況を停止する合意、

1995年、デイトン合意、日米の自動車輸入枠合意のような外交政策のコストと恩恵の分配合意などがある。[3]

こうした合意は2国間あるいは多国間で交渉され、達成される。多国間外交には会議外交がある。これは数多くの国の代表が一堂に会して共通の課題の解決に取り組む外交である。国際貿易、人権、環境保護、軍備管理などで会議外交が定期的に行われている。これは、検討課題が国益からより国際的なものに変化していること、民主主義的参加の原則が重要になっていることの2つの傾向を反映している。外交は、国際舞台での外交交渉と並行して、各国の首都での国内指導者の討議という形でも展開されている。この首都での討議は、交渉を開始するか、どういう形態で交渉するか、どういう譲歩をいつするかなどの問題を検討し、決定する。[4] これらの2つの交渉、すなわち国内交渉と国際交渉は密接に関係しあっている。米国ではポスト冷戦時代の外交政策について党派的対立が深まっており、国内交渉と国際交渉の相互関連が重要になっている。北米自由貿易協定（NAFTA）では国境沿いの州の反応が重要な要素になり、労組、環境、農業関係のロビー団体などの国内勢力が影響力を発揮した。この国内調整が国際合意の成立、成功にとって大きな鍵になった。このほか、1997年の地球温暖化に関する京都議定書、中国への最恵国待遇付与、中東和平交渉などもその例である。

英首相の故ウィンストン・チャーチルは動物園の動物の交渉の寓話を語ったが、示唆に富んでいる。サイが動物の争いで歯の使用は野蛮であり禁じられるべきだが、角《つの》は防衛的だから許容されるよう提案し、水牛、ヤマアラシなどが賛成した。すると、ライオンと虎は歯と爪を古来からの名誉ある武器であると弁護し、豹やピューマが賛成した。するとクマが歯も角も動物の争いでは禁止されるべきで、抱擁するのがいいと訴えた。交渉に臨んだ動物はそれが平和につながるとして異議を唱えなかった。ところが、七面鳥を含む他の動物がクマの提案に気分を害し、パニックになった。白熱した議論が交わされ、交渉の場は険悪になったが、動物園管理者が一同を冷静にし、静かに檻に戻るよう説得して、事なきを得た。[5]

この動物園のように、われわれの世界においても、報償を与えたり罰を与えたりするパワーを保持するアクターが、他のアクターに影響を与えることができる。パワーには多くの形態がある。物理的なパワーはその1つであり、サイとライオンはともにこの点でパワーを持っている。技能は別のパワーの側面である。七面鳥は目に見えるパワーはほとんど持っていないが、多分、その他の動物に自分の見解を採用するよう説得する狡猾さやその他の外交力を持つ。経済力も外交において重要である。動物園管理者は食糧の供給を支配しており、動物を檻に戻るよう説得するための肯定的誘因として食糧追加または否定的誘因として食糧削減を行ったかもしれない。

また、動物園は動物が交渉するシステムだった。現在の国際システムのように、動物園のシステムは自分の利害を中心にしており、それぞれの動物グループが自分達に有利な目標を選んで、それが他にどういう影響を及ぼすかについてはほとんど考えていない。それぞれの動物が自分の持つ潜在力を最大限生かし、他の動物の力を最小限に抑制しようとするため、動物園のシステムは紛争が発生する可能性がある。だから動物園での成功は、部分的にはダーウィン的なジャングルの掟《おきて》に左右された。外交は、むきだしの軍事力から巧妙な議論までさまざまなテクニックを通じての力の応用である。

ハンス・モーゲンソーの国力の諸要素については、多くの国際政治の著書で既に論じられている。モーゲンソーは国力の要素として、地理・天然資源・工業力・軍備・人口・国民性・国民の士気・政府の質とともに外交の質をあげているが、これは興味深くまた重要である。モーゲンソーは、「外交の質は、それがいかに不安定であっても、国家の力を形成するあらゆる諸要素の中でも最も重要である」といっている。[6] モーゲンソーが述べているように、外交はほかのすべての要素を結合して統合された全体へと結びつける。外交は国力の頭脳であり、国益を主張するための国家的な努力に方向づけを下す手段であるとされてきた。

国家は外交を通じて互いに公的関係を処理する。一般的に外交は、国家がその利益を実現し追求するためのあらゆる行動に関係するといえる。伝統的に外交は、そのほとんどの場合、儀礼や儀式が常に優先する息詰る空気の中で、厳格な紳士たちによる交渉や協議から成る正式な過程であるとされてきた。しかし今日では、それが十分かつ正確な外交のイメージであるとはいえない。国家は外交政策の促進および遂行、情報の伝達、政治、経済情報や知識の収集に努めながら、さまざまな外交活動に従事しているのである。[7]

◉多義的な外交の概念

ところで外交という言葉の持つ内容は、すこぶる多義的である。「外交学」の最高権威であるハロルド・ニコルソンは、外交の意味について次のように述べている。[8] 外交という言葉は不用意にも幾つかの全く異なった事柄を意味する。第1に、外交政策と同義に用いられる。第2に、交渉を意味する。第3に、より特殊的には交渉が行われる過程及び機能を意味している。第4に、外交職の一部を示すものとして用いられる。第5に、ある抽象的な能力あるいは才能、つまり最良の意味では国家間の交渉行為における技量を意味し、最悪の意味では狡猾な駆け引きの才能を意味する。外交にはこのように5つの解釈があり、非常な思考上の混乱がある。そこでニコルソンは、外交を「交渉による国際関係の処理である。大公使によってこれらの関係が調整され処理される方法であり、外交官の職務あるいは技術である」と定義している。[9]

このようにニコルソンの定義だけ見ても、外交という概念はすこぶる多義的である。ニコルソンの定義にもあったように、外交は外交政策を意味する場合がある。しかし、外交と外交政策は少なくとも言葉の上では区別する必要がある。外交政策は外交の戦略であり、主として政治家によって行われる。それに対して、外交は外交政策を有効に執行するものであり、外交官がこれを行う。外交は1つの技術である。このように言葉の上では、外交と外交政策は一応区別しなければならないが、現代の複雑な国際関係においては両者を分離するよりも、むしろ統合し、融合的な概念関係と見るほうが正しい。ニコルソンのように外交と外交政策を分ける解釈にたてば、外交はただ単に外交政策の侍女《じじょ》になり、また道具にすぎなくなり、その主体性を喪失することになる。したがって、外交政策は１つの連続過程と見なし、相互補完関係と見なすべきである。つまり、個々の外交は外交政策によって規定され、方向づけられる。一方、具体的な外交は政策に影響する。こうして、外交政策と外交とは連鎖関係にある。

外交の機能の１つは、国力の直接的適用を通して国益を推進することである。国力の適用例としては、他国への制裁適用、自国が望む行動を他国が取るよう説得する試みなどがある。外交は古来から存在する技能であり、外交の歴史的機能のあるものは現在も重要である。しかし外交は過去１世紀に劇的に変化してきた。外交官は時として自分達を古来と変わらない外交術を実践しているように説明するが、外交は実際にはそれが実施される背景のゆえに常に進化している。確かに外交は部分的には古来からのものだ。交渉や他の外交交流の歴史はほとんど４０００年間にわたり、記録によると大使館のようなものはバビロニアの皇帝ハムラビ（紀元前１７９２～紀元前１７５０年）の頃から存在した。外交は過去に多くのつながりを持つが、世界政治の内容の進化のゆえに、外交も劇的に変化した。20世紀初期は近代外交への移行の重要な分岐点である。

第28代米大統領ウッドロー・ウィルソンの「14カ条の平和原則」（The Fourteen Points）発表に象徴される第１次世界大戦時代は、現代外交への転換点となった。第１次世界大戦（１９１４～18年）は、いわばヨーロッパ世界の他地域への圧倒的優位が終焉《しゅうえん》した端緒であり、ドイツ、オーストリア、オスマントルコそしてロシアの各帝国の崩壊であった。ヨーロッパおよび世界各地で国家主義的民族自決の嵐が吹き荒れた。新興勢力である米国、日本などが自己主張を始め、これらの諸国は世界のパワーとして衰えの見えてきたヨーロッパ諸国に伍するか、それにとって変わった。この進展する新しい背景において、古い外交が消え去ったわけではないが相当に変化した。

◉現代外交の特徴

「旧外交」(old diplomacy) はなくなりこそしなかったが、「すべての戦争を終結させるための戦争」後の十数年間に、外交は大きく変容していった。[10] 植民地主義の衰退、旅行と通信の進歩、民主主義の拡大、その他の要因がすべて、外交の背景を変化させるのに役割を果たした。

旧外交から新外交への進展方向を見ると、とくに現代の視点から眺めると、外交に対する新しいアプローチの特徴がいくつか浮かび上がってくる。その特徴とは、地理的範囲の拡大、多国間外交、議会外交と呼ばれる議会との駆け引き、外交の民主化、オープン・ディプロマシー(公開された外交)、首脳会議を通しての首脳間の意思疎通、パブリック・ディプロマシー(広報外交)である。こういう外交の変化は、国際システムの変化と国内政治プロセスの変化を反映したものである。

外交儀礼が確立されはじめたとされる1648年のウェストファリア講和会議の頃は、外交といってもそこに参加した諸国家はわずか12カ国にすぎなかった。「会議は踊る。されど進まず」の言葉で有名なウィーン会議(1814～15年)も、その外交舞台はロシアを含むヨーロッパ諸国に限られていた。

しかし、20世紀に入り外交は地理的範囲拡大が顕著になった。２度にわたるハーグ和平会議（１８９９年、１９０７年）はヨーロッパ圏外の国々も参加し、とりわけ第2回会議参加国は44カ国にも達した。同会議で国際仲裁裁判規則、戦時法などが定められた。ウィルソン大統領は「民族自決主義」を提唱し、これが第2次世界大戦後植民地の独立へと道を開き、今日約２００カ国からなる世界を生むことになった。19世紀の外交の発達を基礎に、20世紀は国際連盟、国際連合の２つの本格的な国際組織の創立を経て、外交は国際外交的な性格に変化していった。本来的には非ヨーロッパ国家である米ソ両超大国の台頭、英仏ヨーロッパ諸国の凋落《ちょうらく》など、戦後の新しい現象を見逃すことはできない。１９４５年創設時には51カ国でスタートし、現在ほぼ全世界の国々が加盟している国連（加盟国１９３カ国）は、外交範囲が全世界に及んでいることを象徴している。

現代外交の特徴２つ目の多国間外交が増大したことはさまざまな理由が考えられる。20世紀は空前の規模の技術革命を目の当たりにした。その技術進歩が第1の理由である。輸送、通信を船、馬、馬車、伝書鳩に頼っていた時代は、大使やスタッフは数カ月間本国から何の指令も受けず、外交任務を遂行するようなこともあった。しかし、交通、通信技術の発達は国家間の接触を迅速かつ容易にし、頻繁にした。第2の理由は、多くの国家や指導者が、政治、経済、安全保障、環境問題、地域紛争など多数の世界的関心事は、一国の内政や伝統的な2国間外交では解決しえないと認識している点であり、それに代わる世界的な協力および解決法が必要となってきた。第３に、多国間機構を通じての外交は、中・小国にとっては、個々の国力を越えて世界の政治に影響を及ぼす事ができる手段としては大変魅力的である。例えば、カナダの多国間外交の研究者マーガレット・ドクシーは、「他の中級国家（middle powers）との連合によって〔カナダは〕政策決定に影響を与え、変化の媒体となることを模索できる」と指摘している。[11]

多国間外交を促進している第4の理由は、重要な国際決議とりわけ軍事力行使の決議は多国間組織の枠内で採決されるべきだ、という期待が世界的に高まっている点である。確かに政府間で組織された国際機構の数が次第に増えるにつれて、そのなかのいくつかの国際機構が国際場裡で極めて大きな役割を果たすようになり、各国はこれらの機構にも外交使節を送るようになった。多国間外交の最近の好例は、湾岸危機における国連安保理決議である。国連ではイラクのクウェート侵攻非難、侵攻兵力の即時、無条件撤退要求決議をかわきりに12の決議が採択されるなど、各国の政治的、外交的努力がこれまでになく活発に行われた。とくに1990年11月29日に採択された12番目の安保理決議（安保理決議第678号）は、イラクが1991年1月15日までに国連決議をすべて履行しない場合は、「あらゆる必要な処置をとる」という内容だった。

米国はイラクをクウェートから撤退させるために実施する軍事措置に対して、国連の承認を重要視した。エジプト、シリアその他のイスラム国家の参戦は、先進国による第3世界の一イスラム国家攻撃という非イスラム的イメージを払拭するために、是非とも必要であった。国連の承認はこれらのイスラム国家が連立に加わるのを可能にした。別の地域を見ても、例えばボスニア・ヘルツェゴビナ介入に関するほぼすべての議論は国連、ヨーロッパ連合（EU）、北大西洋条約機構（NATO）を中心に行われ、その保護のもとに行われてきた。

現代外交第3の特徴として議会外交を挙げることができる。世界的な民主主義の拡大の背景における近代的な実践の1つは議会外交である。交渉と妥協への補足としての国際機関での討議と表決もこの中に含まれる。これは具体的には、国際連盟、国際連合などでの外交の行われ方の問題である。つまり、第1に公開の討論で行われるということ。第2に、評決によってことが決まり、その場合に大国も小国も等しく1票ずつ持つということ。第3に、通常の国際会議と違う点は、定期的に会合する常設的な会合であって、議事手続きもはっきりと決まっているということである。[12] これには国際機構における討論や表決が含まれ、時には交渉や妥協の代わりをすることもある。さらに、特別な地位にあった列強の正統性の衰退とともに、主権国家の平等に基づいた投票がしばしば行われるようになった。

議会外交にかかわる巧妙な駆け引きは、イラク進攻に対する安全保障理事会の承認を得るための米国のキャンペーン期間の国連において顕著だった。承認のためには、安全保障理事会の15理事国のうちの9カ国の支持を必要とし、また拒否権を持つ5常任理事国それぞれの支持ないしは棄権が必要だった。外交が過熱するとともに、米国は4カ国（米国、イギリス、スペイン、ブルガリア）の支持票を当てにすることができ、ドイツとシリアは明らかに反対の立場だった。中国、フランス、ロシアの3常任理事国も戦争に反対しており、そのいずれかの反対票は拒否権を意味した。このため、多数派の意見が理事会の少数派の拒否権により阻止されたと米国が主張することを可能にすることにより米国主導のイラク侵攻を強めると主張して、米国の外交官は過半数の支持獲得に集中した。

議会外交においては、公開の討論が行われ、かつ表決に付するという手続きをとるのであるが、実際は、楽屋裏の接触や取引が重要であることを強調してもし過ぎではない。公開の会議と平行して、非公式かつ多角的な多国間の伝統的方式による外交交渉が行われている。したがって議会式外交というものは、「そういう楽屋裏の非公式折衝のほうが主であって、それを補完し、かつ決着をつけるセレモニーとして公開討論が行われ、表決が行われる」とさえいえる。[13]

第4の特徴として、外交の民主化を挙げなければならない。外交の持つエリート的色彩や行政支配という特徴はさまざまな形で変化していった。1つには、外交官は「何よりもまず、名門出身の金持ちで素晴らしい風格を兼ね備えていなければならない」とするヨーロッパ的概念からかなり変化し、外交官は現在、各国の社会の幅広い階層から生まれている。[14] これは国家の代表というイメージを強化するのに役立っている。今日の外交官は自国の文化に根ざした振る舞いを見せたり、あるいは相手国をナショナリスティックでステレオタイプ型に捉えることから生じる敵対性、対立や誤った認識に苦しむことが往々にしてある。

外交の民主的変化の第2は、立法府、利益集団、世論の役割の拡大である。行政府の指導者が依然として外交政策決定過程を支配しているとはいえ、もはや独占分野ではなくなっている。

20世紀以前には民主主義国家はほとんど存在せず、その状況では外交の実施、条約や他の国際的義務への合意はほぼもっぱら君主の権限に属するものだった。現在は民主主義化された外交が普通になっており、議会、利益団体、世論がすべてより大きな役割を果たすようになっている。好ましい結果を生み出した変化もあれば、否定的結果を生み出した変化もある。少なくともいえることは、外交のアクターとオプションが拡散することにより外交が複雑になってきている。また外交が失敗した場合の結果や影響も大きくなっており、その分、外交がより重要になってきている。外交政策決定における国内政治の重要性は2重レベルのゲーム理論を生み出した。これは、外交が成功するためには、1つには外交官は国際レベルにおいて他国と、1つには自国内の国内レベルにおける政治的アクター（議会、世論、利益団体）の両方に受け入れられるような解決を見いださなければならないということである。この観点からすれば、外交の舞台は国内と国際の両方のレベルに存在し、指導者が両方のレベルのアクターを満足させる政策を追求するので、外交は2つのレベルの相互関係により影響される。例えば、1950年代、60年代の台湾海峡危機において、米国と中国の指導者は首脳同士の合意点を見いださなければならなかっただけでなく、危機をエスカレートさせようとする国内の勢力をかわす必要があった。

第5の特徴として、オープン・ディプロマシーを指摘しておかなければならない。ウィルソン大統領の14カ条の中で第一条「公開で達せられた公開の平和条約」の提唱は、しばしば引き合いに出される条項である。「公開外交」（open diplomacy）の提唱者であるウィルソンは「それ以後いかなる種類の秘密の国際的了解もあってはならない」と主張した。

開かれた外交の利点は、外交の概念に合致していることである。秘密外交は、外国政府よりむしろ国内の批判をかわすために行われることが多い。1990年5月、天安門広場での中国政府による学生大量虐殺の数週間後、米国内で対中国制裁への強い要求が高まる中、ブッシュ政権は中国に密使を派遣した。国家安全保障担当大統領補佐官スコウクロフトとイーグルバーガー国務副長官は北京に飛び、鄧小平と他の中国首脳陣に対し、米国が厳しい対応に出ないことを改めて保証した。ここで注意すべき点は、この密使は米国民に対し秘密にされたのであって、外国の敵対者に対して秘密にされたのではない点である。民主主義の慣行に合致しているのに加えて、開かれた外交は他方が一方の言質《げんち》を誤って判断したときに生じる認識の誤りを避けるのにも役立つ。

しかし、開かれた外交にも欠点はある。多くの学者や有識者は、外交政策目標の開かれた議論と協定なり条約の公開を望んでいる。厄介なことは「公開で達せられた」交渉段階である。ほとんどのアナリストが機密の重要性では一致している。交渉戦略が早い段階で表沙汰になることで、譲歩を勝ち取る能力が危うくなるかもしれない。交渉が公になると、外交官は一般国民に対し身構えてしまいがちである。国民の批判の中で譲歩するのはしばしば困難を生じることがある。

民主主義の発展、コミュニケーションの拡大は、確かに公開外交を促進した。しかし、秘密外交も継続しており、時としては必要でさえある。米国の学者の多くは、公開討議による決定をよしとするニコルソンの考えを支持している。しかし、これにつけ加えるならば、学者の大多数は交渉過程を報道したり、あれこれ詮索《せんさく》することには反対している。有効的交渉は、報道陣の浴びる眩しい光やテレビ網の中では、また国連のような会議形式の場においては不可能であろうと論じている。外交における代表者が公衆の面前に出るときは、常に最大限の気取りと最小限の妥協という結果になると断言している。[15]

現代の通信・交通手段の発達は、ハイレベル外交を急速に押し進めた。国家指導者は、定期的に2国間あるいは多国間首脳会談・会議を開き、外務大臣その他の外交官が諸外国を飛び回り、「シャトル外交」を展開している。[16] 首脳外交による意思疎通を、現代外交の6つ目の特徴として指摘することは重要である。

任期中に外国に行った最初の米大統領がウッドロー・ウィルソンで、実に建国130年後のことであった。第1次オイルショックをきっかけに、フランスの提唱で米国、イギリス、フランス、西ドイツ、日本、イタリアの首脳が集まり、1975年にフランスのランブイエで第1回会議が開催されたサミット（先進国首脳会議）は、第2回からはカナダ、第3回からはEC委員長が加わり、毎年5～7月に参加国の主要都市で数日間開催されている。カナダが加わった第2回からG7（先進7カ国首脳会議）となった。1998年にロシアが加わりG8（主要8カ国首脳会議）となったが、2014年のウクライナ騒乱でロシアは資格を停止された。

ジョージ・H・W・ブッシュ大統領は就任1年目に15カ国を訪問し、各国首脳と135回も会談し、前任のレーガン大統領が示した首脳外交への情熱をはるかにしのいだ。ブッシュは就任数週間後に極東を歴訪した。その後1992年6月までの就任後3年半の間に30カ国を訪問したが、これは約5カ月を海外で過ごし、97日間は機上にあった計算になる。ブッシュはまた外国首脳との会談回数の米国記録も更新した。第1回米ソ首脳会談は、1943年11月イランのテヘランで開催されたフランクリン・ローズヴェルトとヨシフ・スターリンの会談に遡る。以後、首脳会談は平均して2年に1回がせいぜいだった。ブッシュ大統領はゴルバチョフおよびエリツィンと約4カ月に1回会談した。

諸外国首脳が直接会うという衝動に加えて、ブッシュ大統領は「ローロデックス（Rolodex）外交」という名前まで生まれたほど頻繁に電話を利用した。就任1年目に諸外国首脳と約190回も電話で会談した。一方クリントンは、大統領選挙後1週間以内にエリツィンや他の首脳と電話で話した。このように他国の首脳、外務大臣、上級外交官も電話、個別会談その他の迅速な通信手段に頼っている。

世界を駆けめぐる首脳外交、首脳会談方式の出現とローロデックス方式つまり通信外交の急増は、相互のコミュニケーションが頻繁になった点からも好ましいとされ、今後増々隆盛になることは疑いない。これにはいくつか利点がある。その第1の利点は首脳同士が時として劇的な突破口を見いだしうる点である。何十年にも及ぶ敵対関係と3度の戦争の後、エジプト、イスラエルの関係正常化過程の皮切りとなった1978年のキャンプ・デービッド合意は、メリーランド州の大統領の山荘に閉じこもったカーター大統領、エジプトのサダト大統領、イスラエルのベギン首相の努力の賜《たまもの》だった。

その第2の利点は、迅速外交の擁護者は、誤った情報やステレオタイプを払拭するのに役立つと信じている。ブッシュ大統領は電話は特別な誤解を回避できると述べている。「私は〔米ソの不一致は〕現実のもので、誤解ではなく事実に基づいていると信じたい。もし〔他国の首脳が私と〕話して、少しでも心臓の鼓動を聞いたら誤解は生じないであろう」と大統領は説明している。[17]

首脳間の個別折衝の第3の利点は、相互信頼そして友情すら生まれうる点である。しかめっ面のリチャード・ニクソンとむっつりしたレオニード・ブレジネフという一般的なイメージは、現実とかけ離れていた。首脳会談の閉ざされたドアの向こうで両首脳は、お互いのユーモア好き、ブレジネフの金ぴかの金時計、スポーツカー、モーターボート好きが、2人の間に生まれた奇妙な友情のもとになっているのに気づいた。同様に、レーガンは「われわれの間で化学反応が起こって友情ともいえる何かが生まれた。……私はゴルバチョフが好きだ」とゴルバチョフを回想している。[18]

◉コミュニケーション・プロセス

外交はコミュニケーションのプロセスであり、そこには3つの主要要素がある。既に述べたように、第1の要素は二国間あるいは多国間での直接または間接協議を通じての交渉であり、第2の要素は信号の伝達、意志の疎通である。そして第3の要素としてパブリック・ディプロマシー（広報外交）がある。現代外交の特徴の1つとしてパブリック・ディプロマシーが近年、注目を浴びている。
外交政策の決定とその目的を達成するためには、各国とも相手国の政府はもちろんのこと、国民に対しても説得をする必要が生じ、国民は説得の重要な対象となった。外交政策の1つの手段として心理的な側面を扱う局面が、経済的手段、政治的手段、軍事的手段と同様に、頻繁になり重要になってきた。こうして現代国際関係の極めて特徴的なことの1つは、政府が外交官や宣伝の専門家を用いてとりわけ外国の国民の態度と行動に影響を与えようと働きかける試みが、意識的に行われていることである。この心理的手段を扱う局面は、最近とみに重要性を増し、今や1つの新しい外交形態としてパブリック・ディプロマシーと呼ばれるようになった。人間の心理を操作するという点でプロパガンダ（宣伝）に通じるものがある。

現代国際関係はパブリック・ディプロマシーを通して行われることが多くなってきている。通信革命によって指導者やその他の外交官は、かつてより人前にさらされるようになった。そして彼らの行動は特定の交渉見解とは異なる世界の考えに衝撃を与える。加えて、先に述べた外交政策決定過程の民主化の故に、指導者のイメージが重要になった。したがって、一国の外交上の成功の達成能力を強めるための総合的国際的イメージの形成過程として、パブリック・ディプロマシーを定義することができる。レイモンド・コーエンは、それを隠喩的に「パワー劇場」と表現した。すなわち「政治家や外交官が用いる実際的あるいは象徴的な道具のレパートリー」ということである。コーエンは、指導者は「観察者に与える印象に気を配らなければならない。……指導者は、美的ではないにせよ、引けをとらないくらい〝劇的な〟観察対象であることに違いなく、そのパフォーマンスは批判の対象である」と続けている。[19]

パブリック・ディプロマシーという新しい国際政治状況を図で整理すれば次のようであろう。まずA国の政府もしくは国民（主として政府）が、B国の国民に対して影響を及ぼす。次にそのB国の国民に対する影響がB国の政府に影響を与え、第3段階としてB国の政府がA国にとって好都合な行為、態度をとるということになる。

外交慣行は20世紀中にだいぶ変わってきたが、それは特別驚くには値しない。すべての政治においてそうであるが国際政治は変化しており、外交はその変化を反映しているからである。外交対象国の規模や数も変化してきたし、話し合う議題もまたしかりである。外交の手段や手法も、とくに現代の通信手段の迅速化と簡便化によって大きく変化した。外交規則やしきたりも時代とともに変化している。いずれにせよ国際社会は急速に変化しており、その変化は

パブリック・ディプロマシー

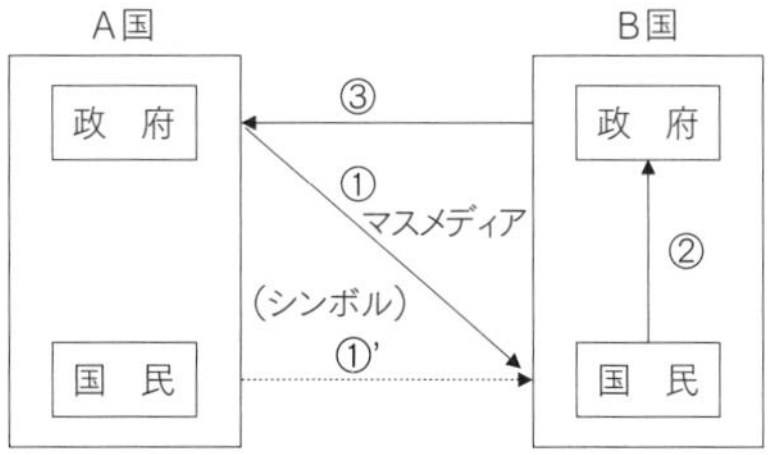

出典：花井等著『新国際関係論』東洋経済新報社、1996年、107頁

外交の基本的原理ではなく、その形式に大きく影響を与えている。

優れた外交は芸術といえるが、完全に自由なスタイルではなく、外交の成功の可能性を高めるための一般的規則がある。外交の成功のために用心しなければならないこととしては、リアリズムであること、発言に注意すること、共通の基盤を模索すること、相手を理解する努力をすること、忍耐強くあること、後退する余地を残しておくことなどである。

また外交にはさまざまなアプローチ、オプションがある。外交接触が直接接触である場合と第3者を介した間接接触である場合、政府間折衝に関与する当事者の地位の高さの違い、交渉を推進するための報償あるいは強制の内容、伝達するメッセージの明瞭さ、曖昧さ、意思伝達の方法としてメッセージを使うか、具体的行動で示すか、複数の交渉課題を個別に扱うか、連関させるか、意見の違いを最大限誇張するか、極力控え目に扱うか、といったアプローチ、オプションの違いがある。どういう選択をするかを注意深く考慮する必要がある。

◉国力の諸要素とパワーの機能

外交に活用しうるパワーは国際政治の中枢に位置する。パワーの機能は国際政治の中心的問題である。しかし、パワーがどこに集中しているかを見極めるのは非常に困難である。パワーは国際問題の目標を追及する際に、国の外交政策の背後に存在する。国際関係におけるパワーとは、1つの国家、国際機関、非政府組織が他の国家、国際機関、非政府組織に普通はやらないことをさせる影響力の源泉を意味する。国家、国際機関、非政府組織が持つ潜在的なパワーが、他の国家、国際機関、非政府組織の振る舞いに作用を及ぼすような運動へと変換するとき、動的パワー（すなわち運動力）と呼びうるものになる。潜在的なパワーが動的パワーへと変換すると、影響力を持つ段階へと到達する。

この影響力の概念をロバート・コヘインとジョセフ・ナイは、政策枠組み内における影響力の受けやすさの程度を意味する「敏感性」と政策枠組みが変更された場合に被る損害の大きさを意味する「脆弱性《ぜいじゃく》」という概念を用いて説明している。すなわち、パワーは相互依存において存在しないのではなく、さまざまな形で考慮するべきである。相互依存下において、パワーは敏感性と脆弱性という2つの次元の間で変化する。敏感性とは国外の経済的および政治的出来事によって一国の経済が被る衝撃度であり、脆弱性とはそうした環境における変化に一国が効果的に対応する能力ないし対応に必要な費用である。したがって、石油価格上昇に対して2つの国の敏感性は同程度であっても、国内の石油備蓄状況や石炭、原発などの代替手段の有無によって、一方がもう一方よりも脆弱度が高い、ということもありえる。必要な費用が大きくなればなるほど、一国の脆弱性も大きくなり、相互依存という縺れ合う仕組みを変えようにも変えられない、いっそう脆弱な国になってしまう[20]。

このようなパワーあるいは影響力を行使するためには、そのもとになる能力が必要である。パワーという言葉は国家の能力（national capabilities）と等しいと考えられる。そこには代表的には軍事力、経済力といったパワーが含まれる。

軍事力の規模はその国が外交政策において軍事力を行使するかどうかに影響する。例えば、1980年代にリビアの最高指導者カダフィ大佐は、反米、反イスラエルの弁舌とテロ支援活動により米国を挑発したが、米国の圧倒的軍事力のゆえに実際の好戦的な行動は自制した。これに対して、イラクのサダム・フセイン大統領は1990年までには世界で4番目に強大な軍隊を構築したという自信を背景に、米国などを恐れず、クウェートに軍事侵攻して油田を占拠することを実行可能な外交政策オプションと考えた。結果的には米国が主導する多国籍軍の圧倒的な力により撃退され、クウェートから軍隊を撤収することになった。国が自国および敵国の軍事力をどう評価するかが外交における戦争と平和の決定を左右する。

経済状態については、経済開発が進み経済的に富裕な国であればあるほど、世界経済の中でより広い範囲で経済権益を追求しようとする。また産業が発達し国際貿易に広く関与している国は多くの場合強大な軍事力を持つ。軍事力は経済的能力の1つの機能である。こうした経済先進国は現状維持に満足しており、冒険主義の外交には走らないのが普通である。経済状態そのものというより、国の指導者の自国経済が提供する機会と制約に対する理解が外交政策の選択に影響する。

経済力は外交に活用しうる。経済的手段としては、関税、禁輸措置、経済ボイコット、輸入割当などがある。歴史的に見て、このような手段を過剰に使用しすぎると報復を招き、貿易戦争を引き起こすことになる。外交政策における経済的手段の活用においては、グローバリゼーションと社会の富を生み出すための経済力という2つが重要な問題になっている。グローバリゼーションにより、生産と金融が国際化され、一国経済の重要性が薄れ、国際金融のスピードが速まっている。国家や国際機関が国際金融を統制することはますます困難になっている。また経済力の目的が国家の富を生み出すことにあるのか、社会の富を生み出すことにあるのかという問題は、自由貿易か重商主義あるいは保護貿易かという問題である。経済政策は重商主義よりも自由貿易を促進する方向に動いているとはいえ、自由貿易における環境保護、労働者の権利の保護が新たな課題になっている。

パワーは捉えにくい概念である。それを定義、測定し、それがどう作用するかを説明することは難しい。ハーバード大学ケネディスクール学長で国防総省元高官のジョセフ・ナイは、パワーは天候のようなもので、皆がそれについて語るが理解している人はほとんどいないと書いている[21]。国家のパワーは、目標であると同時に手段であるという二重的性格を持っている。国力は国際システムにおける出来事の重要な決定要因なので、国々は最低でも自国の力を維持し、願わくば力を拡大しようと努める。古典的なリアリストは、パワーの蓄積が個人であれ国家のような集合であれ、対立することが多い自己利益を追求する人間の合理的反応と見ている。

パワーのもとになる能力は、客観的能力と主観的能力の2つに大別される。客観的能力には、地理的条件、天然自然、人口、富、国家インフラ、軍事的即応能力などが含まれる。主観的能力には、国の伝統文化、国民の士気や勤労倫理、政府の統治の質、政治的安定、外交の質などの人的能力に関係した能力が含まれる。客観的および主観的能力が、国家のパワーもしくは国力を表す指標の基礎となる。

地理的条件、天然資源については、サウジアラビアのように石油資源に恵まれた国もあれば、南アフリカのようにダイヤモンド資源が豊かな国もあり、それらは天然資源に恵まれた国々である。バングラデシュ、ハイチのように異常なまでに貧困な国々もある。ロシア、カナダ、中国、米国、ブラジル、オーストラリア、インドのように土地の面積が極めて広大な国も多い。そうかと思えば、太平洋の島嶼《とうしょ》国家のように地図の上では点で示されるほどの大きさしかない国もある。

米国、旧ソ連、中国はそのそれぞれが天然資源に恵まれている。旧ソ連は未開発の石油、天然ガスの埋蔵量を持ち、世界でも最も貴重な金属の多量の埋蔵量を持つ。世界の森林の5分の1がある。米国はアラスカなどに重要な石油、天然ガスの埋蔵量があり、金属資源、森林資源にも恵まれている。地理的位置と資源では、米国はロシアや中国より恵まれている。米国の大半は温帯に属し、両側に海洋があり、南北は友好国に接している。

地理的条件を考えると、国家はイラクやサウジアラビアのように、輸出用あるいは自国産業のためのエネルギー源としての巨大な石油あるいは石炭の埋蔵量を持っているか、国家は食糧を自給自足できるか、あるいは食糧を輸入しなければならないか、山や砂漠、ジャングルは国家の食糧生産を制約しているかなどの基本的問題がある。これはパワーを考慮する上で重要である。もし国家が食糧を自給できれば、キューバが直面しているような巨額の支出を回避できる。国家がハリケーンや地震がインフラを脅かすような自然災害地域に位置しているかも重要である。そうである場合は、建物、道路、通信施設などを自然災害が破壊するときに、国家は経済的悲劇に遭遇《そうぐう》することになる。中米諸国の多くがそうである。カリブ海諸国、南アジア、東南アジア、極東はいずれも、巨大なハリケーン、サイクロン、台風に曝され、年に通常5回以上その被害を受けている。

国家の地理的位置と地形は、国家の外交政策行動の最も重要な影響要因の１つである。米国のような大西洋、太平洋でヨーロッパ、アジアからの脅威から隔離されている国は、海洋が外国からの介入の障壁としての役割を果たす。このため米国は産業大国になって１５０年以上にわたり孤立主義外交を継続することができた。またスイスは山岳地帯に位置し、防衛が容易な地形を持っているために、中立を外交政策として選ぶことができた。またイギリスは海によりヨーロッパ大陸から隔てられており、大陸における国家間の紛争に巻き込まれずにすんだし、過去20年間にわたりヨーロッパ連合（ＥＵ）への統合を躊躇《ちゅうちょ》してきた。これに対して、ドイツはヨーロッパ大陸の真ん中にあり、近隣諸国との関係が常に優先課題になってきたし、大陸からの孤立主義が外交オプションになったことはなかった。

歴史においては、地理的位置が国家の外交政策目標に影響を与えた例が多くある。地政学的思考の初期の例としては、アルフレッド・セイヤー・マハンの『海上権力史論』（１８９０年）があり、制海権が国の国力と外交政策を形作ってきたと主張している。長大な海岸線と港湾を備えた国はより優位な立場にある。その後の地政学者ハルフォード・マッキンダーやニコラス・スパイクマンは、地理的位置だけではなく、地形、大きさ（領土、人口）、気候、国家間の距離も国の外交政策を決定する強力な要因になってきたと主張した。

天然資源においては、中国は1993年に、自国のエネルギー需要を賄うために石油輸入国になったが、米国は2015年までに国内石油需要の約68％を輸入に頼ることになると予測されている。ただ、「シェール（頁岩《けつがん》）革命」の先陣を切る米国では近年、シェール・オイル・ガス採掘が進み、世界最大の産油国になり、国内での自給が可能になる日も近いという予測がある。国内の大河川も重要な力の源泉である。揚子江は中国の内陸輸送の約70％を占めている。中国の主要な輸送路、水力の源泉であることに加え、揚子江流域は東西3200キロ以上、南北960キロに及び、中国のコメ生産地域になっている。食糧は国家の力の源泉なので、揚子江のコメ生産への貢献と年間700万トンの漁獲のゆえに、傑出した力の基盤になっている。

人口の内容としては、人口規模、年齢の分布、保健衛生、教育などがある。基本的には、中国、米国、ロシア、インドのように大きな領土を持ち、人口が大きい国は、大規模な軍隊を備え、世界舞台で大きな影響力を持っている。巨大な人口を持つ国は多くの人を軍隊に動員できる。中国は300万人以上の軍隊を誇っている、米国は大規模な軍隊が持つ脅威を常に認識し、大規模な軍隊の活動を恐れて中国を直接攻撃したことがない。毛沢東は、核爆弾は張子の虎であると宣言したが、大きな人口の価値を認識していた。

1995年から2010年まで、インドの人口成長率は1・7％、中国は0・8％と推定された。2010年までには、インドの人口は中国の人口にほぼ近いところまで増加した。一方、識字率では中国は81・5％だが、インドは52％にすぎない。多くの学者は、中国が市場経済により全面的に工業化し、儒教の勤労倫理と備えた識字率の高い人口を持つようになれば、超大国になる可能性があると主張している。これに対して、高齢化社会は先進国に深刻な問題を突きつけている。65歳以上の人口は普通は経済的生産に参加せず、しかも社会保障と保険給付を必要とする。これは米国その他の先進国で課題になっており、日本でもこの問題が大きくなっている。一方、国の人種的多様性は国力にとってマイナスにもプラスにもなる。米国はこれまで、世界中から移民として最も才能と教養のある人々を引き付けることができた。

国家の富という点では、米国が世界で最も富裕な国である。その米国も、２００１年から２００２年にかけては、景気後退、９・11テロによる経済的損失、企業の粉飾決済などの腐敗などで経済的に後退し、２００７年からは金融危機、深刻な不況に見舞われた。しかし米国の世界一の経済大国の地位は維持されている。世界の最富裕国と最貧国の間のギャップは拡大しつつあり、一国内の貧富の差も拡大しつつある。

技術に関しては、かつては何世紀にもわたって、インド、中国、現在のアラブ諸国における大帝国が富と技術において世界をリードしてきた。その後、オートメーションにより、労働力が技術に置き換えられるようになったが、これは西洋の技術開発の所産である。技術による生産の変革が始まって以来、西洋が新技術開発を主導し、米国が技術革新の最先端を進んできた。例外は日本で、技術面で西洋に追いつき追い越すかに見えたが、その躍進は１９８９年に始まった日本の深刻な景気後退で挫折してしまった。

　強力な社会の特徴の1つは、伝統的な信条を維持しながら、外国からの影響を吸収する能力である。また強固な勤労倫理は経済における高い生産性につながり、力の重要な要因になる。東アジアの経済的成功は部分的に儒教の伝統により説明しうる。儒教の伝統は日本からシンガポールまで存在しており、台湾、韓国、香港、中国など経済の強力な国々にまたがっている。儒教倫理は自己抑制を強調し、東アジア地域の高い貯蓄率の要因になっている。これは主観的能力の例である。

　政府の統治の質も主観的能力である。政治制度の構造、その一貫性、意思決定の効果などはすべて、政府の質の側面である。中国のような権威主義政府は、意思決定の効率性、予測可能性の高さが特徴である。逆に民主主義政府は、世論の変化や議会の改選に反応して政策を変更する。独裁主義は、権力継承に関連した理由のゆえに、政治的に不安定である。

　政府の統治形態で、立憲民主主義かあるいは権威主義、全体主義かが、軍事力行使の脅しを実際に行動に移すかどうかを含め外交政策決定に影響を及ぼす。民主主義の場合は、外交政策決定に影響を及ぼす国内の政治的権益が世論、利益団体、大衆など政府外のグループに幅広く分散している。これに対して権威主義、全体主義の場合は国内の政治的権益は政府内の少数のエリートに集中している。権威主義、全体主義の場合は少数のエリートにより容易に戦争決定が下されうるが、民主主義の場合は多くのグループが複雑に影響しあい決定は容易ではない。

　1800年代、1943年から1960年代初頭にかけて、1970年代以降と、歴史の流れにおいて3回にわたり多くの独裁政権が民主主義に変わる変化が起こってきた。この結果、多くのリベラリストは21世紀はより安全な世紀になると予測している。これは民主主義の場合、指導者は反対政党を含む大衆に対して説明責任を負い、一般市民が戦争の人的、経済的コストを負担することになるからである。リアリズムを唱導する保守派は、アルカイダなど過激派との戦いで自由の拡大が重要であると考えられる地域に標的を当てて、民主主義を促進する意識的政策を主張している。一部には、民主主義における国内政府の外交政策への影響は、危機への対応あるいは効果的交渉の能力を弱めるので不利だと見る見方がある。民主主義においては多くの要素が外交政策に関与するので、意思決定のプロセスは極めてゆっくりと動いてゆく。人口の大きな部分に影響するような危機が発生しないと、政策が急速に大きく変化することは起こりにくい。このため、外交政策が一貫性を欠く場合が多い。これに対して、権威主義の場合は、外交政策決定がより迅速に行われ、国内の支持を確保しやすく、外交政策により一貫性がある。民主主義が世界的に拡大する中で、世界のアクターの意思決定能力はますます制約を受けるようになっている。

◉ハードパワーとソフトパワー

国家のパワーには、ハードパワーとソフトパワーがある。ハードパワーは、軍事力あるいは経済力といった客観的能力である。国家の軍事部隊、戦車、航空機、誘導ミサイルなどはハードパワーで、例えば2003年に米国および連合国はイラクに対する空爆、地上部隊投入、占領により、サダム・フセイン政権を崩壊させた。また軍事力が具体的に行使されなくても、その存在が他国の指導者の概念に影響を与え効果を発揮する場合もある。中国は台湾海峡を臨む沿海部で軍備増強を進めているが、それは台湾に中国が台湾を自国の一部と見なしていることを想起させ、独立の宣言を思い止まらせている。1999年夏までには、中国は強力な弾道・巡航ミサイル部隊の増強を行い、米国防総省はそれが2005年までには台湾に対する圧倒的優位を北京に与えると明言した。パワーというときに、通常真っ先に思い浮かべるのは、世界各地で顕著に活用されている軍事力をまず思い浮かべる。これは核兵器、大陸間弾道ミサイル、衛星型指揮統制システム、戦艦、戦車、兵員などの圧倒的な規模と破壊力と、ほぼ毎日のように世界のどこかで武力衝突が起こっている現実のゆえである。

ソフトパワーは、国家が文化的魅力や思想的影響力を通じて主観的に影響力を及ぼす能力である。軍事力と経済力は領土保全、経済的安定などの重要な安全保障上の国益を推進するために必要であるが、ソフトパワーは国家の文化的魅力、思想的影響力などで、軍事力や強制なしで他国をしてその価値観、制度、行動に賛同するよう説得する能力に依存している。日本の経済発展と繁栄をもたらした経済モデルや、米国が資金を投入して推進してきた国際援助、情報・教育・文化プログラムなどはその例である。また国際通貨基金（ＩＭＦ）はソ連崩壊後の1992年以来ロシアに200億ドル以上の融資を行うことにより、ロシアにおける欧米型経済改革を促進するよう影響力を行使してきたことも、その代表例である。米国のソフトパワーには否定的な側面もある。21世紀の初めまでは、イスラム原理主義者は米国の世界化した文化に対して、９・11テロ攻撃に見られるように厳しく反応するようになった。それは米国が民主主義的自由を肯定しているからではなく、マクドナルドに代表される大量消費や物質主義に対しての反応だった。一方、自爆テロは、宗教あるいは思想的価値観が人々に影響力を発揮し、パワーになるソフトパワーの別の例である。

パワーについて考えた場合、カテゴリー分けは一段と難しさが増す。多くの学者がこれまでにパワー要因をさまざまなカテゴリーとサブカテゴリーに従ってグループ分けしてきた。それらに共通する区別は、パワーが有形か無形かである。これは重要な区別である。有形パワーという要素は測定が容易である。人口、工業生産高、兵士数などがそれにあたる。無形パワーは測定が難しい。指導力が一例である。有形、無形の区別にも論争がつきまとう。例えば教育を考えた場合、教育を受けた人民は１つの資産であるが、有形だろうか、それとも無形だろうか。教育を受けた人々の数を数えることは可能であり、教育の量を測定することはできる。この意味では、教育は有形らしくみえる。そこで教育の質が問題となる。米国の学生の大学進学率は他のどこ国より高い（有形）が、学生の教育には足りない部分が多く、他の国々の学生の方が質の高い教育を受けている（かなり無形）という批判も多い。フランス革命が起こったのは１７８９年ということを知っているか、といった質問によって教育の質的側面を測定しようと思えばできないこともない。しかしこれを「教育がある」といえるかどうか、単に「暗記の学問」に過ぎないのではないか。さらに、物事を創造的に考える能力を身につけさせるといった教育の重要な質的側面をどうやって測定するのか。

パワーを有形、無形に分ける場合のもう1つの厄介な問題点は、主題が分かれていく点である。有形の軍事ファクターとしては戦車の数を議論する。しかし、次には戦車のテクノロジー面の精度（有形か無形か）が問題になり、最後には戦車を操作する軍隊の士気（無形）を議論することになる。実際の戦場では、こうしたファクターすべてが同時に作用することになる。

客観的能力の要素は、経験的に検証できるものであり、目に見え、触れることができ、測定することができる要素である。国内総生産（GDP）を含む経済力、インフラ、技術力、輸送システム、軍事力などは客観的に測定、評価できる。この客観的能力がどう配分されるかにより、世界的な力の政治における役割の大小が決まってくる。主観的能力の要素は、人間の価値観、信条、観念、活力などで人間の強さ、弱さに関係した要素で、客観的能力の要素に比べて測定しにくい。しかし国家のパワーの基盤を評価する上では極めて重要である。国際政治における国家、国際機関、非政府組織の間の対立や協力を生み出す要因になる。

国家はさまざまなテクニックを使って他国に影響を与えようとする。状況によって、意思決定者はさまざまな種類のパワーを活用し、また、さまざまな種類の課題を使って他の意思決定者に影響を与え、自らに都合のいいように行動させようとする。パワーの効果を測定するには、標的となる敵対国家や勢力に与える心理的効果を考慮しなければならず、それを客観的に測定することは困難である。パワーとその効果を測定する上での問題は、自爆テロで生々しく示されたように、標的になる敵対者が抱く心理的な認識が予測できない点にある。多種多様の感情や思惑が入り乱れるこの世界では、政策に対する反応の予測は困難であることが多い。イラン、北朝鮮は大きな力は持たないが、その各国とも、少なくとも米国から見て、何らかの大量破壊兵器を保持していると見られており、より大きな力を持つという評価を得ている。半面、米国は核兵器を保持しているが、9・11テロを抑止できなかったし、石油輸出国機構（ＯＰＥＣ）が石油価格を複数回引き上げ、米国の運転手がより高いガソリン代を払うのを阻止することもできなかった。

◉パワー測定の難しさ

国際政治において、パワー、能力を測定することは困難である。パワーの「価値」について合意に達するのが難しいことに加え、「どうやってパワーを測定するか」という別の問題も生じてくる。これについては、努力は認められるものの、今のところ政治学者もあまり功を奏していない、というのが率直な答えではある[22]。

第1の問題は、パワーの複雑な性質である。パワーにはあまりに多くの要素があり、また動きが大きいために、ある学者の計算によると、「思いつく限りあらゆる偶発事件における」すべての国の能力を評価することは「何百万もの組合せと順列になる[23]」。第2の問題は、銃の数、石油生産量、人口等の測定は容易だが、指導力、士気といったパワーの別の側面の測定ははるかに困難である。他の人が自分の能力をどう評価しているといった認識面の要因を加えたら、想像を絶した複雑な方程式となるだろう。

能力の形態はさまざまに異なっている。時間とともに変化する動的なものであり、絶対的なものでなく相対的であり、周りの状況により力は変わってくる。パワーは相関的である。ハンス・モーゲンソーはパワーを論じて、「国際政治における最も基本的かつよくある誤りの1つは……パワーの相関的性格を無視し、一国のパワーをあたかも絶対的なもののごとく扱うことである」と述べている。[24] 能力を評価する際には相関的パワー、つまりアクターである国々のパワーの比較を考慮しなければならない。どこと比較するかを明確にせずに、中国は力があるということはできない。パワーを他を負かす能力としたら、中国はベトナムと比べたら力があるが、日本と比べたらどうであろうか。

目に見えた形で存在し、活用しうるパワーは絶対的力である。例えば、米国はロシアとともに今日でも核超大国である（米ロの核兵器の数は世界の核兵器総数の9割を占める）。米国は核兵器の目的を抑止としているが、大統領が決断すれば核兵器を使用して敵対国を確実に壊滅する能力が、米国に特別なパワーをもたらしている。しかし、パワーは通常、真空状態では存在しない。能力を評価するときには、相対的パワーあるいは比較的パワーが考慮されなければならない。例えば、誰と比較してかを明確にしない限り、中国は強力であるということはできない。国家のパワーはそれが適用される状況、あるいは背景により変化する。国家の状況的パワーは多くの場合、備え持っているパワーを合わせたものとは異なっている。

軍事力はそのいい例である。2003年3月第1週と4月第1週に、米軍および英軍部隊はイラク軍と通常兵器による戦闘を開始した。戦闘は一方的で、米英軍は速やかにイラク軍を破壊し蹴散らした。交戦後は状況が変化し、イラクの部隊は国内の米英軍に対してゲリラ戦とテロ戦術を活用し始めた。ほどなく、戦争中よりも戦後期間により多くの米軍兵士が死亡する状況になり、イラク駐留米軍はサダム・フセイン政権を容易に転覆したときと同じく多数の兵力を展開していたが、米政府の政策はかなり混乱を来した。

関連した問題として、パワーはゼロサム・ゲームかどうかという点がある。あるアクターのパワーの獲得が不可避的に他のアクターのパワーの損失を意味するなら、そのゲームはゼロサムである。自国の利益を追求するために他国の利益を排除するという競争的概念である。アクターが他のアクターにパワーを軽減することなくパワーを獲得することができるならば、そのゲームは非ゼロサムである。他国の利益を損なうことなく共通の利益を求め、相互依存、協力を重視する。リアリストはパワーをゼロサムと見る傾向があり、リベラリストは通常、パワーを非ゼロサムと見る。パワーの相対的性格は、とくに敵対者同士の間ではパワーはゼロサムに近いものになる。

国力は紛争に満ちた世界で外交の基盤である。国力とは、それぞれ異なる国益と目標を持つ国々に反対されたとしても、自国の道を貫き通す能力の国家的総計である。国力を測定することは極めて難しく、これまで測定に成功した例はあまりない。国力は動的であり、客観的な側面と主観的な側面があり、相対的で、状況により変化し、多次元的であるという特徴を持つ。国力を判断するときには、目に見える国家資産あるいは能力と、目に見えない国家のパワーに対する意思あるいは国力の資産を適用する決意が重要な要因になる。能力と意思、決意の問題である。パワーは多面性のある、常に変化している政治的資源であり、さまざまな要素の合計である。そうしたさまざまな要素によって国家は、自分の国の利益を他国の利益を凌ぐものにすることが可能になる。パワーは資産であるとともに目標である。この観点から見ると、パワーは国家の目標が他の国際アクターの目標と衝突するときにも、国家がその目標を達成するために活用できる国家のさまざまな資産の総計である。その見方の1つは、パワーを金（マネー）、一種の政治的通貨と見ることである。パワーも通貨も、ものを獲得するために使用できる資産である。金はものを買うことができるが、パワーは物事を起こすことができる。金と同じく、パワーは慈善的にも使うことができる。しかし金と同じく、パワーは自己利益のための使われることの方が多い[25]。

よくあるパワーのイメージは、他の誰かにあることを行わせる能力であり、誰かがそれをしなければ否定的な結末に苦しむようにさせる能力である。これはハードパワーと呼ばれることが多いが、この種のパワーは、否定的誘因（処罰、脅迫、ムチ）と肯定的誘因（報酬、約束、アメ）に依存する。相手が友好国であれば報酬と約束を、敵対国であれば処罰と脅迫といった技術が用いられうる。同時にソフトパワーという力もあり、これは魅力的な見本を提示することにより、他をして自己の後に従ってくるよう説得する能力である。第二次世界大戦後ソフトパワーの重要性が高まったことを強調するジョセフ・ナイの表現では、国家は、他の国々がその国の価値観を賞賛し、それを見本として模倣し、そのレベルの繁栄を欲し、門戸を開放してその国に従うようにさせることによって、世界政治で自国の欲する結果を獲得することができる。[26]

また、2001年9・11テロに見られた自爆テロのように、新しい形態のパワーが突然出現して、国際秩序を脅かすこともある。またエネルギーや技術の研究開発などさまざまなパワーのセクターにどれだけ投資するかなどいろいろな要因により、国家のパワーも時間とともに変化する。

国家のパワーの基盤の変化は、国際社会に劇的な影響を及ぼす、国際社会におけるパワーの配分、2極世界から多極世界への変化、覇権国家の出現、地域紛争や地域協力への貢献などに影響を与える。パワーは、国際政治のシステムにおいてさまざまな形に配分され、異なったパターンを生み出す。力の均衡は現実主義的外交政策に関連して使用される言葉だが、個々の国家が単独で、あるいは同盟により、自国の国益を追求する中で生まれる。

◉パワーの追求

パワーの追求は、「勢力均衡」という概念に結びついている。リアリストが打ち出す力の均衡の政治の理論は、(1)すべての国家はパワーを追求する、(2)究極的に、国家あるいはブロックは覇権的になることを試みる、(3)他の国家は自国のパワーを増大させるか反覇権的に他の国々と協力することにより、覇権的支配を阻止しようとすると主張する。リアリストは、パワーの追求により、国家は独立を維持することができるし、力の均衡を崩すことは国家を危険に曝すことになると見る。[27]これに対してリベラル派その他は、力の均衡政治は紛争を生む終わりのない公式であり、真のセキュリティという不可能な夢を追い求めることにより資源を浪費することであると批判する。ジョージ・W・ブッシュ大統領は2002年の国家安全保障報告書の中で、「自由を促進する力の均衡を推進するために米国の偉大な力を活用しなければならない」として、力の均衡の概念を支持した。[28]

これに対して、集団安全保障体制は、すべての国家の力を国連のような単一の機関に結集することを求めるものである。この集団安全保障は勢力均衡の欠点を補うものとして考えられ、国際連盟によって採用されたにもかかわらず、第二次世界大戦を引き起こし、その効果は薄かった。第二次大戦後においても、国家の安全保障上の利害が互いに競合しあう傾向があり、また国家は自国の軍隊を国連の指揮下に置くことを好まないために、国連のような集団安全保障体制は必ずしもうまく機能してきたとはいえない。

ソ連邦の運命が示すとおり、パワーは動的現象である。簡単な測定ですら、パワーは常に流動していることを示している。経済は繁栄しては停滞し、兵器は近代化されては時代遅れになり、資源は発見されては枯渇し、住民も政府に糾合するかと思えば、背を向ける。一国の個々のパワーが変化するだけでなく、パワーの性質そのものが変化していると考える専門家もいる。軍事力、人口の大小、原料（資源）、地理といったパワー要因は、パワー方程式における重要度が低下しつつある一方で、テクノロジーの進歩度、教育、経済成長などの要因は重要性を増している。ロバート・ウッソンは、「これまでの国家間、すなわち『パワー（強国）間』の競争は、ハイテクノロジーと洗練された文明の時代に適した新たな国際関係に急速に道を譲りつつある」と強調している。[29]

米国は世界で唯一の超大国といわれるが、国際情勢は変化しつつある。中国が台頭しつつあり、一部の人々は中国を次の超大国と考えている。またグローバリゼーション、国際的相互依存の拡大に伴うインターネットやワールドワイドウェブを含む情報革命は、力の性格を劇的に変化させている。パワーの変遷は他の中心的要因により生み出される。コンピューター、全地球的測位システム、長距離航空機、核兵器、弾道ミサイル、生物兵器、化学兵器などの軍の技術革新はその例である。また9・11テロを契機とする国際テロの時代の到来も、アルカイダのような非政府組織によるテロの活用という新しい要素を生み出しており、パワーの性格を変化させている。アルカイダは米国のような巨大な力は持たないし、商業、金融、貿易、通常軍事兵器の使用により変化を起こすこともできない。それでも、アルカイダは米国をして、多大な資源を国土安全保障に振り向け、軍事支出を拡大し、テロとの戦いに注意を集中させることにより、大きな相対的パワーを誇示した。その間に、アルカイダは、米国が西欧および中東で同盟国の支援を失う状況を生み出し、全体的な米国のパワーを低下させた。また、中国はもはや防衛的立場に甘んじることはせず、眠れる龍が目覚めるように、中国の軍事力は着実に増大しつつある。経済大国日本は長期の経済低迷に呻吟《しんぎん》してきたが、経済力は回復しつつある。

(Endnotes)

1 Hubert Darke, *The Book of Government or Rulers for Kings*, 2nd ed. (London: Routledge & Legan Paul, 1978), p.95.

2 ハロルド・G・ニコルソン著、斉藤真、深谷満雄訳『外交』東京大学出版会、１９６８年。

3 Gordon A. Craig and Alexander L. George, *Force and Statecraft: Diplomatic Problems of Our Time*, 2nd ed. (New York: Oxford University Press, 1990), pp.164-165.

4 Robert Putnam, "Diplomacy and Domestic Politics: The Logic of Two-Level Games," *International Organization*, Vol.42, No.3, Summer 1998, pp.427-460.

5 チャーチルは１９２８年10月24日の演説でこの寓話を語っている。
Robert Rhodes James, ed., *Winston S. Churchill: His Complete Speeches 1897-1963*, Vol.5 (London: Chelsea House/Bowker, 1974), p.5421.

6 Hans J. Morgenthau, *Politics among Nations*, 3rd ed. (New York: Alfred A. Knopf, 1960), pp.139, 540-552.

7 外交の歴史、定義、手段などについては、拙著『アメリカの外交政策』勁草書房、１９９１年、２１５～２８５頁参照。

8 ニコルソン前掲書、５～６頁。

9 同右、７頁。

10 旧外交から新外交への変遷についてはニコルソン、49～73頁参照。

11 John T. Rourke, *International Politics on the World Stage*, 4th ed. (Guilfort, CT: Dushkin Publishing, 1993), p.286.

12 坂野正高著『現代外交の分析』、東京大学出版会、１９７１年、２９１頁。

13 同右、２９４頁。

14 ニコルソン前掲書、56頁。

15 Theodore A. Couloumbis and James H. Wolfe, *Introduction to International Relations: Power and Justice*, 4th ed. (Englewood Cliffs, NJ: Prentice Hall, 1990), pp.150-151.

16 シャトル外交として最も有名な例は、キッシンジャー国務長官が行った外交であろう。彼は１９７３年のアラブ・イスラエル紛争の余波の中、撤退と武装解除の協定をとりまとめようと中東諸国との間をジェット機で往復した。

17 *Time*, Vol.135, No.15, April 9, 1990, p.39.

18 Ronald W. Reagan, *An American Life* (New York: Simon & Schuster, 1990), p.72.

19 Raymond Cohen, *Theater of Power: The Art of Diplomatic Signaling* (Essex, UK: Longman, 1987), pp.i-ii.

20 Robert O. Keohane and Joseph S. Nye Jr., *Power and Interdependence: World Politics in Transition* (Boston: Little, Brown, 1977), pp.11-13.

21 Joseph S. Nye, Jr., *Understanding International Conflicts*, 3rd ed. (New York: Longman, 2000), p.55.

22 Richard L. Merritt and Zinnes, "Alternative Indexes of National Power," in Richard J. Stoll and Michael Ward, eds., *Power and World Politics* (Boulder, CO: Lynne Rienner, 1989), pp.11-28; Jacek Kugler and Marina Arbetman, "Choosing among Measures of Power: A Review of the Empirical record," in Stoll and Ward, *op.cit.*, pp.49-78.

23 David A. Baldwin, "Power Analysis and World Politics," *World Politics*, Vol.31, No.2, 1979, p.167.

24 Hans J. Morgenthou, *Politics among Nations* (New York: Alfred A. Knopf, 1973), p.154.

25 Karl Wolfgang Deutsch, *The Analysis of International Relations*, 2nd ed. (Englewood Cliffs, NJ: Prentice Hall, 1978), p.46.

26 Joseph S. Nye Jr., *Soft Power: The Means to Success in World Politics* (New York: Public Affairs, 2004), p.5.

27 Randall L. Schweller, "Unanswered Threats: A Neoclassical Realist Theory of Underbalancing," *International Security*, Vol.29, No.2, 2004, pp.159-201.

28 George W. Bush, "The National Security Strategy of the United States of America," A Report to Congress, September 19, 2002.
http://georgewbush-whitehouse.archives.gov/nsc/nss/2002/nss1.html

29 Robert Wesson, *International Relations in Transition* (Englewood Cliffs, NJ: Prentice Hall, 1990), p.ix.

第7章

外交政策の形成と実施

◉国家目標実現のプロセス

外交政策とは、自国と他の国々またはその他のアクターとのやり取りを通して、国家目標を実現するための一連の行動である。外交政策においては、国家の目標、目標達成のための手段、意思決定プロセスなどが重要な要素となる。国際関係のテーマに関するあらゆる見解は、外交政策についての叙述を含んでいる。[1]

外交政策研究の基本となる観点としては、外交の秩序と継続性、外交目標における国益の重要性、国外の影響要因に左右される不確定性などがあった。それが現在は、外交の継続性よりはむしろ変化、国益の多様化などが重要な観点になっている。世界政治の変化のゆえに、外交政策決定者は、時として外交政策の変更を迫られている。国際システムにおけるアクターも多様化している。新しい機会と新しい脅威が生じている。同時に外交政策決定がなされる文化的、政治的、組織的背景が重要になっている。ただ外交政策研究においては、情報が入手不可能であったり情報が不正確であるというデータの問題、外交政策の分析を国際的に一般化できにくいという問題が常に付きまとう。外交政策決定過程は平時、危機の状況の性質によっても異なる。とりわけ危機決定においては多くの困難が伴う。危機とは、政策決定者が何らかの事件に驚き、脅威に感じ、短時間で決定を下す必要があると感じるような状況を指す。[2]

北朝鮮の核兵器開発問題を取り上げてみよう。米情報機関は１９８０年代半ばに北朝鮮が小型原子炉を建造していることを察知した。寧辺（ニョンピョン）の原子炉は年間に7キログラムのプルトニウムを生み出しており、これは爆弾1個分のプルトニウムに相当した。1984年には新たに2つの核施設の建設が始まった。1985年に北朝鮮は核不拡散条約に調印したため、国際的懸念は弱まった。1986年に寧辺の原子炉が稼動状態になってもほとんど問題にはならなかった。その後、北朝鮮がプルトニウム再処理施設と爆発物試験施設を建設することにより、核開発を推進していることが明らかになり、北朝鮮への国際的圧力が再び強まった。これに対して、北朝鮮は1992年に国際原子力機関（IAEA）との保障措置協定に署名した。IAEAは北朝鮮のプルトニウム保有量を確認できないため、1993年2月に北朝鮮に1カ月以内に2カ所の核廃棄物処理施設の査察を許可するよう要請した。北朝鮮はこれに対して、同年3月、3カ月以内に核不拡散条約を脱退する意思を公表した。この結果、米国およびIAEAと北朝鮮との交渉が始まり、同年6月の交渉で、北朝鮮は核不拡散条約脱退の決定を中止することを決意した。同年7月にジュネーブで、米国は北朝鮮がIAEA保障措置を実施することを条件に同国に軽水炉を供与する合意を達成した。1994年3月、北朝鮮はIAEAによる核施設への査察を拒否し、4月に原子炉を停止して、5月14日に使用済み核燃料棒の取り出しを開始した。ペリー米国防長官は使用済み燃料は4個から5個の核爆弾を製造するに十分なものであると警告した。

米政府の北朝鮮核開発についての見解は統一されていなかった。1993年時点でCIAは北朝鮮がすでに1個の核爆弾を保持している可能性は五分五分と見ていたが、国防情報局（DIA）は北朝鮮がすでに1個の核爆弾を保有していると主張した。国務省は北朝鮮の核爆弾保有を示す証拠はほとんどないと見ていた。クリントン政権は国内政策に集中していたため、北朝鮮の核問題には焦点を当てていなかった。米政府内に外交解決を主張するハト派とより強硬な解決を主張するタカ派の対立があり、危機が悪化するにつれハト派の立場は相対的に弱まった。米国は問題取り組みの決意を示すために、国連に対北朝鮮制裁を要請し、韓国にパトリオット・ミサイルを供与することで韓国での防衛力増強を支援した。軍事対立の危機が深まる中で、北朝鮮はジミー・カーター元大統領の訪朝を受け入れ、米朝関係の仲介役を果たした。1994年7月に米朝交渉が新たに始まり、10月にはジュネーブで合意が達成された。合意は、北朝鮮が核兵器計画を凍結・解体する条件で、軽水炉2基建設に向けた国際的財政、技術支援を受け、米国との外交・貿易関係を正常化するというものだった。

なぜ危機が発生したか、北朝鮮が何を求めていたのかで議論がある。多くの専門家は、北朝鮮が核爆弾保持を求めていたという見方には納得していない。むしろ北朝鮮は米国との外交関係への道を開き国際的孤立から脱却するために、米国の関心を引き付け対話に持ち込むための瀬戸際外交の手段として核開発問題を利用したというのが大方の見方である。

◉パワーを政策に転換

外交政策の形成には、さまざまな要因がそこに関与する。国家はさまざまな力（パワー）を保持しているが、国力を行動に結びつける過程で、外交政策が形成される。いかにパワーを利用し，変換し、運動させるかが、外交政策研究の鍵となるテーマである。国力の中には、石油（サウジアラビア、ロシア）や食糧（米国）などの貴重な資源の保有、経済的な富（米国のような高いGDP）、軍事能力（米国が保有するような通常兵器・核兵器）などがある。力の行使はまた、士気（ベトナム戦争中のベトナム）、特定の目標への取り組み決意（サダム・フセインの領土、石油獲得への決意）、あるいは一部テロリストの場合、目的のために自爆までする意思など一連の主観的要因も含まれる。外交から軍事力行使まで、外交政策は、国際舞台の重要なアクターが、建設的結果を生み出すために活用できる力（パワー）を具体的政策に変換する方法を形作るものである。したがって、パワーがなければ、外交政策も効果的なものにはなりえない。外交政策は国際政治のバイタル（死活的）な側面であり、パワーはそのキーとなる要素の1つである。

そして、パワーを政策に変換するツールは、善意かつ平和的なもの（ソフトパワー、情報プログラム、人道援助、外交）から強制的なもの（禁輸措置、経済封鎖、諜報活動や破壊活動、軍事力）まで広範に及ぶ。その中でも、外交は国家の指導者にとって、外交政策の最も基本的なツールになってきた。外交は、貿易合意から軍事紛争まですべてに関して他国と交渉することにより、政策を効果あるものにする行為である。

外交自体が時代の変遷とともに、変化をとげてきた。前章で述べたように第1次世界大戦前はヨーロッパ諸国の王族、貴族同士の縁戚関係に見られるような血縁関係をもとにした秘密外交などの

「古い外交」の時代だった。第1次世界大戦後から第2次世界大戦、冷戦時代には、より公開された「新しい外交」の時代になる。新しい外交は、マルクス・レーニン主義などの思想、民族主義や国家意識、外交フォーラムとしての国際連合、首脳会議などがより顕著な役割を果たすようになる。

さらに冷戦後には、軍事力行使の脅しを外交と組み合わせる「強制的外交」が実施されるようになる。2003年の国連を通じてイラクのフセイン政権に大量破壊兵器開発情報開示を迫った外交と、北大西洋条約機構(NATO)の旧ユーゴスラビア、とくにボスニア、セルビアなどへの軍事力行使と外交交渉を併用したアプローチなどがそれに当たる。

秘密工作は最も議論を呼ぶ外交手段である。最もよくある秘密工作活動は、別の国の個人やグループのための秘密支援である。支援の内容としては、資金援助、技術援助などの形を取りうる。支援の対象としては、政治家、政党、労働者、労組、ジャーナリスト、新聞、軍将校、保安機関など多様でありうる。もう1つの秘密工作は宣伝である。CIAの宣伝活動資産としては、ピーク時には、800以上のニュース、広報組織、個人を擁した。1948年から1968年までの期間に、CIAは秘密工作活動に6500万ドル以上を支出した。このほか、秘密工作には、外国要人の暗殺、準軍事活動がある。

外交は、ソフトパワーと強制力がバランスある形で活用されるときに最も効果を発揮する。米国の場合、海外文化・広報局(USIA)が20世紀後半を通じて外交のソフトパワーとして重要な役割を果たしてきたが、1999年に国務省に併合され、その役割が縮小された。2001年に発足したブッシュ政権になって、軍事力の役割が増大し、軍事力に裏付けられた単独主義外交が強制的外交の極端な形態として推進された。しかしジョージ・W・ブッシュ外交は、国際テロネットワークとの戦いという強い信念にもかかわらず、海外における米国のイメージの助けに必ずしもなったとはいえず、米国が第2次世界大戦後の時期に再建を助け、さらにはポスト9・11テロ時代の安全保障に必要とされる国際社会との米国の関係を、反目し合った状態にさせてしまったともいえる。

外交政策の行動を分類するワールド・イベント・インタラクション・サーベイ（WEIS）というシステムがある。[3] これによると、外交活動の3分の2は行動ではなく言葉によるものであり、最後通牒は頻度が最も少ない行動である。行動としては、対立、協調、参加（協議、会議、説明）の行動はほぼ同じ頻度で行われてきた。

外交政策には個別の決定だけでなく、世界における国の位置づけ、役割、目的、アイデンティティ、脅威観なども要因になっている。国の役割は、冷戦時代には革命の基地、忠実な同盟国、仲介者、積極的独立、地域協調促進者、地域保護者、孤立など16種類に分類されうる。国の役割はポスト冷戦時代には変化してきた。冷戦時代にはソ連が革命基地の役割を任じたが、ポスト冷戦時代にはイランなどが革命基地の役割を任じている。ポスト冷戦時代には多くの国において国の役割が明確でなくなっている。このことが、多くの国がポスト冷戦時代の世界に適応するうえでの困難を生み出している。

米国の外交政策は1世紀以上にわたり、米国が神の意思により選ばれた国であり、成長拡大してゆく運命にあるという考えが基礎になっている。ロシアの外交政策は旧ソ連、東欧諸国を軍事的、経済的に保護する使命を持っており、近隣のスラブ圏諸国が問題に直面する場合にそこに介入する義務を帯びているという考えが基礎にある。コソボ問題でのロシアのセルビアへの支援はその反映である。冷戦時代にはソ連の外交政策は国際共産主義運動の指導者という立場から形成された。中ソ対立は指導者の位置をめぐる意見の不一致から生じた。これに対して、米国は自由世界の指導者という立場から外交政策を打ち出した。国のアイデンティティ、役割についての見方が変化しないと、外交政策の根本的変化は期待できない。

　国が脅威をどう見るかにより、その脅威に言葉の脅しで対応するか、武力行使で対応するかといった違いが生じる。脅威への見方により、国の政権は4つの類別に大別される。[4] 国際環境は常に脅威を生み出すとは限らず、国家間の紛争・対立は個別の問題や状況によって起こると考える政権は、穏健な政策をとることが多い（穏健路線の政権）。国際環境は脅威を生むことはあるが、国家生存に関わる脅威は稀であると考える政権は、外交政策による個別実践的な解決を目指そうとする（プラグマティックな政権）。自国を取り巻く国際環境が常に敵対的と考える政権は、敵対国との外交的妥協による解決が困難と判断すれば、武力行使に訴えることがある（軍事指向の政権）。非理性的な敵対国から深刻な脅威を受けていると考える政権は、外交的解決の努力を払わずに、武力行使に訴えることがある（過激主義の政権）。国際環境の脅威の見方は多様である。

◉国益の追求

これらの政権は、外交政策の根本的目的である国益を違ったふうに捉えている。国益に対して1つの考え方は、外交政策目標を中核目標、中間目標、長期目標の3つに分けることである。[5] 中核目標は、そのために国民の究極的犠牲を要求し、他に最大限の要求をするような目標である。長期目標は国際システムのすべての国に普遍的要求をするような目標であり、中間目標は特定の国に特定の要求をするような目標である。現在の世界で政策決定者が直面する課題は単一の国だけではなかなか解決できない。そこから、国益と国際社会の利益の対立が生じうる。飢餓、貧困、人口過剰、環境劣化、核拡散に対処するためには、全体の目標を個別の国家目標より優先することが必要である。[6] また外交政策の目的は国家の安全と福利の改善ではなく、個人の安全と福利の改善であるべきだという主張もある。政策決定過程の中心に置かなければならないのは、国益でなく人間の利益であるという。[7] 伝統的な国益の考え方は、確かに個人のニーズを度外視する傾向があることも否定できない。

国家の外交政策目標は、「ヒエラルキー的」構造になっており、中核的国益目標、中期目標、長期目標から構成されている。この中で、最も基本になるのは中核目標で、一般的には「領土の安全保障」、「経済的繁栄」、「政治的独立」が3大目標である。国家の最も死活的な国益はこの中核的目標を導く。国家の外交政策形成には、米国の自由、民主主義、市場経済といったイデオロギー、ソ連のマルクス・レーニン主義などのイデオロギーが重要な役割を果たし、冷戦時代には、世界がイデオロギーを中心に東西のブロックに分れ、イデオロギーを中心に米国の対ソ外交、ソ連の対米外交などが形成され、展開された。しかし、ソ連崩壊、冷戦後には、イデオロギーを中心とした外交政策は影を潜め、代わりに民族、宗教などの国家意識、民族主義が外交政策に反映される傾向が強まった。しかし、このような変化にもかかわらず、国家が、「領土の安全保障」、「経済的繁栄」、「政治的独立」の目標を追求する外交政策を推進するという点は変わらない。

「領土の安全保障」、「経済的繁栄」、「政治的独立」という中核目標のそれぞれを達成することは、多くの政策により可能である。例えば、「領土の安全保障」は、兵器使用、獲得、軍縮、軍備管理、同盟関係などを通じて達成することができる。

外交政策に影響を及ぼす要因はさまざまあるが、中核目標は不変である。イデオロギーは、中核目標をどういう方法で追求するかを決定づける要素になる。国家が中核目標を追求するときに、国により国益が異なるため、外交政策の対立、衝突が起こる。イラクが1990年8月に、自国から見ての死活的な経済資源である石油を求めてクウェートを攻撃し、占領したとき、それはクウェートの領土保全と政治的独立を侵害した。同時に、イラクの外交政策の実行は、エネルギー供給を中東石油の輸入に依存する米国、西欧諸国、日本から見ての死活的な石油利権を脅かした。ロシアは、より多くの東欧諸国へのNATO拡大を、自国の領土の安全保障への脅威とみなした。国際政治において、このようなことは枚挙に暇《いとま》がない。一国の死活的利益の追求は他国の死活的利益を損ねうる。ある国の３つの中核目標のどれかの追求が、他国の中核目標のどれかを損ね、脅かすことは、国同士の外交政策の衝突の原因になっている。国際政治では、国家が最も重要な単位であり、国家間の中核目標の対立を調整し、国際社会は規定するものが存在しない無政府状態に近い状態にある。

国家はそれぞれの中核目標を一貫して保護しようとするが、その中で外交政策は劇的に変化しうる。冷戦終結による国際情勢の変化に伴う米国、ロシアの外交政策の変化はその例である。

ロシア、ソ連は冷戦時代、キューバから国際価格より高い価格で砂糖を購入し、同国に国際価格より低い価格で石油を売却していた。これはソ連の経済的繁栄という目標には反したが、領土の安全保障というより優先的な目標に適《かな》っていたため、ソ連を中心にした共産圏の安全保障のため、こうした売買を継続していた。しかし、冷戦が終結するや否や、キューバへの経済援助はもはやソ連の中核目標に適わなくなり、キューバとのこのような貿易を停止した。またキューバも、冷戦時代には中米、カリブ海諸国の左翼政権や革命勢力を支援し続けていたし、それが領土の安保、政治的独立という中核目標に適っていたが、冷戦終結、ソ連からの援助停止とともにこうした支援は経済的繁栄という中核目標を大きく損ねるようになり、左翼革命勢力への支援を停止した。またソ連は冷戦時代に、米国との競争のため軍備拡張を継続したが、それが自国の経済的、社会的破綻をもたらし、もはや中核的目標に適わなくなった。このため、ゴルバチョフは、ソ連の中核目標である経済的破綻の回避のため、１９８５年から90年までの間にソ連外交政策の根本的変革を実行し、新思考外交を打ち出した。

一方、米国は冷戦時代には、ソ連の膨張主義を牽制し阻止するため、ソ連を取り囲む一連の同盟国と軍事同盟を構築することにより、ソ連圏封じ込めの外交政策戦略を追求した。またギリシャ、トルコなどの海外の共産主義の脅威に積極的に対処するトルーマン・ドクトリンを推進した。また冷戦末期にはレーガン大統領が「悪の帝国」とまで呼んだ米国のソ連封じ込めは、米国民が毎年、自由、民主主義、個人主義、私有財産といった原則を再確認し、韓国、ベトナム、グレナダなどで戦争を戦うことにより共産主義化の脅威からこの原則を防衛し、国防支出の多額の増大を促す一助となった。この結果、冷戦は、米国民と米政府の共通のアイデンティティを助長した。しかし冷戦後は、米国にとってソ連封じ込めの意味が薄れ、世界は、グローバリゼーション、情報収集・処理革命、テロリズム、一連の民族紛争などを理由に、かつてなく複雑になった。このように複雑化する世界の中で、米国は封じ込めの代わりに、民主主義と市場経済を世界中に拡大することに焦点を当てた。とくに、東欧、第3世界でそれを推進した。ロシアは経済を再活性化し、チェチェン共和国の民族紛争に対処し、NATO拡張を牽制することに苦労した。

2001年9月11日の米中枢部を狙った同時多発テロは、米国の外交政策をさらに大きく変化させる転機になった。同テロはブッシュ・ドクトリンを生み出したが、これは米国本土の領土を防衛することを、米国の最優先の中核的目標に押し上げた。米国は米本土保護のため、イラクへの軍事行動を含めていかなる措置も過激すぎるとは考えなかった。エジプト、パキスタン、サウジアラビアなどの他国は、テロとの戦いにおいて米国との緊密な協力関係を誇示した。しかし各国とも、自国の中核目標を推進しようとし、その一部は米国の中核目標と衝突した。

米国のテロとの戦いは、何段階かの過程を通して変化してきた。第1段階では、アルカイダを保護していたタリバン政権に対して米国が軍事行動を起こしたときに世界のほとんどの国が米国を支持した。第2段階では、米国と同盟国の間の距離が拡大し、テロとの戦いにおける世界的同盟関係が崩壊していった。第3段階では、ジョージ・W・ブッシュ大統領が2002年1月の一般教書演説で「悪の枢軸」として北朝鮮、イラク、イランを名指しし、イランへの武力行使を進めようとして、米国と同盟国の距離がさらに拡大した。第4段階では、ブッシュ大統領のイラク戦争を中心にした単独主義外交に対する米議会、国際社会からの反対が強まった。

米国の著名な政治評論家ウォルター・リップマン（1889～1974年）は、国がその外交政策目標を達成するのに必要な国力と、その国が実際に有している国力にはギャップがあると指摘した。これはリップマン・ギャップと呼ばれるが、米国そして現在に限ったことではない。リップマンは、政策決定における課題として、国力と目標（あるいはコミットメント）のバランスを指摘し、国力よりも海外コミットメントが大きくなると外交政策は破産あるいは破綻するとした。[8] ポール・ケネディは『大国の興亡』の中で1500年から現在までの大国の外交政策を分析し、国力とコミットメントのバランスに長期的に成功した国はなかったと結論づけた。[9] どの大国も、国力が衰退しても国内経済再建に資源を投入するために帝国主義的な海外コミットメントを削減することを拒否してきた。これは経済の後退をもたらし、海外コミットメントの少ない国の経済力の向上とともに大国の地位を失っていった。

◉決定プロセス

外交政策の意思決定を説明するうえでは、4つの主要な観点がある。1つは、外交政策の合理的側面に焦点を当て、政策論議に影響を与える国内勢力を度外視し、国家を1元的アクターと見る観点である。第2は、組織的側面に焦点を当て、国務省、国防総省など組織の役割に注目する観点である。第3は、政治的側面に焦点を当て、外交政策の意思決定を、権力と影響力を求めて競合しあう個人、利益グループ、組織の間の交渉、政治的妥協の結果と見る観点である。第4は、個人的側面に焦点を当て、政策決定に関与する個人の信条、感情、価値観、認識プロセスなどに注目する観点である。

外交政策のアナリストは外交政策決定プロセスの一連のモデルを作成する。各モデルは特定の政策決定の側面に焦点を当てたものである。モデルは政策決定の複雑な努力と行動を簡素化したものである。また外交政策は、人権分野、経済分野、国家安全保障分野、環境分野などの課題分野に分けることができ、それぞれの分野が独自の政策決定の力学を持っている。アナリストは、政策決定を比較するにはモデルが必要であり、政策の改善にもモデルが必要であると強調する。これに対して政策決定者は、外交政策は科学ではなく技巧（アート）であると見ており、それをモデル化で公式化できないと考えている。また外交政策の特定の側面だけを強調することにより、アナリストは歪曲《わいきょく》を行っていると批判する。政策決定者は、直面する状況を再現し、そこにおけるすべての変動要因に注目する必要があると主張する。また政策上の問題は明確に定義された状態で到来するのではなく、不確定な状況で発生すると指摘する。

合理的アクター・モデルは現実主義者が活用してきたモデルである。最も頻繁に用いられるモデルである。このモデルは、国家レベルの観点から外交を扱い、他の国や国際アクターの行動への計算された反応として外交を見る、合理的選択理論である。作用－反作用の過程がその中心にある。外交政策は他の行為に対する計算された反応として見られる。この反応はさらに、国家がその外交政策を再評価し再修正するような計算された反応を作り出す。外交政策を立案する上で、国家は単一のアクターとして扱われ、単位アクターとして脅威や機会に対応すると見る。そこには、4つの行動要素からなる合理的構造がある。その要素は、目標の特定、代替選択肢の特定、結果の特定、価値の極大化を図る選択である。合理的アクター・モデルは目標を明確に特定し、その優先順位を決定することを必要とする。価値を最大化する選択とは優先順位に従って国家目標を実現する可能性が一番大きい選択を意味する。

もう1つのモデルは官僚政治モデルである。[10] 官僚政治は、「政府内の人間が複雑な公共政策をめぐってお互いに駆け引きする過程」である。[11] このI・M・デスラーの定義が示すように、官僚政治モデルは合理的アクター・モデルとは全く異なった方法で政策決定を分析する。政策決定は、問題の解決にではなく対立の解消に影響される政治過程と見られる。このモデルは外交政策を紛争解決が前面に出る政治プロセスの結果として扱う政治過程モデルである。個人とか組織が単独で外交政策決定できない状況で、政治により政策がなされる状況である。個人、組織の間で権限が共有され、それらの間で外交政策の見解が一致していない。個人と組織が政府内のいろいろなところに散らばっている状況である。選択ではなく交渉が外交政策決定を理解する出発点になる。外交政策決定が下される政治プロセスには明確な構造がある。政府のすべての部分がそのゲームに参加するわけではないし、参加者は異なった能力を持つ。官僚機構の目的は問題に効果的に対処しうる標準作業の手続書を策定することにある。[12]

また別のモデルは小集団意思決定モデルである。このモデルは官僚機構の外部で外交決定が下されるモデルである。これは、多くの重要な外交政策決定が小集団により下されるべきであるという前提に立っている。政策決定者は、これが個人による政策決定、官僚機構による政策決定よりも利点があると考えて、このモデルを選択する。政策決定者の視点から見ると、小グループによる意思決定は、官僚機構による意思決定に比べて多くの長所がある。それらは次のようなものである。

- 妥協を必要とすべき観点が少ないので大きな対立がない。
- 組織の利益を擁護（保護）しなくてもいいので、構成員間で自由に遠慮なく意見が交換できる。
- 迅速で決定的な行動。
- 実験と革新が可能。

・秘密保持が可能[13]。

専門家、信頼できる顧問を集めて小集団で政策決定をすることにより、より賢明な決定が下される可能性が高まる。ケネディ大統領はキューバ・ミサイル危機に対処するために専門家会議を組織したし、カーター大統領はイラン人質危機に対処するために特別調整会議に依存し、クリントン大統領はボスニア政策を立案するために閣僚委員会を活用した。これらは小集団意思決定モデルである。この意思決定が失敗する要因として、3つの圧力が考えられる[14]。小集団の権限と倫理の過大評価、閉鎖的な思考、多数派に迎合しようとする圧力である。これは一種の群集心理で、思考の効率性、現実チェック、道徳判断を鈍らせる危険がある。

社会的モデルは、外交政策決定が下される社会的内容に焦点を当てている。そこにはいくつかのモデルが見いだされる。その第1は、政策決定過程が少数の個人、団体に焦点が合わされるエリート層主導の社会的モデルである。誰が外交政策決定を下すかという点に関しては、エリート理論が参考にされる。エリート理論は、政策過程の内側で起こった行動の詳細に注意を払うのではなく、しかも国家の内部で何か起きているのかを無視するのでもない。エリート理論は、政策決定を行う個性、国力、社会的神話、階級利益などの底流にある力学に特段の注意を払っている。これは経済的エリート階層の政策決定への圧倒的影響力、その行動への効果的な牽制の欠如などを強調する。社会の文化的背景によっては、これは資本家階級の指導部、共和党組織の幹部層、軍将校団、宗教的指導部などを研究することを意味する。したがって支配的エリート階層の価値観に合致する政策が最も注目を集めることになり、すべての選択肢が平等に注目されることは意味しない。

その第2はエリート・モデルに対して、個人、団体が自由に行動し、多種多様な影響力を行使しうる状態が強調される、多元主義の社会的モデルである。多元主義論では一般的に次の6つのテーマが確認されている。

(1) 社会における権力は分散され、分割されている。
(2) 多くの集団が政策決定に参加できる権利を持っている。
(3) どの1つの集団にも政策を支配できる十分な力がない。
(4) 集団間の均衡が自然状態である。
(5) 政策は集団間の交渉の産物であり、有力な集団の利益を反映している。
(6) 政府は、競争を監視したときには収束を強いる役割を演じている。

多元主義者は、利益団体を中心として政策決定のモデルを主張し、国家を中立のアンパイアとして見る。

その第3はメディア主導の社会的モデルである。湾岸戦争の際にCNNが戦争の現場を刻々と報道して映像を流し、「CNN効果」を生み出した。CNN視聴者によって湾岸戦争はリアルタイムのイベントになり、CNN視聴者の戦争への感情的反応が政策決定に影響を与えた。ニューヨークの世界貿易センターへのテロ攻撃の絶え間ないテレビ報道が、報復措置への公衆の大規模な支援を確実にした。ソマリアの飢餓や戦争、ボスニアの民族浄化、ハイチの血なまぐさい抑圧、ルワンダの虐殺を逃れる難民の群れなどのテレビ映像は視聴者の感情に触れ、政策立案者は映像が放映されなければ黙っていたかもしれない状況を説明するハメに追い込まれた。したがって、議論の余地はあるにしても、「ＣＮＮ効果」は外交政策形成過程を政策エリートの奥部屋から、米国民のリビングルームに引っ張りだしたといえる。[15]そこから得られた教訓は、政策決定者は外交政策とともにメディア政策を必要とする、メディアの影響は不均一である、外交政策に関するメディア報道はほとんどの場合は中立ではないということである。[16]

もちろん、現実には、国家が外交政策決定において1元的アクターとして機能するわけではなく、国内においてはさまざまな組織、グループ、個人があり、それがそれぞれに外交政策決定におけるアクターを演じている。外交政策を決定する国内のアクターに触れ、政治指導者、官僚機構、議会、政党（与党と野党）、利益グループ、一般大衆などがあることを指摘することは重要である。そのアクターのそれぞれが外交政策に影響力を持つが、その影響力の度合いは、政府の形態、状況、課題になっている政策によって変化する。

外交政策は基本的に政策の選択であり、どういう政策手段を選択するかが重要である。政策手段の選択は国政術（Statecraft）と呼ばれる。すべての政策手段はリスクとコストを伴う。不適切な政策手段の選択は誤った目標と同じくらい国益に損害を与える。

◉外交政策のレベル分析

非国家アクターの影響が拡大する中にあっても、国家の外交政策決定は他の超国家アクターの決定に比べて最も重要なものであり、その決定能力に影響を与える要因も異なっている。

1960年代初頭以降、外交政策分析という分野は急激に成長した。これには、学術研究のみならず、政府情報機関や世界中の外務省が行っている分析も含まれる。こうしたアクターは、他国政府が何をするのかを予測しようとして、それぞれの政府がどのように外交政策を策定し、何がそうした政策の変化を引き起こしうるかを理解しようと弛まない努力を続けている。外交政策の分析は政府だけでなく、政府の外交政策に影響を及ぼしたいすべての人々にとっても重要である。ある市民グループが政府の政策を変えたいが限られた時間と資金しかない場合、どこに努力を向けるべきか。外務省か、政府の長か、立法府か。目標の政府がどこかによって、答えはどう変わってくるだろうか。

外交政策過程は極めて複雑である。このため分析者は外交政策研究における複雑さをときほぐす作業を必要とする。分類の手始めは、分析レベルによる分類である。分析レベルとは分析の焦点をどこに当てるか、いい換えると最も重要な変化はどこで生じるかということである。モデルの主たるアクターは個人か、官僚機構のような大きな集合体か、国家のようなさらに大きな集合体か。どの分析も1つの集合体に焦点を当て、他の集合体は分析の目的と考える。戦争原因についての重要な分析の中でケネス・ウォルツは、３つの分析レベルのどれからでも戦争を説明しうると述べている[17]。

個人レベル理論は戦争の原因を個人に見いだそうとするもので、一般的には人間の本性、具体的には特定の指導者の性格を分析する。国家レベル理論は戦争の原因を国家の本質に求めるものである。例えば、あるタイプの政府は他のタイプに比べ戦争を起こしやすいとか、根深い不平不満を抱えた国は戦争を通じてそれを正そうとするかもしれないという具合である。ウォルツがよしとするシステム・レベル理論は、戦争の原因は国際システムの特質にあるとする。この見解によると、戦争は、システム内の勢力分布や「大国」の数といった、一国家を超えて広がる要因によって引き起こされる。

外交政策に影響を及ぼす要因は、グローバル、国家、個人という3つのレベルに分類することができる。グローバル・レベルの要因は、グローバリゼーションの影響、中国の世界貿易機関（ＷＴＯ）加盟が中国の対外経済政策に影響を与えるように、世界の相互依存性、とくに経済的相互依存性は国の外交政策に大きな影響を与える。国家レベルの要因は、国の地理的位置や天然資源、近隣諸国との関係、独裁主義か民主主義かといった国の形態、軍事力、経済開発水準などその国家に特有の要因である。民主政体か独裁主義かは、外交政策の策定に大きな違いを生み出す。民主政体の場合は、外交政策の策定においても、三権分立、抑制と均衡、報道の自由、世論、多様な利害団体といった民主主義につきもののさまざまな要因がそこに作用する。これに対して、独裁政権の場合は、ごく少数の人間からのインプットに基づいて外交政策の決定が下され、報道機関も統制されている。独裁主義の場合、外交政策は基本的に統制されているが、民主主義の場合は外交政策策定（形成）においても複数の声があり、大統領を中心とする行政府、議会の上下両院、利益団体などがそれぞれ異なった政策を追求し、それが対立しあうこともある。また外交政策における守秘義務と一般大衆の知る権利の間の対立などもあり、政府の官庁レベルの政策の調整も容易でない。個人レベルの要因は、大統領など国家の指導者の役割、個性、信条、価値観などで、政策決定に無視できない影響を与える。国家ではないが、国際テロ組織アルカイダの指導者ウサマ・ビンラディンの個性、信条が、アルカイダによる2001年9・11テロ攻撃の調整に重要な影響を及ぼし、国際情勢を変化させ、それが米国など各国の外交政策を変化させる要因になった。また韓国と北朝鮮の間で、南北首脳会談を実現させた金大中など韓国大統領の個性や信条も、外交政策に影響した。

外交政策に影響を及ぼす要因としては、政策決定者としての個人、国家機構（政府）、外界の情勢の3つがある。外交政策は、そのそれぞれをもとにした個人レベル分析、国家レベル分析、システム・レベル分析により分析することができる。分析の際、1つのレベルに焦点を当てるからといって、他のレベルを考慮しなくていいということではない。他のレベルの要素を利用しながら、1つのレベルに焦点を当てることは可能である。

◉個人レベル分析

政策決定者という個人には、まず国際政治に影響を及ぼす人間に共通の行動様式があり、政策策定（形成）集団という組織の中にいる個人としての行動様式があり、さらにその個人特有の行動様式、思考や行動の動機がある。これらが複合的に作用して指導者の外交政策の決定が下されるが、多くの場合、合理的考察よりもこうした個人の特性から発する感情的、心理的要因が大きく作用する。

人間の世界についてのイメージは、子供の頃の人間関係、出来事、尊敬する人の考え方などにより形成され、一度イメージが形成されると、心理学で認知的不協和と呼ばれるプロセスにより、それに合致する情報を受け入れ、矛盾する情報を拒否することによりイメージを補強する傾向がある。人間の心は情報を選択し、篩《ふるい》にかけ、フィルターする。人間の認識は実際の出来事だけでなく、出来事をどう解釈し内面化するかにも左右される。

人間に共通の行動様式には、認識的、感情的、心理的、生物学的な要因がある。認識的意思決定においては、合理的決定を下す上での理性の限界を形作るものとして、情報の欠落、誤認、不可知などの外的境界線と知力、体力の限界などの内的境界線がある。[18] 例をあげれば、米英が2003年にイラク戦争を開始するかどうかの決定では、情報の欠落、誤認、不可知などの理由により、サダム・フセインが生物・化学兵器を使用してくるかどうか分からないという限界があった。また

2003年のイラク内外情勢に関しては膨大な情報量があったが、理想的には米英の指導者がその全情報を検討して初めて合理的決定を下すことができたはずだ。しかし現実には、人間である指導者が処理できる情報の量には限界があり、ごく一部の情報だけをもとに決定を下すことになる。この知力・体力の限界にもかかわらず、ある決定を下すことを正当化するいくつかの認識のメカニズムがある。

1つは認識的一貫性を求める認識メカニズムである。これはすなわち、指導者がすでに持っている概念に矛盾する情報は排除あるいは軽視し、既成概念に合致する情報を採用あるいは重視する傾向である。例えば、ジョージ・W・ブッシュ大統領は、イラクがアフリカでウランを買い漁っていたという英情報機関の情報を重要視し、イラクが核兵器を本格的に開発しており、テロリストと連携して米国に核攻撃を加える前に先制防御としてイラクを攻撃すべきであるという主張の根拠とした。CIAはこの情報の信憑性に疑問を唱えたが、それは無視された。

このほか、指導者の政策決定に影響を与える人間性として、自己の主張を正当化するため希望的観測に傾きやすいこと[19]、ステレオタイプや過去の経験に基づく既成概念に依存して徹底的な情報収集、情報分析の努力を省略してしまいやすいこと、怒りや悲しみ、抑うつ感などに左右されやすいこと、フラストレーションがたまり攻撃的になりやすいなどがある。こうした感情的、心理的要因のほか、生物学的要因としての縄張り意識のような人間本能、男性の好戦性、女性の宥和《ゆうわ》性といった男女の違いからくる性向の違いも指導者の政策決定に影響する。5章でも触れたようにフランシス・フクヤマは、女性の政治的指導者が増えるにつれ、世界の紛争がより軽減し、協調と和解の傾向が強まると予測している。[20]この見解をサポートするものとして、男性が紛争へのアプローチをとるのと比べ、女性は交渉と紛争解決のアプローチをとる傾向があることを、最近の研究は示している。[21]

組織内の行動様式としては、組織内の役職と役割が政策決定に影響を及ぼす。組織や集団の中にいる個人は、集団の大多数の思考、行動に迎合する傾向がある。そこから外れて独自の思考、行動をしようとすると、排除されるリスクが高まるためである。これをグループシンクと呼ぶが、一種の集団心理である。[22]組織的政策決定の最も重要な側面は、コンセンサスを得る集団内のプレッシャーである。例としては、2003年のイラク戦争に関して、当時日系人として陸軍参謀長だったエリック・シンセキ大将は、イラク全土を掌握し統制するためには数十万人の人員を要するという見解を公表した。この見解はその後のイラク情勢から見ても正しい見解だったが、イラク戦争を速やかに遂行しようとしたラムズフェルド国防長官はじめブッシュ政権の大勢の意向には合致しなかった。ラムズフェルド長官はシンセキ大将を陸軍参謀長の立場から退役させ、シンセキ大将を支持したトーマス・ホワイト陸軍長官を解任した。ラムズフェルド長官は自分の言う通りにするか、さもなければ辞めてくれという態度だった。[23]軍幹部の間ではラムズフェルドと対立するのを恐れ、全体の動きに迎合する傾向が強まった。

クリントン政権の国家安全保障担当大統領顧問だったアンソニー・レークは、「集団として活動すると、グループシンクになり、十分な数の選択肢が大統領に伝えられなくなってしまう」と警告した。[24] ブッシュ政権時の顧問は、ホワイトハウスで、「大統領は自分が知りたいことは知ることができたが、知る必要があることは必ずしも知ることができなかった」と指摘している。[25] 一方、イラクのフセイン政権においては、フセイン大統領の気に入らない情報はたとえそれが真実であっても、それを直言すれば処刑され命を落とす可能性があった。[26] イラク軍将校は欧米連合軍に正面から立ち向かえば勝算はないことを理解していたが、誰もそれをフセインに直言しようとはせず、フセインが自国軍隊の能力を過大評価することになり、結局自滅の道を歩んだ。

指導者個人の特有の思考、行動様式は、その人の個性、肉体的、精神的健康状態、自我と野心、歴史観、経験、物の見方により影響を受ける。物の見方は、かなり主観が入ったオペレーショナル・リアリティ（活動環境概念）とオペレーショナル・コード（活動規範）になって表れるといえる。活動環境概念は認識と国際政治のつながりに基づく概念である。この概念に関連して活動規範と呼ばれる認識現象がある。それはある特定の状況に直面したときに、人はどのような行動するかというものである。政策決定者の認識と外交政策の関連が焦点になる。

例えば、ジョージ・W・ブッシュ大統領が2003年にイラク戦争に踏み切ったのには、ブッシュ自身の独特の経験、物の見方が影響している。ブッシュ家は家族の紐帯《ちゅうたい》が強く、父親の影が息子のブッシュの外交政策決定にかなり影響した。父親のジョージ・H・W・ブッシュが1991年に湾岸戦争を開始し米軍がクウェートを解放した後、バグダッドまで一挙に攻め上ることができる状況にあったのに、それをせず停戦に合意した。その後、イラクのフセイン政権がシーア派やクルド族への国内弾圧を強化し、国連の大量破壊兵器査察に抵抗するようになると、父親ブッシュの対応は批判された。これが息子のブッシュに父親がやり残したフセイン政権解体という目標を達成したいという願望を強めた[27]。さらに大統領職を退いた父親が１９９３年にクウェートを訪問して駐留米軍の視察をした際に、フセインが爆弾を体に装備した自爆テロリストを送り込んでブッシュに抱きつかせ木っ端微塵《こっぱみじん》にしようとした。息子のブッシュは、このことでフセインがブッシュ家を狙っているという意識を強め、フセイン政権を解体する願望をいっそう深めた。また父親のブッシュは、金持ちの坊ちゃん育ちでウィンプ（弱虫）というイメージがあり、それがマスコミによって広められた[28]。父親ブッシュはそれをことさら意識し、大統領に就任するや、パナマ、イラクへの軍事作戦に相次いで踏み切り、弱虫イメージとは逆の行動をした。これも大統領の特殊な性格、経験が外交政策決定に影響した例である。

『大統領の性格』の著者ジェームズ・バーバーによると、指導者の性格はアクティブ（積極的）かパッシブ（受動的）、ポジティブ（肯定的）かネガティブ（否定的）に分類される[29]。アクティブというのは、政策の改革刷新に積極的に乗り出す性格で、パッシブというのは自分からはそういうイニシアティブを取らない性格である。ポジティブというのは、反対意見や批判の存在も許容できる寛大で強い性格であり、ネガティブというのは、反対意見や批判を自分への敵対行為と見てしまいそれを排除しようとする性格である。指導者として最悪の性格はアクティブ兼ネガティブとされ、積極的に政策イニシアティブを取っては批判を受け批判する者を敵扱いして、要塞に立て籠《こ》もるバンカー・メンタリティーの持ち主である。リチャード・ニクソン、リンドン・ジョンソンはこのタイプだったとされる。これに対して、クリントンはアクティブ兼ポジティブだった。

国家指導者の認識は国民の認識とは必ずしも常に同じではない。国家指導者は、客観的事実とは無関係に自分の歴史的状況についての認識に従って行動する傾向がある。そして国家指導者の認識は国の方向性に大きな影響を持つ。例えば、ソ連の歴代の政策決定者は、第2次世界大戦で2600万人のソ連国民の命が失われたという経験のゆえに、外国からの侵略を恐れ、米国の国防政策を不信と警戒の目で見てきた。また米国の建国者はヨーロッパの政治や戦争を腐敗したものと見ていた。これはその後の米国の外交政策の2つの側面、孤立主義と国際主義という側面につながってゆく。前者は国際連盟への加入拒否、後者は第2次世界大戦後に米国が世界の警察官として世界情勢に関与する活動になる。ほとんどの米国の国際介入を美徳と考えており、なぜ他国が米国を傲慢《ごうまん》だと感じているのか理解に苦しんでいる。

国家指導者も国民も自分のイメージ、価値観に反する情報を無視する傾向があるがゆえに、国際政治においてはお互いについての誤った認識が対立を引き起こす。作り上げたイメージを変更することには抵抗があるが、イメージに固執する結果不快な経験をする場合に古いイメージ、思考習慣を克服することが可能である。劇的な出来事も変化をもたらす。ベトナム戦争はこれまでの武力行使についての考え方を変化させたし、2003年からのイラク戦争、その後の安定化作戦の困難、人的犠牲とコストは戦争と勝利についての考え方を変化させた。知覚の根拠を再検討する必要が出てくる。

◉国家レベル分析

外交政策決定に影響を及ぼす次の大きな要因は、国家機構である。国際舞台において多くのアクターがあるが、最も重要なアクターは国家である。国家の政治機構、国家の中の政策決定者とその間の相互関係がどのように外交政策決定に影響するかに焦点を当てることにより、世界情勢をより深く理解することができる[30]。国家機構の外交政策への影響の仕方は一様ではなく、国家形態、国家を取り巻く情勢、外交課題の種類、内部要因などにより、異なった影響を及ぼす[31]。

国家形態には、大きく分けて権威主義国家と民主主義国家があり、権威主義国家の場合は独裁者など少数の権力者により外交政策決定が行われている。これに対して、民主主義国家の場合は、国家元首、外交、防衛閣僚、議会、マスコミ、利益集団、一般大衆などの幅広いアクターが影響力を発揮する。国家はどんな形態であれ複雑かつ巨大な機構であり、その内部の動的要因が国家の国際行動にも影響する。権威主義国家の場合でも国家機構の存在は大きく、単一の主権者が外交政策決定権を独占するということはありえない。これに対して、民主主義国家の場合でも、大統領などの国家元首は行政府の長であると同時に国軍最高司令官である場合が多く、軍を動かす最強の権限を持ち、国家元首の影響力は極めて大きい。米国の場合でも、２００１年９・11米同時多発テロ後の軍事活動、２００３年のイラク戦争に際して、米議会は大統領がアフガニスタンやイラクに軍事力を行使することを支持する決議を採択した。しかしジョージ・Ｗ・ブッシュ大統領は議会がたとえ決議を採択しない場合でも、大統領は憲法に基づいて戦争を開始する権限を持っているという立場を表明していた。

国家を取り巻く情勢としては、平時と戦時あるいは危機があり、平時には国内の多くのアクターが政策決定プロセスに関与し、影響を与える。これに対して、戦時あるいは危機時には、国家元首をはじめ少数の政策決定権を持つ閣僚その他により政策が決定される。また戦時あるいは危機時には、議会や国民が大統領などの政治指導者を中心に団結しようとする心理が強く働き、ラリー効果が生じる。このことも、危機時における大統領などの国家元首の外交権限を強化する。とりわけ米軍の海外派兵などの場合は、「ラリー・アラウンド・ザ・フラッグ」といわれるように、国民は大統領とその政策を支持する傾向がある。ジョージ・Ｗ・ブッシュ大統領が２００１年9月11日の同時多発テロ後、直ちに対テロ戦を宣言し、アフガニスタンへの武力行使に踏み切ったときは、ラリー・アラウンド・ザ・フラッグの典型的例だった。

外交課題の種類としては、余り国民生活に直接影響を与えない純然たる外交政策分野と、国民生活、経済や雇用などにも影響を与える外交政策分野がある。純然たる外交政策の例は、２００４年にブッシュ政権が東欧、旧ソ連7カ国を北大西洋条約機構（ＮＡＴＯ）に新規加盟させ、ＮＡＴＯ拡大を推進しようとした政策で、米議会や国民の間でもほとんど話題にならなかった。上院本会議はＮＡＴＯ拡大の協定を何の抵抗もなく批准した。しかし国際貿易、北米自由貿易協定（ＮＡＦＴＡ）のファーストトラック権限（早期一括採決方式）や協定批准においては、議会、利益集団などの多くのアクターによる政策決定への働きかけが行われ、単純に採決、批准というわけにはいかなかった。このように、外交と国内経済、政治が密接に結びついている分野の外交政策はインターメスティック政策と呼ばれている。

国家が国際社会における外交政策の展開に影響する要因の1つに、その国特有の政治文化がある。これは、その国の歴史を通して長きにわたって尊重されてきた信条、価値観である。米国の場合、キリスト教的価値観に基づく自由と民主主義への信奉がこれに当たる。２００2年の世論調査では米国民の81％が、米国の価値観の世界への拡大は世界に好ましい影響を与えると信じている。これは、アメリカン・エクセプショナリズム（米国卓越主義）と呼ばれている[32]。米国の大統領、指導者は自らこの伝統的価値観、政治文化の信奉者である場合がほとんどで、その価値観が外交政策にもそのまま反映されることになる。トルーマン・ドクトリン、レーガン・ドクトリンやブッシュ・ドクトリンといった外交ドクトリンも、根底に米国の自由と民主主義の世界的拡大による世界の改善という米国卓越主義がある。たとえ、指導者がその価値観、政治文化を全面的に信奉していなくても、一般国民からの反発を受けないように政治文化に沿った外交政策を展開する傾向がある。最近、オバマ大統領に対して、共和党保守派から米国卓越主義を信じていないという批判が強まっているが、オバマ外交にしても米国の政治文化に逆行するものとはいえない。

外交政策決定に影響を及ぼす国家のもう1つの要因は、国内に存在する多様な外交政策決定アクターの役割と影響である。国内アクターには、政治指導者、官僚機構、議会、野党を含む政党、利益集団、一般大衆などがある。このそれぞれのアクターが外交政策に影響を及ぼすが、その影響力は国家の政治形態、国家を取り巻く情勢、外交課題によって変化する。通常は、大統領など国家元首が最も強力な外交政策決定アクターであり、官僚機構がそれに次いで強力なアクターである。官僚機構は官僚機構自体の存続と影響力拡大を欲しており、国家元首が打ち出す外交政策がその利益に反する場合はそれを支持するとは限らない。どんな国の軍でも軍備削減あるいは防衛予算削減の政策には反対する傾向がある。

官僚は情報の収集や政策立案の専門家としての役割および政策実施についての陣頭指揮の役割を果たしている。そして、官僚でも上級になればなるほど、個人的に行使できる権限はかなり大きいものになる。また一般的に、組織というものは個々の構成員の総和を超えた組織自体の利益を持っている。もちろん官僚組織もその例外ではない。自らの実体に影響するような政策には敏感に反応し、とくに自己の影響力を縮小しようとする働きに対しては激しい抵抗を見せるものである。

官僚機構は国家の政治的上層部の政策決定に影響を与えうるいつかの手段を持っている。官僚機構は膨大な専門知識の情報の源泉である。官僚機構はまず、上層部に提供する情報を篩にかけ、官僚に不都合な情報は提供しないようにすることにより、その情報をもとに決定される上層部の政策に影響を及ぼすことができる。次に官僚機構は、政策オプションを上層部に勧告する際に、多様なオプションの中から官僚機構が好むものだけに絞った選択肢を勧告することにより、上層部の決定する政策内容のかなりの部分を規定することができる。さらに一度決定される政策を実施するのは官僚機構であり、政策実施に影響を与える多様な方法を備えている。

例えば、大統領、ホワイトハウスがイラクへの軍事力行使に傾いていたときに、それを正当化する根拠として、イラクがアフリカでウランを買い漁っていたというイギリス情報機関の情報をイラクの核兵器脅威を示すために使おうとした。ジョージ・W・ブッシュ大統領がこのことに2003年一般教書演説で言及しようとしたとき、CIAはこの情報の信憑性に疑いがあることを指摘した。国家安全保障会議（NSC）スタッフは、大統領演説の内容を事前に確認する作業においてCIAから異議申し立てを受けていたが、結局はCIAのコメントを重要視しなかった。CIA自体も全体の流れがイラク戦争開始という方向に動き、大統領もその動きに水を差すような情報を好まないという状況下で、それ以上強く異議申し立てをすることをしなかった。これは官僚機構自体にも、一種のグループシンク、集団心理が作用していたこと、それが最終的な政策決定に影響を与えたことを示している。

すべての国において、外交政策決定の影響力において、議会は国家元首や官僚機構に代表される行政府に劣っている。民主主義国家においては、議会の外交政策決定の影響力はより大きいが、それにしても多くの制約を受けている。

◉システム・レベル分析

国家が国際社会での活動や外交で成功するためには、通常、国際システムの現実の中で政策的選択をしなければならない。そうしていない北朝鮮やイランのような国家もあるが、国際システムを無視した行動をすると国際的に孤立し、ならず者国家あるいは無法国家のレッテルを貼られることになり、結局は制裁の対象になったり困難な立場に追いやられることになる。国際システムの現実が国家の外交政策にどう影響するかを分析することも、外交政策を見る上で重要な視点になる。

国際システムには、国際システムの組織構造とその性格、国際組織内の力の関係、経済的現実、国際行動規範などの要因がある。国際システムの組織構造は、一般的には平面的であり、組織を構成する各国の国家主権がそれぞれに権限を持っている。[33] 国家主権を超越する強い権限は存在しない。その意味で、国際組織の性格として無政府的である。しかしそういう現状に対して、国家主権が徐々に制限されてゆく傾向が出てきており、最も強大な国家も国際組織、国際法の規定に従う傾向が強まっている。例として、2003年の世界貿易機関（WTO）の裁定で、カナダが国内の酪農業への補助金提供により低い価格で酪農製品を米国に輸出し、米国内産業に打撃を与えることにより国際貿易規則に違反したことを認定、同時に米国のヨーロッパからの鉄鋼輸入への緊急関税が国際貿易規則の違反であることを認定した。国際組織や国際法の規定も多くなり、強化されてきている。国際システムに中央統制的権限を樹立しようとする運動もあり、より垂直的な組織構造の樹立を目指している。国際組織の会合の頻度、範囲、相互活動の水準も国際システムの影響力の要因になる。

国際組織は、それを構成する国家、国家ブロックの間でますます相互依存性が高まっており、国際組織が扱う課題の範囲もますます拡大している。とくに経済的相互依存の増大が重要になっている。例えば、米国でも商品、サービス輸出が国民総生産（ＧＮＰ）の約15％を占めており、米経済の国際貿易への依存度が高まっている。また国際交流の頻度も増大してきている。１９９０年から２０００年の間に、米国を訪問する外国人の数は年間３９４０万人から５０９０万人へと29％増加し、米国から外国を訪問する米国人の数は４４６０万人から６０２０万人へと35％増加した。電話、手紙、電子メールを通じて年間何兆ものやりとりが米国と諸外国との間で行われており、グローバリゼーションが継続している。外交政策決定においても、それだけ国際社会とのつながり、経済的相互依存性を無視できなくなっている。孤立主義は事実上不可能な国際環境になっている。

国際組織内の力の関係において重要な要因は、国際組織の中に存在するパワーポール（極）、あるいはパワーセンターの数である。パワーポールあるいはパワーセンターになりうるのは、強大な国家あるいは帝国、同盟、あるいは国連のような世界的国際組織、ヨーロッパ連合（ＥＵ）のような地域的国際組織である。このパワーセンターの数が、国際社会における国家間の関係、行動パターンに大きな影響を与える。考えうる国際社会の構造は、１極システム、２極システム、３極システム、多極システムにおいては、中枢権力がルールを設定、執行し、軍事的手段、経済的手段を支配する。さらにその影響下あるいは支配下にある国家間の紛争を調停し解決する。また傘下《さんか》にある国家の独立、自律性を制限しようとする。2極システムでは、2つのパワーセンターが激しく対立しており、2つのブロックの間に互いの力を弱め、破綻させようとする競争がある。3極システムでは、パワーセンターが他の2つのパワーセンター両方と良好な関係を維持することを求め、最低限他の2つの両方を同時に敵にすることを避けようとする。また他の2つのパワーセンター同士が接近するのを阻止しようとする。多極システムでは、他のいずれかのパワーセンターが覇権を得るのを防止し、自らの力を維持、増大させようとする。戦闘する場合も、他のパワーセンターを破壊することによりシステム全体を不安定化させることは避ける。

1極世界は、ローマ帝国全盛期のように単一の国家が圧倒的な支配力を持つ世界である。2極世界は、米国とソ連の二超大国が対峙《たいじ》した冷戦時代のような世界である。多極世界は、3つ以上の大国が対峙する世界で、ヨーロッパで30年戦争が終了し1648年のウェストファリア条約で国家システムが誕生したときのように、ほぼ同じ程度の国力を持ついくつかのライバル国家が対峙する世界である。こうした異なった数の極を持つ世界で、国家群の分極化が起こる。2極化世界では、中小国家は二超大国のいずれか一方と同盟関係を形成するようになる。冷戦時代に、米国、ソ連それぞれを中心にした同盟ネットワークが形成されたのは、この例である。

極と同盟の分極化は、国家が持つ決定の自由裁量に影響を与える。1極世界を支配する超大国に権力が集中している場合は、他国の国内政治に武力をもって介入することがより容易である。これに対して、2極世界あるいは多極世界では、極を形成する大国が武力により他国に介入しようとするとライバル国家により牽制され、妨害を受ける。自由裁量は制限される。同盟が緊密な軍事ブロックである場合は、同盟の構成員である中小国家は同盟の盟主の命令に従う傾向が強まる。これに対して同盟が緩やかで流動的な場合は、中小国家は盟主から独立した外交政策を追求しやすくなる。

現在の国際システム、国際組織は、米国が主導的役割を果たす1極構造、あるいは限定的1極構造になっている。またパワーセンターのパワーの性格には、軍事的力、経済的力、政治的力などが考えられるが、そのパワーの内容も国際組織の影響を計る要因になる。また特定の国際的状況に対して、そのパワーがどのように適用されるかというパワーの適用性も重要な要因である。またパワーの関係のもう1つの内容は、国際社会を形成する約200カ国の間の相互関係であり、国際社会の課題ごとに多様な協力関係が生まれている。最も強大な国家であっても、ますます増大する超国家的課題に対して、相互協力が不可欠になっている。このため、単一の国家が外交政策の手段として軍事力を行使しようとする場合、軍事力行使の前に、他の国々の態度にどのような長期的影響が及ぶかを慎重に検討することが必要になってきている。

ジョージ・H・W・ブッシュ大統領は、湾岸戦争開始前に、国連安全保障理事会の理事国と時間をかけて根回しをし、国連安保理の軍事力行使への承認を得た。国連安保理を通して、期限内のクウェートからの撤退などを要求した国連安保理決議に基づいて、期限まで待った上で湾岸戦争を開始した。しかしジョージ・W・ブッシュ大統領は2003年のイラク戦争開始に際して、国連安保理の支持獲得を試みたが、超大国の足並みが揃わず国連安保理での交渉が難航したとき、最終的には国連安保理の意向を無視して、米国の一方的権限でイラク戦争開始の決定を下し、開戦した。この結果、米国の単独主義的軍事行動は西欧を含む多くの国々の米国との関係を悪化させることになり、長期的に米国の国際イメージを悪化させた。オバマ大統領はこの教訓を踏まえ、単独主義外交を放棄、方向転換し、多国主義的アプローチを復活させている。

国際規範は、国際社会において期待される行動様式のパターンを規定している。それにより、国際社会において、ある一定の予測可能性を生み出している。現在の国連などの国際組織の規範は欧米を中心にしたものであり、新興国の多くがその規範に挑戦し、改革しようとしている。国際規範も変化しつつある。

(Endnotes)

1 Steve Smith, "Theories of Foreign Policy: An Historical overview," *Review of International Studies*, Vol.12, No.1, 1986, pp.13-29.

2 Charles F. Hermann, "International Crisis as a Situation Variable," in John Vasquez, ed., *Classics of International Relations* (Englewood Cliffs, NJ: Prentice Hall, 1986), pp.171-181.

3 Charles McCelland and Gray Hoggard, "Conflict Patterns among Nations," in James Rosenau, ed., *International Politics and Foreign Policy: A Reader in Research and Theory*, Rev. ed. (New York: Free Press, 1969), pp.711-724.

4 Joe D. Hagan, "Domestic Political Regime Change and Foreign Policy Restructuring: A Framework for Comparative

Analysis," in Jerel A. Rosati, Joe D. Hagan and Martin W. Sampson Ⅲ, eds., *Foreign Policy Restructuring: How Governments Respond to Global Change* (Columbia, SC: University of South Carolina Press, 1994), pp.138-163.

5 K. J. Holsti, *International Politics*, 5th ed. (Upper Saddle River, NJ: Prentice Hall, 2000), p.124.

6 Jessica Tuchman Mathews, "Redefining National Security," *Foreign Affairs*, Vol.68, No.2, 1993, p.163.

7 Robert C. Johansen, *The National Interest and the Human Interest: An Analysis of U.S. Foreign Policy* (Princeton, NJ: Princeton University Press, 1980).

8 リップマン・ギャップについてはSamuel Huntington, "Coping with the Lippman Gap," *Foreign Affairs*, Vol.66, No.3, 1988, pp.453-477を参照。

9 Paul Kennedy, The Rise and Fall of the Great Powers (New York: Random House, 1987).
ポール・ケネディ著、鈴木主税訳『決定版 大国の興亡―１５００年から２０００年までの経済の変遷と軍事闘争』（上巻・下巻）、草思社、１９９３年。

10 Graham Allison and Philip Zelikow, *Essence of Decision: Explaining the Cuban Missile Crisis*, 2nd ed. (New York: Addison, Wesley, Longman, 1999); Graham Allison and Morton Halperin, "Bureaucratic Politics: A Paradigm and Some Policy Implications," *World Politics*, Vol.24, Supplement S1, 1982, pp.40-79; David A. Welch, "The Organizational Process and Bureaucratic Politics Paradigms: Retrospect and Prospect," *International Security*, Vol.17, No.2, 1992, pp.112-146.

11 I. M. Destler, *Presidents, Bureaucrats, and Foreign Policy: The Politics of Organizational Reform* (Princeton, NJ: Princeton University Press, 1974), p.52.

12 Glenn Hastedt, *American Foreign Policy*, 4th ed. (Upper Saddle River, NJ: Prentice Hall, 2000), p.215.

13 Robert L. Wendzel, *International Politics: Policymakers & Policymaking* (New York: Wiley & Sons, 1981), p.439.

14 Irving L. Janis, *Groupthink: Psychological Studies of Policy Decisions and Fiascos*, 2nd ed. (Boston: Houghton Mifflin, 1982).

15 CNN効果に限定した見解については、Strobel, "The CNN Effect: Myth or Reality?," in Wittkopf and McCormick, *The Domestic Sources of American Foreign Policy*, 3rd ed. (Lanham, MD: Rowman and Littlefield, 1999)を参照。

16 Frank J. Stech, "Winning CNN Wars," *Parameters*, Vol.24, 1994, pp.37-56; Jonathan Mermin, "Television News and American Intervention in Somalia," *Political Science Quarterly*, Vol.112, No.3, 1997, pp.385-403; Barbara Allen, Paula O'Laughlin, Amy Jasperson, and John L. Sullivan, "The Media and the Gulf War: Framing, Priming, and the Spiral of Silence," *Polity*, Vol.27, No.2, 1994, pp.255-284.

17 Kenneth N. Waltz, *Man, the State, and War* (New York: Columbia University Press, 1959).

18 Alexander L. George and Jeff Knopf, "Decision Making and Strategic Interaction," A syllabus published in *Foreign Analysis Notes*, Vol.15, No.1, 1988, Spring, p.17.

19 Dominic D. Johnson, *Overconfidence and War: The Havoc and Glory of Positive Illusions* (Boston: Harvard University Press, 2004).

20 Francis Fukuyama, "Women and the Evolution of Politics," *Foreign Affairs*, Vol.77, No.5, 1998, p.33.

21 Natalie Florea, Mark A. Boyer, Michael J. Butler, Magnolia Hernandez, Ling Meng, Haley J. Mayall and Clarisse Lima, "Negotiating from Mars to Venus: Some Findings on Gender's Impact in Simulated International Negotiations," *Simulation and Games*, Vol.34, No.2, 2003, pp.226-248.

22 Irving Janis, *Groupthink: Psychological Studies of Policy Decisions and Fiascoes* (Boston: Houghton Mifflin, 1983).

23 Joseph P. Hoar, Interview in TV Program "Frontline", February 15, 2005.
http://www.pbs.org/wgbh/pages/frontline/shows/pentagon/interviews/hoar.html

24 *New York Times*, October 2, 1993.

25 *Washington Post*, February 3, 2002.

26 Charles Duelfer, "Comprehensive Report to the Special Advisor to the DCI on Iraq's WMD," September 30, 2004.

27 Doug Wead, "Bush Completes Father's Unfinished Business," op-ed piece, *USA Today*, June 15, 2003.
Weadは父ブッシュの特別補佐官を務めた。

28 "George H. W. Bush: Fighting the Wimp Factor," *Newsweek*, October 19, 1987.

29 James D. Barber, *Presidential Character*, 3rd ed. (Englewood Cliffs, NJ: Prentice Hall, 1985), pp.8-10.

30　Bruce Bueno de Mesquita, "Domestic Politics and International Relations," *International Studies Quarterly*, Vol.46, No.1, 2002, pp.1-10.

31　William O. Chittick and Lee Ann Pingel, *American Foreign Policy: History, Substance and Process* (New York: Seven Bridges Press, 2002).

32　*Investor's Business Daily, Christian Science Monitor* poll, 2002. Data provided by The Roper Center for Public Opinion Research, University of Connecticut.

33　Robert Jackson, "Sovereignty in World Politics: A Glance at the Conceptual and Historical Landscape," *Political Studies*, Vol.47, No.3, 1999, pp.431-456.

第8章

非国家アクターの影響力

◉IGO進化の背景

国家は国際政治の主要アクターではあるが、唯一のアクターではない。国際政治における国家を超越した非国家アクターの影響に注目を払うことも必要である。

リアリズムとリベラリズムの重要な違いの1つは、非国家アクターをどれほど重要視するかにある。リアリズムの見方は、世界舞台でアクターになるには領土、住民、軍事力を支配する主権が必要であり、国際政治の最も中心的アクターはあくまでも国家であって、国際システムのパワーに影響を及ぼさない非国家アクターは考慮する必要はないという前提に立っている。これに対して、リベラリズムの見方は、さまざまな非国家アクターも国際政治に大きな影響を与えるし、環境問題のような分野では非国家アクターは国際政治を左右する影響力を持つというものだ。

国際政治はますます非政府アクターである政府間国際組織（IGO）、非政府組織（NGO）の活動に影響を受けるようになっている。これは1648年のウェストファリア条約以来、主権国家が行使してきたグローバル・システムの構成、規則の決定権に挑戦するようになっている。非国家アクターは国際システムへのアクセスのチャンネルを増大させており、国家主権のあり方を変革する可能性がある。非国家アクター間の越境取引と通信経路の影響が拡大しており、同時に国家間の関係は今後も重要であり続ける。この結果、2重のグローバル・システムが生まれつつある。超国家的NGOは国家に対してますます圧力を加えており、国際政治の変革への道を開きうる。これに対して、NGOが国家の権力とプロセスに対する重要なライバルになってきているという見方に反論する懐疑的見方もある。[1]

非国家アクターにはさまざまな規模と力を持つものがあり、多国籍企業（MNC）、非政府組織（NGO）、国際通貨基金（IMF）や国連などのグローバルな政府間国際組織（IGO）、ヨーロッパ連合（EU）などの地域機関、テロ・グループなどがある。

非国家アクターの影響力は国際安全保障では限定されているが、環境、貿易、開発といった分野では無視できない役割を果たしうる。2005年11月にチュニジアのチュニスで開催された国連の世界情報社会サミット（WSIS）では、インターネット・ガバナンス作業部会で、ワールドワイド・ウェブの管理・使用に関与するNGO、多国籍企業などの非国家アクターが初めて、国家と同等の立場を与えられた。[2] これは国家が単独ではインターネットを管理する能力やノウハウを持っていないという認識に基づく。

1960年以降、非国家アクターの数と規模が大幅に増大し、互いにネットワークを形成してきた。冷戦終結後、とくにNGOが急速に発達してきた。NGOの定義は、国や機関によっても異なる。1948年には国連の経済社会理事会（ECOSOC）の協議資格を与えられたNGOは50に満たなかったが、1998年にはその数が1500以上に増え、2013年には3000近くになっている。[3] ベルリンの壁崩壊からの10年以内に、さまざまなやり方で国際活動を行うNGOの数は6000から2万6000に増え、世界で極めて多様な役割を担っている。国内法・国際法の枠内で活動する非国家アクターは、合法的アクターと法律の枠外で活動する非合法的アクターに分けられ、非合法アクターは国家安全保障、国際秩序にとって脅威と見なされている。合法的アクターには、ＩＧＯ、地方公共団体、ＭＮＣ、ＮＧＯ、社会運動、個人があり、非合法アクターにはテロリスト、超国家犯罪組織がある。

過去1世紀における国際システムの変化を表す現象の1つは、政府間国際組織（ＩＧＯ）の数の急増である。ＩＧＯにはさまざまな種類があり、グローバルＩＧＯ、地域ＩＧＯ、専門分野ＩＧＯなどがある。ＩＧＯの概念は、紀元前３００年頃のギリシャのストア派が人類共同体という普遍的概念を考えたときに遡る。しかし現在あるＩＧＯのほとんどは過去50年間に生まれたもので、ＩＧＯは主として現代的現象といえる。確立されたＩＧＯの数は１９０９年には37だったが、１９５１年には１２３、２００４年には２５１と増加している。[4] ＩＧＯの数以上に重要なのは、ＩＧＯの増大する関心事項と役割である。今では、ＩＧＯが国際的レベルで扱っていない政治課題はほとんどないし、政府の役割でＩＧＯが果たしていない役割もほとんどない。

ＩＧＯがどのように進化してきたかに関しては、２つの考え方がある。１つは機能主義（ファンクショナリズム）の考え方である。例えば、郵便物を外国に届けなければならないという個人の非政治的な現実的必要があり、その解決のためにボトムアップ方式（基礎から全体に進める）で諸国が協力して、１８７４年に国際郵便条約によって万国郵便連合（ＵＰＵ）が創設された。具体的な非政治的必要を解決するために諸国家が協力しあう中で、諸国家、人々は互いに信頼しあうことを学んでゆく。こうした個別の協力関係が「構成要素（ビルディング・ブロック）」となって、難しい政治的課題に関する協力、グローバルな包括的協力が生まれ、グローバル・ガバメントのような国際機関が生まれる。

国際機関における機能主義の提唱者として知られるデビッド・ミトラニーは、「主権を一定の方式（書式）で効果的に譲渡（移転）することはできないが、機能を通じて譲渡することはできる」と主張した。そして、そのうちに、主権の「そうした部分譲渡が積み重なり、政治的部門がウェブ上に蔓延する国際活動で上塗りされるようになり」世界の平和と統合を促進するようになるだろうと述べている。[5]

これに対して、新機能主義（ネオファンクショナリズム）の考え方がある。これは、非政治的協力がやがて難しい政治的協力に進化してゆく、あるいは紛争解決につながるという考えに懐疑的な見方であり、世界に立ちはだかる政治的問題や紛争を解決するには迅速にＩＧＯを創設し、それに然るべき「独立性と資源」を与えるべきであるというトップダウンの考え方である。

国家間の協力を推進するには、グローバルなパワーに従属する国家などより、むしろＩＧＯが最上の手段であるとするアナリストもいる。いずれにしても、20世紀にＩＧＯが急速に発達し、増えてきた背景には、この2つの考え方の両方が介在している。諸国家はＩＧＯを通して、単独では達成できないゴールを達成できると認識したからこそ、ＩＧＯが設立されてきたことは確かである。[6]

ＩＧＯは事務局などの組織構造を持ち複数の国家の利益を追求する非国家アクターで、19世紀末から組織され始めたが、1945年以降にその数が急増した。IGOには単一目的のものと、多目的のものがあり、また世界的なものと地域的なものがある。単一目的の世界的IGOには、国際原子力機関（IAEA）、国際労働機関（ILO）、世界貿易機関（WTO）、世界保健機関（WHO）、多目的の世界的IGOには国連がある。単一目的の地域的IGOには北大西洋条約機構（NATO）、オーストラリア・ニュージーランド・アメリカ合衆国相互防衛条約（ANZUS）、北米自由貿易協定（NAFTA）、多目的の地域的IGOにはヨーロッパ連合（EU）、アフリカ連合（AU）などがある。AUは、アフリカ統一機構（OAU）が2002年に発展改組して発足したアフリカの国家統合体であり、EUをモデルに統合を進めている。

IGOには、構成員に要求する財政面を含むコミットメントの度合いにいろいろな違いがある。国連の場合、加盟国に組織への恒久的コミットメントと分担金、拠出金の支出を要求する。NATOは加盟国への外部からの攻撃は同盟全体へ

IGOの比較

	単一目的	多目的
グローバル	・国際原子力機関（IAEA） ・国際労働機関（ILO）	・国連（UN）
地域	・北大西洋条約機構（NATO） ・太平洋安全保障条約（ANZUS）	・欧州連合（EU） ・アフリカ連合（AU）

の攻撃と見なし、加盟国の軍事資産を動員できる権限を持つ。ＥＵは法律を制定し、加盟国に対して法的拘束力を持つ決定を下すことができる。

ＩＧＯは、伝統的な二国間交渉が減退する中で多国間交渉の場を提供する。これは世界的な交通、通信の発達に助長されている。ＩＧＯの活動に関心を持つのは加盟国だけではなく、ＭＮＣ、ＮＧＯなどの他の非国家アクターもその活動に関心を持ち、ＩＧＯに対してロビー活動を行っている。これはＩＧＯが世界的に影響ある決定を下す力を持っているからである。イギリスでは保守党政権が存続した１９７９年から97年までの18年間に、労働組合は国内で変化を起こすことができなかったため、ヨーロッパ委員会に対してＥＵレベルで社会問題の重要性を訴える活動を展開した。[7]

◉ＩＧＯの役割

ＩＧＯの拡大、増大には６つの要因が考えられる。⑴国際交流の増大、⑵グローバルな相互依存性の増大、⑶超国家的問題の拡大、⑷従来の国家中心システムが安全を保障することに失敗してきたという現実、⑸弱小国家が協力しあうことにより力を得ようとしてきた努力、⑹国際協力を推進する手段としてのＩＧＯの成功である。国際交流は、国家間と人民の間の両方で拡大してきた。通信・輸送技術革命によって、世界の国々はより密な接触をとるようになった。相互依存性ではとくに経済的相互依存性が顕著に拡大してきた。超国家的課題が増大するについて、超国家的政治運動の重要性が高まってきた。成功したＩＧＯが新しい組織の模範になっている傾向がある。

現在ある国際機関は、3つのアイデア（理念）に基づいている。人間は平和と相互援助により生きるべきであるというアイデア、それを円滑に進めるには国際的組織が必要である。大国は国際秩序の維持に対して特別な責任を持っているというアイデア、そのためには大国の積極的協調が必要である。また狭い領域の非政治的課題を扱うために専門分野国際機関が必要であるというアイデアである。IGOには、国連やヨーロッパ連合（EU）のような多様な課題を扱う国際機関と1976年に設立、1977年に始動したアラブ通貨基金（AMF）のような限定された課題に特化した国際機関がある。専門分野IGOは、世界が抱える複雑多様な課題を反映してその数が急速に増えていった。これに伴い、国連のもとにある専門機関も増加し、国連創設当時は国連の管轄範囲になかったテロ、生物兵器、環境劣化、その他の課題を扱うユニットを国連は組織していった。

国際機関がどういう役割を果たすべきかという点では、かなりの意見の相違がある。IGOが果たしてきた役割、果たしうる役割としては、(1)相互交流の場を提供する、(2)国家間協力の場を提供する、(3)独立した国際アクターとして機能する、(4)超国家的組織になる、などがある。

まず相互交流の場としては、IGOの最も共通な機能は、加盟国がそれぞれの国益を追求するインタラクティブな場を提供するということである。国連やその他のIGOでは、その中で国家あるいは国家のブロックが政治的闘争を展開すべくしのぎを削っている。[8] この例としては、2005年の米議会上院におけるジョン・ボルトンの米国連大使指名承認公聴会で、ある上院議員がボルトンの中核的任務は、「米国の国家安全保障、外交目標に対するより大きな国際的支持を確保することになる」と明言した。[9] ＩＧＯを相互交流の場として使うことは、たとえそれが国益を中心としたやりとりの場であったとしても、国際統合が促進されるという見方がある。

国連が国家間協力の場であるということに関しては異論を挟む余地がないが、コフィ・アナン前国連事務総長がいみじくも、「国連加盟国はさまざまな新しい前代未聞の脅威と挑戦に直面している。これらの多くは国境を超越しており、単一の国家が独力で対処できる範囲を超えている」と述べている。[10] それゆえ、諸国家は物理的安全保障、環境、経済、その他のさまざまな懸念に対処するため協力することがますます必要であると考えている。

独立した国際アクターとして果たしうる役割は、「ＩＧＯ活動の伝統的な範囲の端っこ」に位置する。ＩＧＯが何をするかは、理論的には加盟国の願望と投票に支配される。実際には、多くのＩＧＯが強力で比較的恒久な事務局を構築する。事務局は多くの場合、自らの機関を強化し、加盟国の意向からもできるだけ独立した役割を果たそうとする傾向がある。

超国家的組織であるということに関しては、一部の人々は、世界がより確立された形態の国際政府に向かって移行しているし、移行すべきだと考えている。[11] スタンリー・ホフマンによれば、現在の国際社会の複雑性そのものが従来のいかなるときよりも公平で効果的な世界政府のシステムを必要としている。[12] これはＩＧＯの役割が加盟国に対してある法的拘束力を持つことである。主権の大きな部分をＩＧＯに委ねる国家はほとんどないが、実際には、「多くの国が日常的なグローバル・ガバナンスの分野でＩＧＯの限定的な権限を受け入れている」。[13] この例としては、世界貿易機関

（ＷＴＯ）があり、ＷＴＯがどこかの国の法律や政策が関税貿易一般協定（ＧＡＴＴ）に抵触すると裁定しても、国家はその裁定を尊重している。地域レベルにおけるヨーロッパ連合（ＥＵ）はさらに強力な超国家的組織の役割を持っており、ＥＵは全面的な政府の構造のほとんどを備えているだけでなく、政策を決定し、独自の裁判所を持ち、税金を受納し、限定的ではあるがヨーロッパ政府のような他の多くの機能を持っている。

◉グローバル・ガバナンス

国際機関の超国家的組織としての権限拡張を主張する人々は、国連やその他のＩＧＯの権限の限定的な拡大を主張する人々から、地域政府、世界政府の樹立を主張する人々までまちまちである。国家からＩＧＯへの権限の緩やかで段階的な移譲を主張する人々から、世界の問題解決のためにはＩＧＯの権限を急速に大幅に強化することが必要であると考える人々までいる。一般的にガバナンス（統治）のモデルとしては、権限が分散的で緩やかなものから順に、リーグ（連盟）、コンフェデレーション（連合）、フェデレーション（連邦）、ユニタリー・ガバメント（統一政府）があり、連盟は国際連盟、英連邦など、連合は国際連合、ＥＵ、旧セルビア・モンテネグロなど、連邦はカナダ、ドイツ、米国など、統一政府はロシア、フランス、中国などがある。超国家的組織としての国際機関を主張する場合でも、国家の権限を廃棄し世界政府が全面的権限を持つ統一政府的な世界政府が深刻な世界の問題解決には必要だとする意見や、加盟国が内政についての権限は維持する連邦型の世界連邦でいいとする意見がある。超国家的組織を主張する人々の大部分は後者の見解である。

これに対して、強力な超国家的組織、グローバル・ガバナンス拡大に強く反対する動きもある。近年、米国はグローバル・ガバナンス拡大反対の先鋒に立ってきた。米国は、海洋に関する法的な秩序の形成を目的とした「海の憲法」とも呼ばれる国連海洋法条約、地球温暖化対策としての京都議定書、特定の重大な国際犯罪を犯した個人を国際法によって直接、追訴、処罰する国際刑事裁判所などに強く反対してきた。とくにジョージ・W・ブッシュ政権でこの反対が強固だった。ブッシュ大統領は2004年に国連海洋法条約支持に転じたが、同条約は米議会上院では批准されないままになっている。[14]

グローバル・ガバナンスのような強力な超国家的組織に反対する理由としては、諸国家の政治指導者も国民も自国の主権の大きな部分を国際機関に移譲することには抵抗があり、ナショナリズムの問題もあるなど現実的障害が大きいこと、世界の膨大な経済・社会問題を解決する権限を与えることで過大な権力が中央に集中すること、膨大な権限を国際機関が持ったとしても世界の問題が解決される保証はなく国家単位の解決策に優るかどうか疑わしい、国際機関に権力が集中し国家の権限がほとんどなくなった場合に国際機関が権威主義的になると民主主義が衰退する、などがある。

こうした反対があることを考慮すると、ＩＧＯの最も現実性のある将来は、ＧＡＴＴを引き継いだＷＴＯの働きを見るように、特定の課題に特化した専門分野ＩＧＯの超国家的権限が着実に拡大するという方向であろう。

いずれにしても国際機関のガバナンスは複雑である。例えば、海洋に関する国際管理体制（レジーム）には、国際法規、国際機関、国際協定、その他の貢献要素から成っており、それらが複合してレジームを形成している。レジームは単一の機関ではない。レジームは、海洋利用や環境などの国際問題の領域において、「正しい行動のための規則、規範、手続き、そしてその規則、規範、手続きを実施するための規則、規範、手続きからなるネットワーク」[15]をさす集合名詞である。[16]またレジームには、ある一定の行動への「期待」を生むという側面もある。したがって、レジームは、国際法などの規則、条約、国際組織、特定の規則に従って生じる国家およびその他のアクターの行動パターン、国際的アクターや世界の人々の期待などから成り立ち、そうした要素が国際問題の領域を総体的に規定している。[17]

国際法規には、国際海域の概念、航海の自由、海洋通行規則、漁業資源保全、海洋汚染防止、絶滅に瀕した生物の保護などが関与している。国際機関には、国際海底機構（ISA）、国際捕鯨委員会（IWC）、南極大陸海洋生物資源保全委員会（CCAMLR）、国際海事機関（IMO）、国際司法裁判所（ICJ）、国際海事衛星機構（IMSO）、グリーンピースなどがある。国際協定には、海洋法条約、漁業資源保全協定、反ダンピング協定、オットセイ保全保護協定、船舶公害防止協定などがある。その他の貢献要素は、イルカの安全を求める自然保護活動家、捕鯨反対の国際世論、海洋漁業資源保護の国内法規、公害防止国内法、国際法を執行する国内裁判所などがある。国際管理には複雑な要素が関与している。

国際機関は国家をそのメンバーとしている。それゆえＩＧＯは民間が会員となる非政府組織（ＮＧＯ）とは明確に異なっている。もっと重要なことは、ＩＧＯは伝統的な国家に基づくシステムに替わりうる可能性を持つということである。国家に基づく伝統的システムの批判者は、このシステムがグローバル化する世界の挑戦に答えるには不十分である、無政府状態の国際システムの中で国益中心の国家が活動することを強調するシステムなので暴力的である、などと批判している。

一部には、国際機関は国家中心システムに替わることよりも、国家間の協力を促進する方が似合っているという見方がある。また、国際機関は将来役立つ環境造りのため、協力と信頼の習慣性を作り上げる限定的な機能的活動に焦点を当てるべきだという見方もある。多くの人はまた、国際機関を国家が国の政治目標を達成するために利用できるものと考えている。さらに一部には、国際機関は現在の国家中心のシステムに替わるか、それを大きく変化させる世界政府、あるいは地域政府といった超国家的機関に移行すべきであるという見方がある。

◉グローバルIGO国連（UN）

グローバルＩＧＯの代表例は国際連合である。国際機関といってまず思い浮かべるのは国連である。国連はグローバルＩＧＯであり、ＩＧＯが発展し、構造が複雑になり、大きな役割を担うようになった例である。例えば、２つの世界大戦の苦しみを経験し、多くの人々は国民国家の管理の下では平和が安全ではないことを確信した。国連は平和維持を組織するための最新の試みである。

平和維持を主眼にした最初のＩＧＯは、オランダで開催された１８９９年と１９０７年の国際平和会議との関連で生まれたハーグ・システムである。１９０７年の会議はより包括的で、ヨーロッパ、北米、中南米から44カ国が参加した。組織的には、ハーグ・システムには初歩的（rudimentary）な総会と司法システムが含まれる。会議はまた戦争行動を制限する一連の基準を採択した。第1次世界大戦により、１９１５年の第3回ハーグ会議計画はご破算になったが、普遍的（universal）機関に向けた動きは進んでいた。

次に生まれた中心的なＩＧＯは国際連盟である。これは大国による平和維持をもとにしたシステムで、ヨーロッパにおいてはナポレオンのフランス帝政の崩壊後、１８１５年にヨーロッパ主要大国により作られたヨーロッパ協調を引き継いだものだった。国際連盟は、第1次世界大戦の戦勝国5カ国が常任という形で理事会の9カ国のうち5カ国を占めた。国際連盟はやがて、大恐慌、ファシズムの台頭といった時代の荒波を乗り越えることができず、また、米国が初めから加わらず、加えて、加盟国中ドイツ、イタリア、日本が国際連盟の秩序に挑戦して脱退するなど、崩壊の道を辿った。第2次世界大戦後、国際連合がそれに替わり、大国の特権と責任は国連安全保障理事会に引き継がれ、第2次世界大戦の戦勝国5カ国、米英仏中ロが安保理の常任理事国となった。

国連の組織構造は、１９３加盟国で構成され1国1票制で運営されている国連総会、拒否権を持つ米英仏中ロの5常任理事国と2年ごとに改選される10非常任理事国で構成される安全保障理事会、

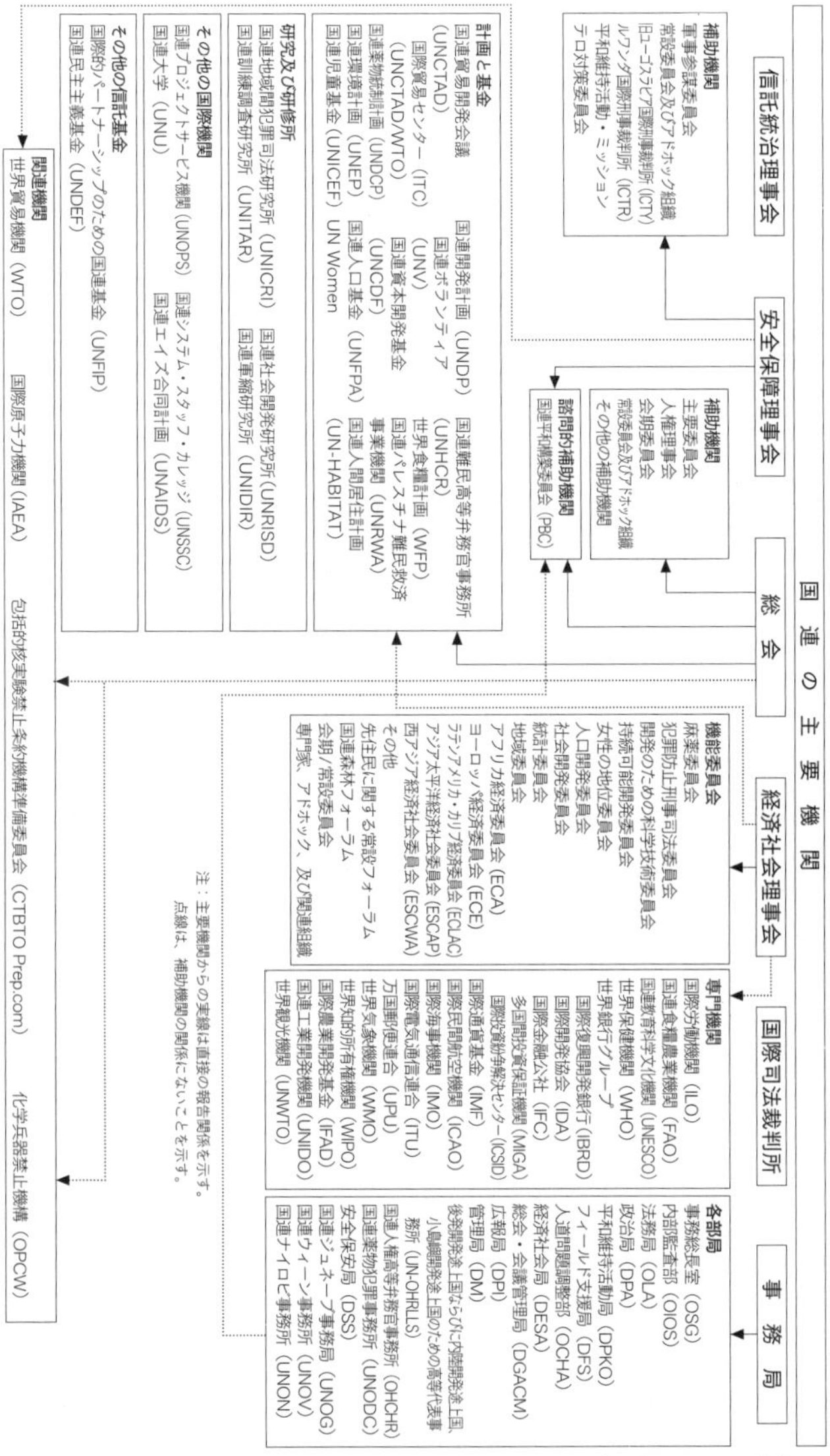
国連の機構
国連の主要機関
信託統治理事会
安全保障理事会
総会
経済社会理事会
国際司法裁判所
事務局
補助機関
軍事参謀委員会
常設委員会及びアドホック組織
旧ユーゴスラビア国際刑事裁判所（ICTY）
ルワンダ国際刑事裁判所（ICTR）
平和維持活動・ミッション
テロ対策委員会
補助機関
主要委員会
人権理事会
会期委員会
常設委員会及びアドホック組織
その他の補助機関
諮問的補助機関
国連平和構築委員会（PBC）
機能委員会
麻薬委員会
犯罪防止刑事司法委員会
開発のための科学技術委員会
持続可能開発委員会
女性の地位委員会
人口開発委員会
社会開発委員会
統計委員会
地域委員会
アフリカ経済委員会（ECA）
ヨーロッパ経済委員会（ECE）
ラテンアメリカ・カリブ経済委員会（ECLAC）
アジア太平洋経済社会委員会（ESCAP）
西アジア経済社会委員会（ESCWA）
その他
先住民に関する常設フォーラム
国連森林フォーラム
会期／常設委員会
専門家、アドホック、及び関連組織
専門機関
国際労働機関（ILO）
国連食糧農業機関（FAO）
国連教育科学文化機関（UNESCO）
世界保健機関（WHO）
世界銀行グループ
国際復興開発銀行（IBRD）
国際開発協会（IDA）
国際金融公社（IFC）
多国間投資保証機関（MIGA）
国際投資紛争解決センター（ICSID）
国際通貨基金（IMF）
国際民間航空機関（ICAO）
国際海事機関（IMO）
国際電気通信連合（ITU）
万国郵便連合（UPU）
世界気象機関（WMO）
世界知的所有権機関（WIPO）
国際農業開発基金（IFAD）
国連工業開発機関（UNIDO）
世界観光機関（UNWTO）
各部局
事務総長室（OSG）
内部監査部（OIOS）
法務局（OLA）
政治局（DPA）
平和維持活動局（DPKO）
フィールド支援局（DFS）
人道問題調整部（OCHA）
経済社会局（DESA）
総会・会議管理局（DGACM）
広報局（DPI）
管理局（DM）
後発開発途上国、内陸開発途上国、小島嶼開発途上国のための高等代表事務所（UN-OHRLLS）
国連人権高等弁務官事務所（OHCHR）
国連薬物犯罪事務所（UNODC）
安全保安局（DSS）
国連ジュネーブ事務局（UNOG）
国連ウィーン事務所（UNOV）
国連ナイロビ事務所（UNON）
計画と基金
国連貿易開発会議（UNCTAD）
国際貿易センター（ITC）（UNCTAD/WTO）
国連薬物統制計画（UNDCP）
国連環境計画（UNEP）
国連児童基金（UNICEF）
国連開発計画（UNDP）
国連ボランティア（UNV）
国連資本開発基金（UNCDF）
国連人口基金（UNFPA）
UN Women
国連難民高等弁務官事務所（UNHCR）
世界食糧計画（WFP）
国連パレスチナ難民救済事業機関（UNRWA）
国連人間居住計画（UN-HABITAT）
研究及び研修所
国連地域間犯罪司法研究所（UNICRI）
国連訓練調査研究所（UNITAR）
国連社会開発研究所（UNRISD）
国連軍縮研究所（UNIDIR）
その他の国際機関
国連プロジェクトサービス機関（UNOPS）
国連大学（UNU）
国連システム・スタッフ・カレッジ（UNSSC）
国連エイズ合同計画（UNAIDS）
その他の信託基金
国際的パートナーシップのための国連基金（UNFIP）
国連民主主義基金（UNDEF）
関連機関
世界貿易機関（WTO）
国際原子力機関（IAEA）
包括的核実験禁止条約機構準備委員会（CTBTO Prep.com）
化学兵器禁止機構（OPCW）
注：主要機関からの実線は直接の報告関係を示す。
点線は、補助機関の関係にないことを示す。

出典：国際連合広報センターウェブページ（http://www.unic.or.jp/info/un/un_organization/）所載のPDFをもとに作成

5年任期の国連事務総長を中心に運営される国連事務局、9年任期の判事15人で構成される国際司法裁判所、3年任期の地理的に配分された54加盟国で構成され1国1票制で運営されている経済社会理事会、専門的分野に焦点を当てた各種20の専門機関からなる。国連は安全保障を通じた平和維持を目的とするとともに、諸国間の社会的・経済的協力を通じて平和の維持に貢献するというもう1つの目的がある。そのために専門機関が設けられている。信託統治理事会は、未独立の信託統治地域が自治、独立に向けた準備をするのを助ける目的で設立されたが、1994年までにすべての信託統治地域が、自治または独立を達成したため活動を停止した。

国連は現在、ほぼ万国が参加する状況にあり、理論的には全加盟国で構成される総会が最も権威ある組織であるはずだが、現実には国連安全保障理事会や国連事務局に対して二次的立場にある。単一の管理指導者なしではいかなる組織も機能することは困難であり、IGOにはすべて最高経営責任者（CEO）がいる。国連の管理構造は事務局と呼ばれ、事務総長はCEOである。国連事務総長や他の多くのIGO最高責任者は単なる管理者以上の存在であり、外交上の重要人物でもある。

国連安保理の5常任理事国は第2次世界大戦の戦勝国であり、平和維持において特別な役割を果たすことが期待されている。安保理常任理事国の特権をめぐっては常に議論があった。5常任理事国のうち4カ国が欧米諸国であり、主として白人、キリスト教国であり、地理的、エスニック的に公平に配分されていないという批判がある。また1945年から劇的に変化してきたこの世界の現在の力のバランスを反映していないという批判もある。ドイツ、日本、インド、ブラジルなどは常任理事国になる願望を持っており、常任理事国の拡大を主張している。国連安保理の議席配分が時代遅れなものになっている。

2005年には国連の見直し委員会が、国連安保理の理事国数を24カ国に増加させるよう推奨し、コフィ・アナン国連事務総長がそれを支持した。ドイツ、日本、インド、ブラジルは常任理事国を6カ国増やし、そのうちの4理事国のポストを自分達で確保し、残りポストをイスラム教国とサハラ砂漠以南の国に与える共同キャンペーンを推進した。これに対抗して、アルゼンチン、韓国など40カ国が、安保理理事国を24カ国に増やすが常任理事国を新たに増やすことには反対するキャンペーンを進めた。見直し委員会もアナン事務総長も6常任理事国を新たに増やしたとしても既存の5常任理事国と同じような拒否権を与えることは推奨しなかった。また新たに常任理事国入りする国に日本を含めることを中国が反対し、インドを含めることはパキスタンが反対した。既存の常任理事国も自らの権限が相対的に弱まることに危機感を感じていた。こうした利害の対立のゆえに、国連安保理の組織改革実現の可能性は多くの困難を伴う。

また投票権、表決方法についても議論があり、国力や人口と無関係に平等に1国1票とするか、あるいは国力、人口などの要因を反映させる形で重み付けした票数をそれぞれの加盟国に与えるか、また表決法を単純過半数にするか、3分の2過半数にするか、全会一致にするかなどで意見が異なっている。

国連の予算は、通常予算と平和維持活動（PKO）予算に分かれている。通常予算は2年を単位とし、その財源は加盟国からの分担金で、各加盟国の分担率は専門家からなる行政予算問題諮問委員会が審査し総会が承認するが、米国が最高で22％である。PKO予算は1年を単位とし、総会が承認するが、安保理の5常任理事国の分担率が通常予算よりも高く設定されている。国連の活動としては、平和維持活動、安全保障活動、社会経済活動、環境関連活動などがある。平和・安全保障活動の中には、暴力を抑制するための規範作り、討議の場の提供、外交的介入、軍備管理・軍縮の促進、制裁の実施、平和維持などの活動が含まれる。社会経済活動の中には、経済開発の促進、生活条件の改善、人権の促進、国際法規の普及、自治・独立の奨励などの活動が含まれる。

国連平和維持活動予算分担率（2014年）

* 安保理常任理事国	分担率（％）
米国*	22.3626
日本	10.8330
フランス*	7.2105
ドイツ	7.1410
イギリス*	6.6768
中国*	6.6368
イタリア	4.4480
ロシア*	3.1431
カナダ	2.9840
スペイン	2.9730
オーストラリア	2.0740
韓国	1.9940
オランダ	1.6540
スイス	1.0470
ベルギー	0.9980
スウェーデン	0.9600
ノルウェー	0.8510
オーストリア	0.7980
デンマーク	0.6750
ギリシャ	0.6380
その他（173カ国）	7.9022

2011年より国連平和維持活動（PKO）分担金額は非公開だが、2013年の日本のPKO 分担金は 1,130.4 百万ドル

国連通常予算分担率・分担金（2014年）

	分担率（％）	分担金（百万ドル）
米国	22.000	621.2
日本	10.833	276.5
ドイツ	7.141	182.2
フランス	5.593	142.7
イギリス	5.179	132.2
中国	5.148	131.4
イタリア	4.448	113.5
カナダ	2.984	76.2
スペイン	2.973	75.9
ブラジル	2.934	74.9
ロシア	2.438	62.2
オーストラリア	2.074	52.9
韓国	1.994	50.9
メキシコ	1.842	47.0
オランダ	1.654	42.2
トルコ	1.328	33.9
スイス	1.047	26.7
ベルギー	0.998	25.5
スウェーデン	0.960	24.5
ポーランド	0.921	23.5
その他（173カ国）	15.511	395.7
合計	100.000	2611.7

出典：外務省ウェブページ

多くの場合、ＩＧＯが創設時の期待に沿っていないことが失望を生み出した。国連の場合、国家間の侵攻を管理し、民族自決、主権、普遍的人権などの原則を樹立するために、米英ソが中心になって１９４４年10月にワシントンで設立交渉が開始され、国連安全保障理事会、総会などの組織が固まり、１９４５年６月に国連憲章が調印され、国連創設となった。創設時には51カ国が加盟したが、１９６０年代に植民地独立で加盟国が急増し、２０１１年時点に南スーダンが加わって１９３カ国が加盟している。米ソ冷戦により国連の活動が阻害され、冷戦終結後には国家の分裂、テロ、エイズなどの新しい課題が浮上した。世界は国連創設以来大きな変化をとげたが、国連の組織構造は創設時からほとんど変化していない。国連は変化した世界の課題に対応する上で限界に直面している。

　ＥＵ、ＡＳＥＡＮ、ＮＡＴＯなどが加盟資格を設けているのに対して、国連にはどんな国でも加盟でき、ソマリア、アフガニスタン、コンゴ、北朝鮮などの破綻国家も加盟できる。国連は一方で人権保護、平和などの理想を追求している半面、人権

国連加盟国数の推移（1944〜2011）

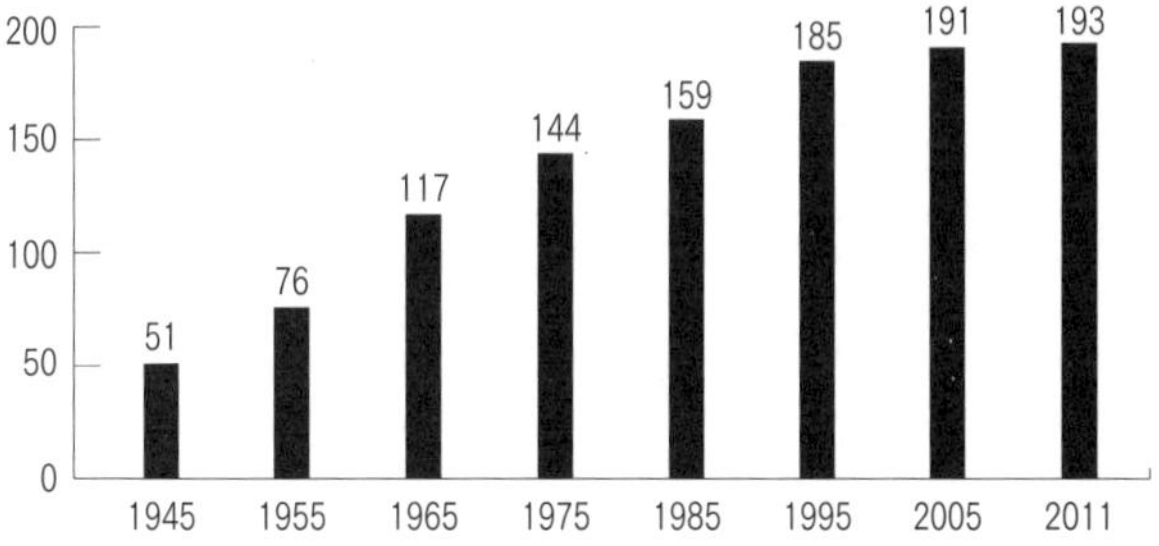

侵害、大量破壊兵器拡散を行っている国も加盟でき、1票の投票権を付与される。これは国連の強みであると同時に、北朝鮮、イランなどの国に効果的に対処できない弱みにもなっている。このため、ジョン・マケイン共和党上院議員が2008年米大統領選挙で提案したように、民主国家連盟の創設といったアイデアが出されている。[18] 民主国家連盟というアイデアは、世界を民主国家ブロックと非民主国家ブロックに分け、東西冷戦時代のように世界をブロック化する問題があり、独裁国家の問題を解決することにもつながらない。

現実的には、既存の国連をより効果的にする道を模索する方が可能性がある。その方策の1つは国連安保理改革である。安保理は拒否権を持つ常任理事国と非常任理事国で構成されているが、常任理事国は国連創設以来、米英仏、ロシア、中国の5カ国で占められており、非常任理事国は10カ国で回り持ちになっている。常任理事国5カ国は公認された核保有国でもある。安保理の常任理事国を拡大し、ブラジル、ドイツ、日本、インドも常任理事国にするというアイデアがあるが、それで安保理をより効果的にできるかという疑問がある。また現在の5常任理事国は現状維持に利益があり、拡大を支持するか疑問である。妥協案として拒否権を持たない常任理事国というポストを設ける案もあるが、効率性が低減するという懸念がある。

冷戦時代には東西対立、安全保障が重要な問題だったが、冷戦後には貧困、疾病、男女不平等、人権などの問題がよりグローバルな次元で重要性を増している。これは2000年9月の国連ミレニアム・サミットで合意された8項目の国連ミレニアム開発目標に反映されている。[19] 8つの目標は、飢餓と貧困の撲滅、初等教育の普及、男女平等の促進、幼児死亡率の削減、母親の健康の向上、エイズやマラリアなどの疾病との闘い、環境の持続性確保、開発のためのグローバルな提携である。

◉地域IGOヨーロッパ連合（EU）

これに対して、EUは加盟国が主権の一部を国際組織に委ね、国際組織の決定に従うことで合意した超国家的組織であり、EU法が国内法に優先する点で、国連とは性格を異にするIGOである。EUの創設時の加盟国は6カ国だったが、2008年には27カ国に増えた。EUは加盟国の共通の利益を追求するよりも、連合体の共通利益を追求しており、国際政治において国家と同じレベルの影響力を持つようになっており、もはやIGOとはいえないという見方もある。[20] 半面、EU加盟国がどこまで主権をEUに委ねるべきかをめぐり議論がある。

地域IGOの代表例はヨーロッパ連合（EU）である。EUは地域IGOの発展、構造、役割の例である。ヨーロッパが経済統合の道を進む中で、EUは大きく進化してきた。現在EUは、最も統合が進んだ地域組織になっている。地域IGOの数は急速に増えてきたが、最も多いのは地域経済IGOである。ただ地域経済IGOとして発足した国際機関が、経済だけでなく政治、安全保障を含む全般的問題を扱うIGOに発展するというパターンも見られ、東南アジア諸国連合（ASEAN）、西アフリカ諸国経済共同体（ECOWAS）などはその例である。ECOWASは域内経済交流促進を目的で1975年に発足したが、近年はコートジボワール、リベリア、シエラレオネなどの内戦にも干渉している。ASEANも地域経済協力促進を目的に1967年に発足したが、現在では台頭する中国を政治的、防衛的に牽制する役割も強めている。

現在、ヨーロッパの27カ国が加盟するEUの発端としては、仏外相ロベール・シューマンが1950年5月9日にシューマン宣言を発し、ヨーロッパにおける経済と軍事における重要資源の共同管理構想を打ち出した。これを基礎にして、ヨーロッパ石炭鉄鋼共同体設立条約が策定され、1952年にヨーロッパ石炭鉄鋼共同体（ECSC）が設立された。これによりヨーロッパ統合の重要性が認識され、1957年に経済分野とエネルギー分野の統合を進めるため、2つのローマ条約が調印され、1958年にヨーロッパ経済共同体（EEC）とヨーロッパ原子力共同体（Euratom）が発足した。1965年のブリュッセル条約の調印により、1967年にヨーロッパ諸共同体という1つの枠組みの中に3つの共同体が置かれるようになった。そのうち、ヨーロッパ諸共同体の中で、域内単一市場設立構想が持ち上がり、ドロール委員会のもとで1986年に単一ヨーロッパ議定書が調印され、ローマ条約が大幅に修正された。さらに1992年には、ドイツ統合を受けてヨーロッパ連合条約が調印された。1993年11月にはマーストリヒト条約が発効した。経済統合では次の段階として通貨統合が進められ、1999年1月1日にはヨーロッパの単一通貨ユーロが導入され、経済的統合をさらに進めた。同時に共通の外交、安全保障政策を進めつつある。

EUには、行政府に相当するヨーロッパ理事会があり、その議長が国の大統領のような役割を果たしている。また立法府に相当するヨーロッパ議会があり、官僚機構に相当するヨーロッパ委員会がある。ヨーロッパ委員会は委員長の下に27人の委員から成る。また裁判所もあり、ＥＵの憲法条約あるいは諸条約がＥＵ全体に適用されるようにすることを目指し、またＥＵの行政決定などが条約に合致しているかどうかを審査する。これらの組織は時間の経過とともにその権限が強まってきている。

ヨーロッパの政治統合は経済統合より遅れて進んでおり、比較的最近の出来事である。経済統合よりも困難なプロセスである。ＥＵは従来の基本諸条約を廃してヨーロッパ憲法条約を策定し、同条約が２００４年10月28日に調印された。しかし、ヨーロッパ憲法条約の超国家的性格のゆえに、加盟国の主権が脅かされるのではないかという懐疑主義が起こり、２００５年５月にフランス、６月にオランダが批准に反対する意思を表明した。フランスとオランダがＥＵ憲法案の受け入れを拒否したことは、ＥＵ拡大・統合の過程において大きな後退だった。フランスとオランダのＥＵ憲法案拒否が統一ヨーロッパへの道の一時的足踏みにすぎないのか、ここ数十年の統合への動きの中断あるいは逆転になるのかはまだ不明瞭である。ヨーロッパ憲法条約批准、発効の見通しは遠のき、政治的統合は暗礁に乗り上げた。ヨーロッパ憲法条約から超国家的性格を排除した改革条約の作成で合意し２００７年12月にリスボン条約として調印された。その批准が進められ、リスボン条約は２００９年12月に発効した。

◉多国籍企業（MNC）、非政府組織（NGO）

ＭＮＣは複数の国、あるいは複数の大陸で主要な経済活動を行う営利組織である。よく知られたＭＮＣはゼナラル・モーターズ、コカコーラ、ＢＰ、エクソンモービルなど先進国をベースにした多国籍企業だが、韓国のサムソン、ヒュンダイ（現代）のように元々は開発途上国をベースにした多国籍企業もある。２００５年時点で世界のトップ１００のＭＮＣのうち、開発途上国から始まったＭＮＣは、７社だけで他はすべて先進国から始まったものである。

ＭＮＣは経済的、政治的目標を持っている。ＭＮＣは多くの場合、開発途上国一国を上回る経済力を持っており、その影響力に問題点が提起されている。ＭＮＣは貧困国で影響力を持っているだけでなく、先進国でも政府の決定に影響を及ぼす力を持つ。例えば、ジョージ・Ｗ・ブッシュ大統領は、２００１年にそれまでのクリントン政権の京都議定書へのコミットメントを放棄する決定を下したが、これはエクソンモービルなどのＭＮＣの影響が大きいと見られる。ＭＮＣはグローバルな経済活動を通じて、グローバリゼーション推進の原動力になってきた。

ＭＮＣの経済規模はかなりなものであり、国家経済に匹敵する規模のものも多い。世界最大規模のＭＮＣであるウォルマートの年間収入を上回る国内総生産（ＧＮＰ）を有する国は、世界でも26カ国だけであり、大多数の国のＧＮＰはそれよりも小さい。[21] ＭＮＣは多くの国に拠点を持って経済活動することにより、国がＭＮＣの活動を管理し課税しようとする試みを回避している。世界における製品の貿易の３分の１は同一会社の子会社間の取引である。ＭＮＣは特定の国の低い法人税を利用できるよう親会社と子会社、子会社の間の製品の価格を調整することができる。またＭＮＣの経済力のゆえに、ＭＮＣは企業を誘致して国の経済を刺激し雇用を拡大しようとする国々から、さまざまな優遇措置を得ることができる。開発途上国の場合、合法的優遇措置以外にＭＮＣへの贈賄という問題を生み出すことも多い。これは公平な競争環境を阻害することになり、地域経済、世界経済にマイナスになりうる。

ＮＧＯは、非営利のボランティア組織であり、多くの場合は単一の問題に焦点を当てている。ＮＧＯには国内ＮＧＯと国際ＮＧＯがある。国内ＮＧＯは国の政府や地方政府にロビー活動する利権団体であることが多い。国内ＮＧＯの例としては、米国にある米イスラエル公共問題委員会（ＡＩＰＡＣ）があり、米国の政治家にイスラエルを支援する政策を採択するよう働きかけている。

国連NGO数の推移（1946～2013）

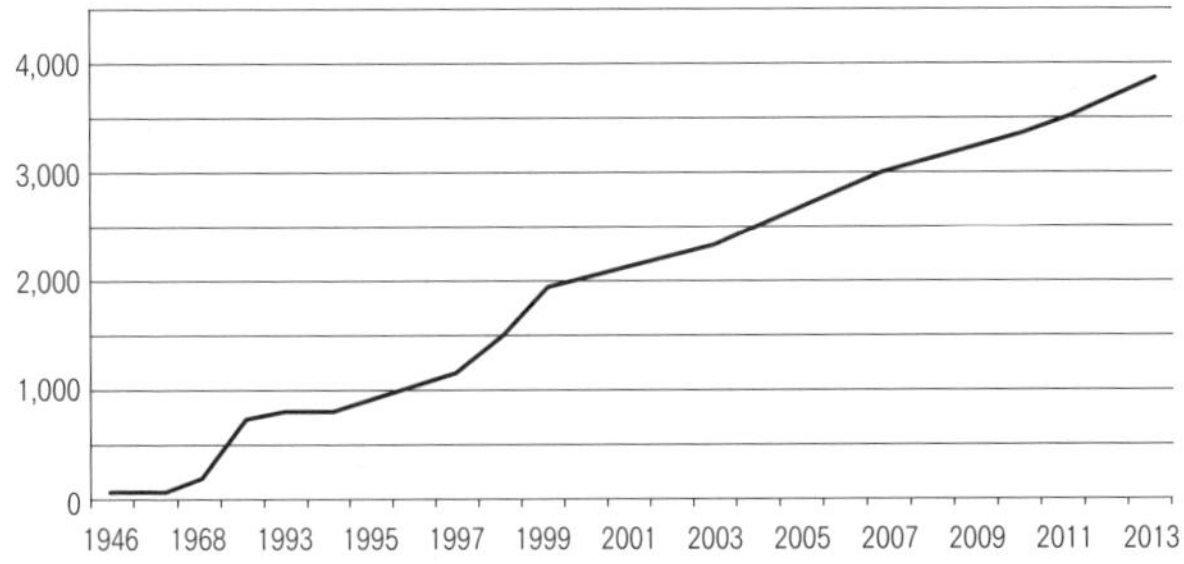

出典：United Nations, Economic and Social Council
http://csonet.org/index.php?menu=14

ＡＩＰＡＣはユダヤ・ロビーの代表格で、在米ユダヤ人５万５０００人の会員を擁し、１５０人以上の専属スタッフ、１５００万ドル以上の年間予算を持つ団体である。ＡＩＰＡＣはイスラエルに対して強い忠誠心を持ち、米国の国益を犠牲にしてもイスラエルの国益に奉仕しようとする性格を持つ。米国ではＡＩＰＡＣが米国の中東政策、すくなくとも対イスラエル政策を牛耳っているというイメージが広まっている。ＡＩＰＡＣはイスラエルの「第二外務省」と呼ばれ、首都ワシントンのエスニック系利益団体の中では最強との評価が高い。米国にはユダヤ人が約６００万人いるが、人口比にすれば３％未満にすぎない。にもかかわらず米議会でユダヤ・ロビーほど恐れられている存在はない。ＡＩＰＡＣは普通、選挙で特定候補の支援や政治献金はしない。しかし、全米に散らばる１００を超える親イスラエル系政治活動委員会は、常にＡＩＰＡＣの動きに連動する。ＡＩＰＡＣの支持を得られるかどうかは、議員の選挙資金に直接響くことになる。[22] 国際ＮＧＯの例としては、１９７９年に設立されたグリーンピースがあり、世界的な環境問題のために国際的に活動している。世界各地の人権問題のために活動する国際アムネスティ（１９６１年設立）も国際ＮＧＯの例である。グローバリゼーションの進展の結果、国内ＮＧＯと国際ＮＧＯの区別は曖昧になってきている。

またＮＧＯには、独立的なＮＧＯと国あるいはＭＮＣに従属したＮＧＯがある。国に従属するＮＧＯは政府出資ＮＧＯ（ＧＲＩＮＧＯ）あるいは政府組織ＮＧＯ（ＧＲＯＮＧＯ）であり、実際には独立性を持たず国のフロント的役割を果たしている。ＭＮＣに従属するＮＧＯは企業組織

NGO（BONGO）で、MNCが人道的イメージを広めるために組織しているものが多い。

欧米では非営利のボランティア組織であるNGOがますます多くの人を雇用するようになっており、米国は労働力の7％以上が非営利のNGOに雇用されている。これは連邦、州政府の公務員総数よりも大きな割合を占めている。[23] NGOの幹部職員は、大企業の幹部に匹敵する給与を受け取るようになっている。NGOは国際政治にも相当な影響力を持つようになっている。国連への諮問資格を与えられたNGOの数は国連創設当初は50に満たなかった。NGOはとりわけ国際人権分野で顕著な活動をしており、国際アムネスティ、ワールドビジョン（1950年設立）などの組織は、児童の問題や奴隷制ともいうべき売春目的の人身売買への国際的関心を高めるのを助けている。1948年に国連が国際人権宣言を発表したが、現在も新しい奴隷制ともいうべき売春や搾取労働を目的にした人身売買が横行している。女性の権利擁護もNGOの大きな焦点になっている。1995年の北京での国連の女性の権利に関する世界会議では、35000人以上の参加者の大多数はNGO関係者だった。

NGOの他のアクターとの関係は、協力、吸収、対決などさまざまである。NGOの標的は、主として国家、MNC、IGOである。例えば、NGOは国家あるいはMNCに対して、環境問題、人権問題で対決する場合が多い。NGOは国家のような軍事力もMNCのような経済力も持たないが、メディアを活用した広報により大きな影響力を発揮する。グリーンピースなどは環境問題でメディアを巧みに活用し、広報キャンペーンを行っている。特定の問題に多くのNGOが結集するならば、国際政治に対して決定的影響力を持つ場合がある。

ＩＧＯとＮＧＯの会員資格を比較するに当たり、次の例を考察するといい。個人として世界の人権に関心がある場合、アムネスティ・インターナショナルのようなＮＧＯに入会することができる。しかし、個人の場合、国連に加入することはできない。なぜならＩＧＯのメンバーになれるのは国家として認定されている国だけだからである。ＩＧＯとＮＧＯはいくつかの点で異なるが、次のような特徴を共有している。[24]

- 任意加入制
- 目標、機構、活動方針（方法）などを述べた基本文書（憲章）
- 代表（代議）制諮問会議システム
- 管理、リサーチ、情報機能を扱う常設事務局
- 強制や暴力よりも合意や勧告に基づく手続き

◉非国家アクターの将来

非国家アクターは国家のような軍事力や領土を持たないが、国際政治に無視できない影響力を持つ。その影響力はかなりの部分、非国家アクターが特定の領土に縛られず、自律的に自由に活動できることからきている。また非国家アクターは多くの会員から成り立っている場合があり、国際アムネスティは２２０万人、グリーンピースは２８０万人、世界野生生物基金（ＷＷＦ）は５００万

人の会員を世界中に抱えている。この会員数も、非国家アクターの国家に対する影響力の要因になっている。このほか、経済力、技術力、知識（情報）などのリソースも、非国家アクターが国際政治における目標を達成するための力になっている。メディアを活用した広報活動も、非国家アクターの影響力において重要な要因である。

非国家アクターの重要性が増している半面、伝統的な国家も依然として重要であり続けている。ＭＮＣやＮＧＯといった非国家アクターが機能しえているのは、国家が提供・維持する環境があるからである。国家は非国家アクターが存在し活動する領土、安全、自由を提供している。また国家だけが軍事力を合法的に保持している。場合によっては、国家は領土への支配力を使って非国家アクターの活動を制限し、主権を守ろうとする。中国などの国家が、グーグルなど国境を超えたインターネットによる活動をするＭＮＣを、主権を脅かすものと見て規制に出たりしたのはその例である。

ＭＮＣが特定の国に本拠地を置く際に考慮する環境そのものも、税率を始めとする政府が設定する一般的諸条件に左右される。マイクロソフトなどの企業が世界にいかに大きな影響力を行使しようとも、国家が設定した制限内で、そして国家が制定した制度内で動いていることに変わりはない。

また国家だけが、全幅にわたる課題について、民主的な説明責任と社会全体の代表権を提供しうる。ＭＮＣは自社の利益を第一に活動し、ＮＧＯは環境、人権など特定の狭い利益のために活動するのに対して、国家は広範な課題について社会全体のあらゆる利害を代表する。

国際機関研究で登場する問題の1つは、民主主義の欠落である。これは、国際機関でなされる重要な決定が、開放性、公明性、説明責任という民主主義の原則に則ってなされていないという懸念である。IMF、世銀、EUといった最も影響力のあるIGOの多くで、その政策決定過程を制しているのは政府高官の監督の下で働く技術官僚（テクノクラート）である。「民主主義的管理が及ぶのはごくわずかである」[25]。こうした政策決定者が一緒になって、同じ意見を持つ個々人からなるエリート集団を形成し、非公開審議でほとんどの重要決定を行う。ドイツやイタリアの有権者はEU閣僚理事会の決定に対し発言権などほとんどないし、インドネシアや韓国の有権者は国が提供する経済支援策の条件に対し発言の場などない。政策決定過程の蚊帳の外に置かれていることへの一般市民の懸念は、1999年にワシントン州シアトルで開催されたWTO閣僚会議への抗議をみても明らかである。市民団体は、環境保護や労働権保護への懸念が無視されたことに抗議した。

国際機関の組織構造に関しては、いくつか重要な問題がある。1つは、加盟国と加盟条件に関する問題である。国際機関における表決方法、多数決、重み付け表決、全会一致などどの表決方法を採用するかという問題もある。評決方法がさまざまである。国際機関の運営問題もあり、そこには政治指導者の役割、政府間国際機関（IGO）事務局（官僚機構）の規模と効率性の問題が含まれる。またIGOの財源、予算規模なども組織構造に関連した問題である。

IGOは、1つの集合組織を通してそれぞれの国の利益を促進するために、国民国家によって形成される。IGOは加盟国の利益に役立つためにあるのだが、時として、EUに見られるように、加盟国の選択範囲を制限するような権限を有するＩＧＯが生まれる場合もある。

国際関係は主権国家が扱うのがごく一般的であるが、国連をはじめとする非国家アクターの役割も次第に重要性を増している。国際協調が国益に適《かな》うと判断すれば、政府が国家主権の幾ばくかを国際組織に委ねることも、時にはある。制度（組織）としていかに強力であっても、超国家国際機関の一員としての政治、経済、軍事的利益には、時としてとてつもないコストが伴う。国家は、国際協調への願望とできる限りの独立を維持したいという願望の間の緊張関係に常に直面している。

国際機関の目的、役割、その効果を見る上で、評価の現実的基準を持つことが重要である。余りにも高い理想と目標を設定しすぎて期待を裏切られるよりも、実行可能な基準を設定し、その実現度合いを評価することが望ましい。

(Endnotes)

1　Charles W. Kegley, Jr. and Shannon L. Blanton, *World Politics: Trend and Transformation*, 2011-2012 Update ed. (Boston: Wadsworth, 2012), pp.184-185.

2　J. Kurbalija, "The World Summit on Information Society and the Development of Internet Diplomacy," in A. F. Cooper, B. Hocking and W. Maley, eds., *Global Governance and Diplomacy: Worlds Apart?* (New York: Palgrave Macmillan, 2008).
詳細は下記サイトを参照。

UN World Summit on the Information Society
www.itu.int/wsis/tunis/newsroom/index.html
Tunis Agenda for the Information Society
http://www.itu.int/wsis/docs2/tunis/off/6rev1.html

3 UN Economic and Social Council, "List of non-governmental organizations in consultative status with the Economic and Social Council as of 1 September 2013," p.1.
http://csonet.org/content/documents/e2013inf6.pdf

4 Union of International Associations, *Yearbook of International Organizations, 2004/2005* (Brussels: 2004).

5 David Mitrany, *A Working Peace System* (Chicago, IL: Quadrangle Books, 1966), pp.31, 38.

6 Kenneth W. Abbott and Duncan Snidal, "Why States Act Through Formal International Organizations," *Journal of Conflict Organization*, Vol.42, No.1, 1998, p.29.

7 Alasdair Blair and Steven Curtis, *International Politics: An Introductory Guide* (Edinburgh, UK: Edinburgh University Press, 2009), p.179.

8 Rosemary Foot, S. Neil MacFarlane and Michael Mastanudo, eds., *U.S. Hegemony and International Organizations* (New York: Oxford University Press, 2003).

9 Senator Richard Lugar (R-IN), quoted on CNN.com, April 12, 2005.
リチャード・ルーガー上院議員（共和党、インディアナ州選出）の２００５年４月12日CNN.com掲載のコメント。
http://transcripts.cnn.com/TRANSCRIPTS/0504/12/ip.01.html

10 Kofi A. Annan, Address to the General Assembly, July 16, 1997, UN Document SG/SM/6284/Rev.2.
１９９７年７月16日の国連総会演説。

国際連合広報センター、コフィー・アナン事務総長の報告書および関連資料、「国際連合の改革と刷新」、１９９７年７月、４頁。

http://www.unic.or.jp/files/gaige.pdf

11 William K. Tabb, *Economic Governance in the Age of Globalization* (New York: Columbia University Press, 2004).

12　Stanley Hoffmann, "World Governance: Beyond Utopia," *Daedalus*, Vol.132, No.1, 2003, p.27.

13　Anne-Marie Slaughter, "The Global Community of Courts," *Harvard International Law Journal*, Vol.44, 2003, p.83.

14　Neal Coates, "The United Nations Convention on the Law of the Sea, the United States, and International Relations." Paper presented at the annual meeting of the International Studies Association, Honolulu, March 2005.

15　Robert O. Keohane and Joseph S. Nye Jr., *Power and Interdependence: World Politics in Transition* (Boston: Little, Brown, 1977).

16　Richard Hahn and Kenneth R. Richards, "The Internationalization of Environmental Regulation," *Harvard International Law Journal*, Vol.30, 1989, pp.421-446.

17　Mark W. Zacher, "Toward a Theory of International Regimes," *Journal of International Affairs*, Vol.44, No.1, 1990, pp.139-158; Oren R. Young, *International Cooperation: Building Regimes for Natural Resources and the Environment* (Ithaca, NY: Cornell University Press, 1989).

18　ジョン・マケイン著「自由に基づく恒久平和を―民主国家の連帯を軸とするパートナーシップを」『フォーリン・アフェアーズ』（日本語版）２００７年12月号。
http://www.foreignaffairsj.co.jp/essay/200712/mccain.htm

19　www.unmillenniumproject.org/goals/index.htm

20　C. Archer, *International Organizations*, 3rd ed. (New York: Routledge, 2001), p.42.

21　D. Held and A. McGrew, *Globalization/Anti-Globalization: Beyond the Great Divide*, 2nd ed. (Cambridge, UK: Polity, 2007), p.105.

22　American Israel Public Affairs Committee, *Near East Report*, 2004, pp.87-88.
www.aipac.org/rearestreport.cfm

23　Joseph S. Nye, Jr., *The Paradox of American Power : Why the World's Only Superpower Can't Go It Alone* (New York: Oxford University Press, 2002), p.45.

24　A. LeRoy Bennett, *International Organizations: Principles and Issues*, 5th ed. (Englewood Cliffs, NJ: Prentice Hall, 1991),

p.2.

25 Robert O. Keohane, “International Institutions: Can Interdependence Work?,” *Foreign Policy*, Vol.110, 1998, pp.82-96.

第9章——ナショナリズムの勃興

◉ネーション、ネーション・ステート、ナショナリズム

民族主義、国民主義という言葉でしばしば表現されるナショナリズムは、国際政治における最も重要な要因の1つである。政治的アイデンティティの中で、最も重要なのがナショナリズムである。ナショナリズムは、どのネーション・ステートに政治的忠誠心を持つかを決定する。哲学的にも歴史的起源からみても、ナショナリズムが実用的なパワーであったことは多くの学者の一致しているところである。ナショナリズムには考えうる多大な影響力がある。[1] ナショナリズムは世界政治の中で伝統的に重要な地位を占めてきたが、現在では昔ほど支配的な政治的アイデンティティではなくなってきている。代わりにさまざまな超国家的、脱国家的な要因が強まってきており、その意味で世界は分岐点にある。

今日の世界の政治的区分けはかなりの部分、民族、国民国家もしくは民族国家、国家と表現されるネーション（民族）、ネーション・ステート（国民国家）、ナショナリズム（民族主義）という3つの概念に基づいている。国際政治の分析のためには、それが何であるか、どう関連しているかを理論と実際の両面で理解することが重要である。リベラリズムかリアリズムかで、ナショナリズムに対する見方はかなり異なっている。リベラリストはリアリストよりも、政治的アイデンティティをはるかに流動的、多次元的に捉えている。

ナショナリズムはアイデア（理念）であると同時に行動形式である。ジェームズ・ケラスはナシ

ョナリズムの概念を、「民族」そして民族を代表する国家に対する個人からの「最高の忠誠心」を要求するイデオロギーであるとした。[2] 民族の存在の根拠をいわば個人の忠誠に求めた。そのように、ナショナリズムは国家、民族、国民国家（民族国家）の概念をもたらした。[3] ナショナリズムはまた行動を必要とする。「同一化理論」（アイデンティフィケイション）という考えによると、人々は私たちのグループ（we-group）に属しているという心理的安心を得るために国民を形成する。[4] グループのメンバーは、癒合《ゆごう》した後、自分たちの利益を促進するために一致団結して行動する。

ネーション、ネーション・ステート、ナショナリズムは注意深く定義され、明確に区別され、理解されなければならない。ネーションとは、言語、人種、宗教など人口様態、文化が類似しており、他の集団と区別される集団として相互に認める共同体意識を持ち、政治的に自治を欲する人々のことである。ネーションは国家にくらべると実体のない事象である。ケラスは、民族とは「自分たちが歴史、文化、共通の先祖といった絆で1つに結ばれた社会を形成していると感じている人々の集まり」であると定義している。[5] この定義によると、第1に、グループが民族とみなされるには、何らかの類似性を共有しなければならないということになる。

民族を形成する第2の要因はコミュニティ意識である。グループが類似性を有していても、1つであるという意識がなければ民族ではない。１００年以上も前に、フランスの学者が民族を「魂、すなわち精神的（霊的）資質」であるとした。[6] 言わんとしたことは、グループ内の人々は類似性を共有しているという意識を持たなければならないということである。さらに、この認識された類似性がコミュニティ意識につながらねばならない。ケラスの定義を拡大すると、民族が存在するのに必要な第3の要因が出てくるが、それは分離、つまり独立あるいは少なくとも自治への願望である。国家意識の高まりである。

ネーションと、一定の文化的アイデンティティを有する少数民族集団エスニック・グループの違いは、ネーションは自治あるいは自律を願望として持っていることである。米国の中にはイタリア系米国人といった多くのエスニック・グループがあるが、彼らは分離し独立・自治を達成することを願望としていないのでネーションとはいえない。ただ分離を志向するエスニック・グループを抱えている国もあり、エスニック・グループとネーションの区別は明確でない場合もあり、時として線引きは明確でない。[7] 何世紀にもわたって擬似ナショナリスト集団が存在してきたが、彼らが真にナショナリスト（分離主義者）としての感情の危機に瀕しているグループか、真のナショナリストもいればそうでないメンバーもいるグループなのか、さまざまである。

ナショナリズムは人々が愛国心を感じ、自分達の集団につながりを感じる政治的自意識である。ナショナリズムはイデオロギー（思想）であり、善悪の価値観を確立し、行動を規定し、互いを結びつけ、他と区別する一連のアイデアである。ナショナリズムは、ネーションが個人の中心的な政治的アイデンティティであるとするイデオロギーである。

ステート（国家）は領土、人民、政府などの要素を備えた主権を持つ政治的独立組織である。ネーション・ステートはネーションとステートが結合したものであり、理想的にはネーションの全部が独自のステートの境界線の中で一体であり、そのステートの人民が圧倒的にそのネーションと同一感を持つ国家であるが、現実にはこの理想を体現したネーション・ステートはほとんどない。例えば、米国人はネーションであり、その自治のための組織的構造がステートであり、それがアメリカ合衆国である。米国の象徴である星条旗、アンクル・サム、白頭鷲などはナショナリズムの感情を強める。[8]

ナショナリズムに対する政治的焦点は進化し、過去500年間の間に中心的な政治概念になってきた。この間、ナショナリズムは「最も強力な政治的アイデア」であり続けてきた。[9] ナショナリズムは常に存在してきたわけではなく、比較的に近代的な現象である。西洋においては、1453年の首都コンスタンティノープル陥落によるビザンツ帝国（東ローマ帝国）の崩壊が、ナショナリズムの誕生の舞台を造った。ビザンツ帝国ではラテン語という共通言語、共通の文化、法律が少なくとも支配的エリートの間で維持されていたが、帝国の崩壊とともに共通の文化的・政治的つながりが衰退し、ラテン語、宗教的権威といった普遍的意識はカトリック教会に受け継がれ、神聖ローマ帝国の概念につながっていった。やがてその普遍的言語、文化は衰退し、さまざまな言語、文化が生まれ、上流階級の間には多様な民族的意識が生まれていった。

1517年からの宗教改革はヨーロッパの文化をさらに細分化した。ナショナリズムの拡大は、ステートとその合成体として多くのネーション・ステートを生んでいった。1530年代のヘンリ－8世のときに、イングランドはローマン・カトリック教会の中心的権威から分離し、独自にアングリカン教会を国教会（State Church）として設立し、初期のナショナリズムの萌芽となった。国家が主体となって教会の運営を行う国教会の樹立によりナショナリズムが大衆に広がるようになり、大衆文学を生み出した。

1776年の米国独立革命、1789年のフランス革命により国民主権の考え方が具体的形を取り、現在のようなナショナリズムが生まれるようになった。それ以後200年以内に、国民主権のアイデアが世界中に広がり、それまで最も普及していた絶対王政は姿を消してしまった。

国民主権のネーション・ステートにおいては、ネーションと民主主義は分かち難く結びついている。ネーションというアイデアはすべての構成員の平等を暗示した。またナショナリズムの支持者にとって、国民主権が帝国の支配を崩すものだった。このため国民主権は歓迎され、それが急速に世界に拡大する要因になった。ネーション・ステートが王朝に代わる国家原理となっていく。ウィリアム・ドイルは「革命は国家主権の主張として始まった。王でも世襲エリートでも教会でもなく、ネーションが人事（人間社会の諸事）における最高権威だった」と書いている[10]。

1789年のフランス革命以降、国際システムを大きく変えたナショナリズムの波はざっと4回起こっている。最初の波はフランス革命とナポレオン戦争によって生まれ、西欧を揺るがした。第2波は、第1次世界大戦に敗北したオーストリア＝ハンガリー帝国とオスマン帝国が解体したことにより、国家的民族自決への要求が高まった中欧と東欧で起こった。ヨーロッパが近代化される過程において、ネーション・ステートという概念が国家統一に向けて国民を糾合していく助けとなった。第3波は第2次世界後に第3世界で起こった国家独立運動で、人々はそれぞれイギリス、フランス、ベルギー、オランダ、ポルトガル帝国からの独立を要求した。そして最後の第4波は、旧ソ連、中欧、東欧における共産主義体制の崩壊後に起こった。それぞれのナショナリズムの波の後に新たな独立国家が誕生したが、第3波はとりわけ重要である。なぜなら、非植民地化の過程が、政治共同体の唯一の形態とされているネーション・ステートのグローバリゼーションに直接つながったからである。ごく最近の波はしばしば「ニュー・ナショナリズム」とか「エスノ・ナショナリズム」と称され、その民族性（エスニシティ）に重点が置かれ、バルカン諸国やその他の国々で起こっている流血の内戦の第1の理由とみなされている[11]。

ネーション・ステート形成にはさまざまなパターンがある。強いネーションとナショナリズムが先行してネーション・ステートが後にできる例としては、ヨーロッパ全般とくにドイツやイタリア、日本などがある。ネーション・ステートが先行してネーションとナショナリズムが後から醸成される例としては、ルワンダ、ブルンジなどの植民地支配から独立した国家、その建国に際して他国や国連などの国際機関が関与したソマリア、バルカン諸国、アフガニスタン、イラクなどの国がある。この場合、これらの国は非常に困難な国家構築のプロセスを経験している。ネーション、ナショナリズム、ネーション・ステートが並行して醸成される例としては、米国がある。米国のナショナリズムは、独立宣言を採択した1776年に即時に生まれた現象ではない。他の場合と同じく、長年ステート内に生活することを通して、人口様態の異なる人々が米国のモットーであるエ・プルリブス・ウヌム（多様性の統一）のプロセスを通して1つにまとまることが可能になった。

◉ナショナリズムの理論と実際

ナショナリズム理論とその実際の間には違いがある。ナショナリズムを客観的に評価するためには、理論と実際の両方を考慮しなければならない。ナショナリズムを触媒として形成されたネーション・ステート（国民国家）を見るとさまざまな形態がある。ネーション・ステートは旗、国歌、動物（鷹、熊、龍）などのシンボルで表される。多くの人々は国民国家を愛国主義的忠誠心の対象であり、政治的権限の最高の形式と考えている。[12]

実際のネーション・ステートの概念は、いくつかの点で理想とは異なる。当然ながら、ナショナリズムから生まれた国家（state）という理念を強調するために「民族の国家（national state）」という言葉を好む学者もいる。ネーション・ステートの第1の矛盾は、境界内に複数の民族のいる国家が結構ある点である。第2の矛盾は、多くの民族が複数の国際的境界にまたがっている点である。民族と国家の間にみられるこの不「適合」がしばしば国際紛争の原因となっている。第3の矛盾は、2人の学者が指摘しているように、「民族と国家は……必ずしも同時に発展するとは限らず、……そうかといって、どちらが先という確固たるルールもない」点である。[13] ナショナリズムというイデオロギーは、ネーションが国家を建設し、国家がネーションを醸成するという正反対の行動に関わり合いを持つ。

ヨーロッパにおいては、一般的に民族がまず一緒に入ってきて、その後ほどなくして国家を形成していった。対照的にアフリカやアジアでは、民族の多くが植民地勢力によって引かれた初期の境界の産物であり、単独の結合力のある民族を有しない。かつての植民地国家内の人々の多くは部族が異なり、民族的背景もさまざまなために、独立を達成し共通の敵である植民地勢力が去った後も、人々を1つにまとめる人物がなかなか見つからない。この結合力の欠如が結果として国内の不和につながり、政権の不安定を引き起こすことがしばしばである。その結果、国内の不和が外部の介入を招き、国際紛争の原因となる。

1つの問題は、理想的なネーション・ステートは現実には存在せず、神話に近いものであるということである。実際には、ネーション（民族）の境界線とステート（国家）の境界線が一致することはほとんどない。実際には世界の国々の80％が複数の民族からなる多民族国家であるといっても過言ではない。[14] ほとんどの国家は単一ネーションのステートではないし、多くの国家が複数のステートの境界線により分断されている。この事実は、緊張と紛争の原因になっている。[15] 世界の国々を見ると、(1)1つのネーション、1つのステート、(2)1つのステート、複数のネーション、(3)1つのネーション、複数のステート、(4)1つのネーション、ステート不在、(5)複数のネーション、複数のステート、という5つのパターンがある。

(1)の理想に近い国、すなわち国家の国民の90％以上が単一民族であり、その民族の90％以上がその国家内に住んでいるという国は世界の国々の約10％にすぎない。米国は1つのネーション、1つのステートに近い国の1つである。米国人の99%以上が米国というステート内に住んでおり、独立または自治を追求している大きなエスニック、ネーションの集団は存在しない。ハワイなどの原住民が独立、自治を求めているが、その割合は1%強にすぎない。多くの国が(2)の複数ネーション・ステートである。国内のいかなるネーションも過半数を占めていないステートは、全国家の30%にもなる。カナダは(2)の例であり、国家内にネーションによる分裂が存在する。カナダの3200万人の国民のうち4分の1はフランス語を第1言語とするフランス系であり、その大部分はケベック州に住んでいる。同州の住民の80%以上がフランス系である。フランス系は自分達の文化がイギリス的文化により弱まっていると感じ、また経済的その他の差別を感じている。また分離運動が存在している。(3)のネーションが複数のステートにまたがっている例は、冷戦の結果生まれた分断国家で、韓国と北朝鮮、南北イエメン、再統一前の西ドイツと東ドイツ、共産化統一前の南ベトナムと北ベトナムなどである。(4)のステートを持たないネーションの例は、クルド族、パレスチナ人がある。

(5)の複数のステートと複数のネーションが重複しあっている例は、アフガニスタンとその周辺国である。アフガニスタンは統一された政体あるいはネーションのない破綻国家である。アフガニスタンに住むほとんどの住民の政治的帰属意識の中心は、アフガニスタンというステートではなく、自分の属するエスニック・グループであった。アフガニスタンのエスニック・グループには、パシュトゥーン(38%)、タジク(25%)、ハザラス(19%)、ウズベク(6%)、その他諸々(12%)があり、パシュトゥーン族自体がさらに約60の部族に分かれている。またパシュトゥーン族のうち１０００万人がアフガニスタンに住んでいるが、１８００万人はパキスタンに住んでいる。２つのステートにまたがるパシュトゥーン族は、ともにパシュトゥニスタンという独立国家を志向している。アフガン北部にはタジク、ウズベク、トルクメン族がおり、それぞれ近隣国のタジキスタン、ウズベキスタン、トルクメニスタンとつながりを持っている。またハザラスはジンギスカンとモンゴル民族の子孫であることを主張しており、ハザラジャトという独立国家を志向している。これらのネーション集団は31の異なる言語、方言を使っている。米国は２００１年にアフガニスタンのタリバン政権を打倒したが、統一国家としてのアフガニスタンを構築することの方が戦争に勝利するよりはるかに困難であることを経験した。

◉ナショナリズムの諸側面

もう1つの問題は、ナショナリズムの肯定的側面と否定的側面である。ナショナリズムの否定的側面が、ずっとその肯定的側面に影を投げかけてきた。人類に対する最悪な犯罪のいくつかはナショナリズムの名のもとに行われた。前世紀の極端に排他的イデオロギーであるナチズムとファシズムの恐怖は、人類の記憶に永続する痕跡を残した。世界がいくら「2度と繰り返さない」と自分に誓っても、ナチズムの敗北後半世紀以上たっても世界の各地で極端なナショナリズムが台頭し、さまざまな形態の人種差別や差別に対する政治構造の阻止能力に懸念を投げかけている。

ナショナリズムの肯定的側面には、どんどん規範が欠如していく世界に対処するための同一性意識を個人個人に根付かせることも含まれる。グループ・レベルでは、民族自決運動が過去100年にわたり広範な合法性を獲得し、民族自決の原則を履行するために多くの国々が設立された。搾取的な植民地帝国や共産主義帝国の終焉《しゅうえん》はナショナリズムの台頭によって早まった。加えて、少数民族による民族主義運動が、危機に瀕している文化や言語への新たな保護を生み出した。ナショナリズムの影響力は非難すべきことばかりではない[16]。

ナショナリズムの否定的側面は、その多くがエスニック絡みか国際紛争や地方分権化への影響についてだが、1度はっきりさせる必要がある。ナショナリズムは負の力として、国際社会に対する安全保障のジレンマを生み出した。すなわち、どうしたらナショナリズムを管理できるか、どうしたら難民問題を始めとする付随する数多の問題の拡大を防げるか、という問題が生じた。しかし、1つ警告がある。世界銀行による世界の内戦に関する調査によると、反乱の動機としては、政治的、人種的、民族主義的あるいは宗教的目標を追求するためというよりは、ダイヤモンドやドラッグといった金になる産物を貪欲に追い求めた結果の方が多い[17]。世界銀行は1960年から1999年にアフガニスタンからジンバブエで起こった47の内戦を調査した。47の内戦に共通する戦争勃発の最大の危険因子は、生産物に対する国の経済依存である。コーヒー、麻薬、ダイヤモンドを始めとする宝石用原石から得られる利益への欲求が「暴力の勃発を促し、時とともにその強さを増していく、……ダイヤモンドはゲリラの最良の友である」と調査は論じている。それでも、ナショナリズムは危険もはらむが利益もある。

ナショナリズムはこれまでにおびただしい世界的な暴力と紛争を引き起こしてきており、例えばボスニアやコソボのようにナショナリズムが引き起こす暴力をどのように制御したらいいか、どのような状況下で国連やNATOなどの国際組織が介入すべきかといった複雑な問題を国際社会に投げかけ続けている。しかし、場合によっては、健全な民主主義、自治、経済の近代化および発展への契機、機動力にもなりえる。要は、ナショナリズムは現代の国際舞台の重要な一部分である。次の時代も、ナショナリズムが機能し続けるのを目の当たりにするだろう。しかし、世界中の主だったエスニック国家グループが、多民族国家の中では平和に暮らしていけず、独自の国家を持つことを認められたとしても、さらに多くの民族自決運動や激しい離脱運動が起こるのを目にすることになるだろう。

ローマ法王ヨハネ・パウロ2世は、否定的ナショナリズムを、「他の民族、あるいは文化を蔑むことを教え、他の犠牲の上に自国の福利を促進しようとする不健全なナショナリズムの形態」だと述べた。肯定的ナショナリズムは、「適切な愛国心、すべての文化、民族に対する尊重」[18]であり、民主主義を促進し、帝国主義を抑制し、経済開発を可能にし、多様性、実験を奨励する。クリントン元大統領は、「過激なナショナリズムが台頭しつつある」と警告し、それは「民族、部族、宗教、エスニック・グループの健全な誇りを癌のような偏見に変化させ、国家を腐食し、国民を暴力と民衆扇動の政治的鎮痛剤の中毒にしている」と述べた。[19]否定的ナショナリズムは、他の民族や国家を助けることへの躊躇《ちゅうちょ》、他民族に対する排他主義、外人恐怖症、国内におけるマイノリティへの弾圧、対外的攻撃などにつながる。

ナショナリズムに関連した問題は、民族自決の問題と民族自決の目標が現実の世界でいつも正しいかどうかという問題を提起する。第1次世界大戦の戦後決着の基本原則としてウッドロー・ウィルソンが提案した14カ条で、ウィルソンは民族自決の概念を前進させたが、帝国が解体し、新しい国々による平和な世界が誕生することを願っていた。しかし、国民国家創設への道のりは、同時に、新たな不和をも生み出すことになった。とりわけ分離要求は注目に値する。

国内で他と異なる民族グループが自治を得ようとすると、分離要求が出てくるのが普通で、国を小さな領土単位に断裂する危険にさらす。これが1945年以降の内戦や繰り返された州や地域間紛争の一因である。1960年代半ばにナイジェリアでイボ族が独立して、ビアフラ共和国を建国しようとしたが、3年の内戦に発展し、最終的にはナイジェリアが勝利し、連邦国家を宣言することで終結した。最近では1993年にエリトリアがエチオピアから分離した。国家が同質でない場合、分裂の可能性がつきまとう。アフリカは急激な非植民地化の結果、最も苦しめられた地域である。多民族国家は往々にして、誰が国の諸制度を支配するかをめぐり、部族紛争をする機が熟しているものであり、ナショナリズムを1つにしようという感情よりも部族のアイデンティティの方が勝るために、分裂の危機に陥る。他にも、インドのシーク教徒のように、似たような危険をはらんだ地域がある。

ナショナリズムそのものと同じく、民族自決にも肯定的側面と否定的側面がある。多くのネーションステートは民衆の民族自決に対する願望から誕生した。民族をユニットとして政府を作る権利があるという考え方である。もしすべてのエスニック・グループが平和裡に独自の主権ユニットを創立したり、エスニックの同胞と合流することを許されていたなら、ボスニア、チェチェン、東チモール、コソボ、ルワンダ、スーダン、その他多くの民衆や国は紛争に苦しむことはなかっただろう。多くの人々が民族自決の原則を賛美するが、現実においては、民族自決は問題を生み出しうる。中核的問題は、世界には何千ものエスニック・グループが存在するということである。無数のエスニック・グループがそれぞれ主権国家を樹立するとすれば大変なことになる。ボスニアのように多様なネーションはいろいろな場所で混在しており、それを互いに分離することは現実には難しい。また民族自決を推し進めれば、多くの既存のステートが崩壊してしまう。また無数の小さな主権国家を生み出すことになり、その多くは独力で存続できない。小国の多くは真に主権国家としてやっていけるだけの経済的あるいは政治的能力を有しない。カナダの学者ロバート・ジャクソンは、この希薄な地位を「消極的主権（独立国）」と名づけている。[20]

現在のステートが民族自決を推し進めた結果崩壊すれば、地域、世界の安定性を損ね、国際的な不安定を生み出す。既存の国家、国際社会は、それを構成するネーション、エスニック・グループの民族自決を認めるかどうかで、重要な選択を迫られることになる。

◉ナショナリズムの将来

国家、民族、ナショナリズムは今日の国際システムの主要な要素であり、推進力である。国家が、主権を持つ政府とそこに住む人々を有する領土を指すのに対し、民族は、自分をある共通集団の一部だと考える人々の心理的アイデンティティである。ナショナリズムは民族的アイデンティティから生まれる。

母国あるいは1つの領土に一体感を抱くことは、ナショナル・アイデンティティ（国民としての自己認識）の重要な要素である。アンソニー・D・スミスが述べているように、ナショナル・アイデンティティには強い空間的、つまり領土的概念が含まれ、その概念の中では、人々からなる「国家」がコンパクトで明確な領土を有している。ナショナル・アイデンティティは18世紀後半以降、徐々に発展していく過程で、法と制度を有する政治的コミュニティという概念も含むようになっていった。こうした法と制度には国民（国に住む人々）の政治的意思が反映され、人々の政治的意見や政治意識が表れている。つまりナショナル・アイデンティティとは「われわれ」という感覚であり、文化や領土共有意識で結びついた「人々（国民）」の集団アイデンティティである。

概念としてのナショナリズム、つまり共通の言語、歴史、宗教、文化を共有する人々が各個人の忠誠心と犠牲を要求する「国家」を構成するという、概念としてのナショナリズムには大いに説得力があり、ナショナリズムは今日の国際政治で動いている最大の心理的要因の1つである。ナショナリズムの権威の1人であるハンス・コーンはそれを〝state of mind〟と表現している。[21]
アンソニー・D・スミスは『ナショナル・アイデンティティ』（1991年）で、国民のナショナル・アイデンティティ意識に含まれる基本前提を適切に要約している。[22]

(1) 歴史にたどれる領土ないし祖国
(2) 共有する神話や歴史的記憶
(3) 共有する大衆文化
(4) 全構成員が共有する法的権利と義務
(5) 構成員からみて領土内で流動性のある共通経済

第2次世界大戦後、ナショナリズムの終焉を予想する人々もいたが、その予想は間違っていた。今日、ナショナリズムはいっそう強まっており、アフリカ、アジア諸国、旧ソ連共和国、その他の国家の独立により、ナショナリズムはより包含的になっている。ドイツは再統一されたが、それよりも既存の国家が解体することの方が多い。冷戦終結以降、ヨーロッパでもこの現象がみられるようになった。1990年代のヨーロッパにおける分離の例をあげると、まず旧ソ連が15の国家に解体した。ソ連はロシア連邦を中心とする独立国家共同体（CIS）に生まれ変わった。ユーゴスラビアが暴力的にスロベニア、クロアチア、ボスニア・ヘルツェゴビナ、マケドニア、セルビア、モンテネグロ、コソボに分裂した。そして1993年には、いわゆるビロード離婚によってチェコスロバキアがチェコとスロバキア両共和国に分かれた。2008年の時点でヨーロッパの主権国家は

1990年よりも21カ国も増えた。これらの国々ではナショナリズムが生きており、強まっている。この民族自決という概念は、多くの国を1つにまとめる膠《にかわ》の役を担っていた共産主義の崩壊とともに、冷戦が終結して以降、とりわけ顕著になってきている。

独立した国民国家という概念は有無を言わせぬ力を持っているということができる。既存の国家から離脱しようとするグループは、自分たちの主権国家設立を思い描いてきた。パレスチナ人やクルド人の要求しかり、ベンガル人、スロバキア人、スロベニア人が設立した新国民国家しかりである。ここで重要なことは、自分たちは抑圧されていると感じている民族グループは自分たちの国家を要求するという点である。

将来はどうなるだろう。ナショナリズムが政治的認識の主な起源であり続けるだろうという見解がある。ある学者は、「このことは、グローバリゼーションが政治、イデオロギー、用語論、また学問上においても、ネーションが持つ訴求力を減じたことなどないし、多くの場合、それを活性化させてきたのだという状況からしても注目すべき事実である。ところが、われわれは、政治的にも、学問的にも、実際でも理論でも、〝ネーション〟というものの前で立ち往生させられてしまうのだ。」と述べている。[23]

国際政治におけるさまざまな勢力と数々の問題が、より超国家的、脱国家的になりグローバルになるにつれ、多くの人々がナショナリズムは時代遅れであり、危険であるとして批判している。一部にはナショナリズムの衰退と消滅を予言する向きもある。こうした予言は推測の範囲を出ないものであり、ナショナリズムは将来においても重要で強力な要素であり続けると思われる。

(Endnotes)

1 David Conway, *In Defense of the Realm: The Place of Nations in Classical Liberalism* (Hampshire, UK: Ashgete, 2004); Robert H. Wiebe, *Who We Are: A History of Popular Nationalism* (Princeton, NJ: Princeton University Press, 2002).

2 James G. Kellas, *The Politics of Nationalism and Ethnicity* (New York: St. Martin's, 1991), p.6.

3 Anthony H. Birch, *Nationalism and National Integration* (London: Unwin Hyman, 1989).

4 William Bloom, *Personal Identity, National Identity, and International Relations* (New York: Cambridge University Press, 1990).

5 Kellas, *op. cit.*, p.2.

6 Ernest Renan, "Qu'est-ce qu'une Nation?," in Louis L. Snyder, ed., *The Dynamics of Nationalism* (New York: D. Van Norstrand, 1964), p.9.

7 Fred W. Riggs, "What is Ethnic? What is National? Let's Turn the Tables," *Canadian Review of Studies in Nationalism*, Vol.13, No.1, 1986, pp.111-123.

8 Michael Geisler, ed., *National Symbols, Fractured Identities* (Lebanon, NH: University Press of New England, 2005).

9 Raymond C. Taras and Rajat Ganguly, *Understanding Ethnic Conflict: The International Dimension*, 2nd ed. (New York: Longman, 2002), p. xiii.

10 William Doyle, *The French Revolution: A Very Short Introduction* (New York: Oxford University Press, 2001), p.81.

11 Mary Kaldor, "Nationalism and Globalization," *Nations and Nationalism*, Vol.10, Nos.1-2, 2004.

12 Paul Brass, *Ethnicity and Nationalism* (New York: Sage Publications, 1992).

13 Mostafa Rejai and Cynthia H. Enlow, "Nation-States and State Nations," in Fred A. Sondermann, David S. McLellan and William C. Olson, eds., *The Theory and Practice of International Relations* (Englewood Cliffs, NJ: Prentice Hall, 1979), p.15.

14 Taras and Ganguly, *op. cit.*, p.xvi.

15 Bob M. Williams, Jr., *The Wars Within: People and States in Conflict* (Ithaca, NY: Cornell University Press, 2003).

16 Taras and Ganguly, *op. cit.*, pp.xiii-xiv.

17 *New York Times*, June 16, 2000.

18 *New York Times*, October 6, 1995.

19 *New York Times*, June 8, 1994.

20 Robert H. Jackson, *Quasi-states: Sovereignty, International Relations, and the Third World* (New York: Cambridge University Press, 1990), p.1.

21 Hans Kohn, "Western and Eastern Nationalism," in John Hutchinson and Anthony D. Smith, eds., *Nationalism* (New York: Oxford University Press, 1994), p.162.

22 Anthony D. Smith, *National Identity* (Reno, NV: University of Nevada Press, 1991), p.14.

23 Sheila L. Croucher, "Perpetual Imagining: Nationhood in a Global Era," *International Studies Review*, Vol.5, No.1, 2003, p.21.

第10章――トランスナショナリズムの潮流

◉グローバリゼーションの世界

前章で述べたように、ナショナリズムは国際政治における最も重要な要因の1つである。政治的アイデンティティの中で、最も重要なのがナショナリズムである。しかし現在では、ナショナリズムは過去に比べて支配的な政治的アイデンティティではなくなってきている。さまざまなトランスナショナルな要因が代わりに強まってきており、その意味で世界は分岐点にある。とりわけグローバル化が所与とされる現代国際政治の視点は、ナショナリズムから脱ナショナリズム、すなわちトランスナショナリズムへと軸足が移りつつあるといわれる。

トランスナショナリズムは、人間の思考と世界的な相互交流を通じて発展してきた。トランスナショナリズムは、国家、国境を越えて人間を結びつける忠誠心、活動、その他さまざまな現象を含んでいる。

トランスナショナリズムという概念は、国境を超越する勢力を意味する。トランスナショナルな問題は、世界中のさまざまな国の人々に影響を与えるイデオロギー、組織、思考システムから発生する。遡って古代ギリシャのストア哲学は、一民族、あるいは一政治グループの構成員というよりはむしろ人類の一員としての人々に訴えたが、今日のトランスナショナリズムは、宗教、哲学、イデオロギー、トランスナショナルなコミュニケーション、フェミニズム、文明の衝突など、さまざまな形で現れている。[1]

われわれのほとんどは、ナショナリズムと自分のネーション（民族）およびステート（国家）に対する中心的な政治的忠誠心のメッセージをじっくり受け入れる気持ちを持っている。この政治的志向性は非常に馴染み深いもので、ほとんどの人々にとって代替を想像することも難しい。しかし、そういう代替は存在し、ここ数十年にますます力を得ている。人的交流と政治的アイデンティフィケーションは伝統的国境を越えて動いており、無数の地域的、世界的つながりを生み出している。グローバリゼーションが世界におけるトランスナショナリズムを普及させてきた。グローバリゼーションは19世紀以前まで遡ることができるという主張もあるが、一般現象としての世界問題は主に20世紀後半、とりわけ１９９０年代以降の現象である。

グローバリゼーションは単に、社会間の相互連結性が強まり、世界のある一部の出来事が、遠く離れた国々の人々や社会に次第に大きな影響を与えていく過程を指す。グローバル化された世界とは、政治的、経済的、文化的、社会的出来事がますます相互に連結し、そうした出来事が大きな影響力を持つ世界である。いい換えれば、社会は他の社会の出来事にますます多方面で、ますます大きな影響を受けることになる。[2]

国民国家、国際機関、多国籍企業（ＭＮＣ）、地域機関、そして個人のあらゆるアクターがグローバリゼーション・プロセスに関わっているが、しかし、そのプロセスは一様ではなく、重要なアクターは西側先進国から出る傾向にあるのが実情であり、グローバリゼーションの概念自体は西側の信条と価値に基づいていることを考慮することは重要である。[3] グローバリゼーションが進めば世界はよりいっそう連結度をまし、経済的な変容、経済再編を生じると主張することは可能であるが、世界の至る所に依然として相当な富の不均衡があるという事実を考慮することも必要である。国家間のつながりが増し、国境を越える問題のレベルの上昇は、主にヨーロッパ、北アメリカ、太平洋地域にみられる現象だった。対照的に、中央アジア、サハラ砂漠以南のアフリカは、電子メールなどのテクノロジー通信や、地球環境に影響を与える企業の影響はさほど受けていない。こうした違いに加え、グローバリゼーションは、田舎に住む人より都市部に住む人に、より影響を及ぼしてきた。基本的には、グローバリゼーションと一体になって、生産者より供給された製品を都市に住む人々に供給するのが、簡便で安上がりな方法である。世界規模のメディアにアクセスするには、衛星放送受信用のパラボラアンテナや、ケーブルネットワークなどのインフラが必要である。グローバリゼーションは相互に連結された世界をさすが、一部がより影響を受けているのが実情である。

グローバリゼーションを現代の1つの展開とみることもできるが、グローバリゼーションの影響力についてはかなりの意見の相違がある。グローバリゼーションを肯定的にとらえる人もいれば、否定的にとらえる人もいる。意見の相違はあっても、グローバリゼーションの最も注目に値する影響力の1つは、諸問題が世界中の人々に影響を及ぼすスピードの劇的なまでの加速であることは明白で、それをアントニー・ギデンは「暴走する世界（runaway world）」と表現している。[4] これが、国境、時間、距離といった概念が中心となっていた従来の社会の定義の衰退と重なって、互いに結びついた世界を生み出していった。

グローバリゼーションは、ますます進む経済、通信、文化の国境を越えた統合を意味する。そのほとんどは、商品、金、人、情報、アイデアが長い距離を移動するスピードを急速に増大させてきた技術的変化の結果である。歴史における重要な技術的進歩の約90%が1800年以降に起こった。その間、発見と発明の頻度が加速している。インターネットであれ、ジェット機による旅行であれ、その他の進歩であれ、この技術革新の多くが、幾世紀にわたり支配してきた国家志向を弱め、グローバルなつながりを拡大させる方向に世界を動かしている。

まず知っておかなければならないのは、グローバリゼーションはすべてを含む言葉で、国の衰退から国特有の文化の終焉《しゅうえん》、情報化社会の出現にいたるまで、ありとあらゆる展開を表現するのに使うことができる。しかし、多くの人々がグローバリゼーションという言葉を口にするが、その言葉が実際何を意味するのかを正確に定義をできる人はそうはいないだろう。これはグローバリゼーションを肯定的にとらえる人と、否定的にとらえる人がいることが一因である。[5]

実際、グローバリゼーションはさまざまに定義されてきた。

(1) 何マイルも離れた場所で起こった出来事によって局地的な出来事が起こる、またその逆が起こることほど、離れた地域を結ぶ社会関係が世界中で密になること[6]

(2) 世界経済の統合[7]

(3) 脱領土化あるいは人々の間における超領土関係の成長[8]

(4) 時間と場所の圧縮[9]

トランスナショナリズムは、人々および民間組織の国境を越えた社会的、経済的、政治的つながりを意味する。それはグローバリゼーションに先駆けて存在し、またグローバリゼーションにより加速してきた。グローバリゼーションはプロセスであり状態であるのに対して、トランスナショナリズムは態度であり、幅広い国境を越えた政治的アイデンティティ、交流を含む。トランスナショナリズムは現代になって急速に成長しており、グローバリゼーションと合わさって世界政治に「広範かつ革命的変化」を生み出している[10]。

輸送と通信のグローバリゼーションと経済と文化のグローバリゼーションにより、世界はますます相互依存性、相互のつながりを強めてきた。このグローバリゼーションが、トランスナショナリズムに拍車をかけてきた。近代の輸送手段は少し前には想像できなかった量とスピードで、人と製品を国境を越えて運搬している。船舶はその大きさと数量において急速に規模が大きくなっており、国際的輸送コストを低減している。わずか1世紀半の間に、通信は劇的な進歩をとげ、電報から始まって、写真、ラジオ、出来事を録画する装置、電話、複写、テレビ、衛星通信、ファックス、そして携帯電話、コンピューターでのインターネット接続、ワールドワイドウェブ、電子メール、ビデオ会議を通しての情報と進歩してきた。１９８５年には米国の他の国に4億２５００万回の電話がかけられたが、２００2年にはそれが59億回に増えた。またＣＮＮ、アルジャジーラなどの衛星テレビ放送が世界のニュースを世界のほとんどの地域、国に放送するようになった。通信革命は、想像しうるほとんどあらゆる主張を掲げる多数のトランスナショナルなグループの形成と成長を助長した。

こうしたグループは国連などの国際機関を通して、国際的にも国内的にも重要な影響を与えるようになっている。また通信革命の結果、「民主的国際主義」が助長され、民主化の波が国際的に拡大されるようになった。すなわち、トランスナショナルな通信により異なる国々の市民が相互に影響しあい、意見を交換し、政治活動を組織し、政治行動に乗り出すことができるようになった。[11] 1980年代末から90年代初めにかけての東欧、旧ソ連の民主化、現在進行中の中東での民主化運動の拡大はその例である。

また輸送、通信の世界化は経済の国際的相互依存を強め、貿易、海外投資を拡大させ、経済的グローバリゼーションを加速してきた。ドル、セントという額において貿易が拡大する以上に、世界的経済交流は、互いと互いの製品に慣れ親しむことにより、人々をトランスナショナルに結び付けてきた。ある調査によると、日本人にアジア諸国と欧米諸国のどちらにより親密感を覚えるかと尋ねた際、回答者の54％が「欧米諸国」と答えた。また、なぜ欧米諸国に一体感を持つのかとの問いに対しては、89％が「経済的相互作用」のためと答えている。[12]

また輸送と通信の発達は人々の国際的交流の頻度を増し、文化の差を縮め、文化的統合を促進し、グローバルな市民社会の形成に寄与する。ビッグマック、ジーンズ、ロック・ミュージック、映画、アイポッドなどに代表される世界共通の大衆文化が生み出されている。トランスナショナルな市民社会が発達すれば、地域的、あるいはグローバルな統治の仕組みが形成され、領土的な国家を補足し、あるいはそれに置き換わることが考えられる。この世界共通文化は多くは米国、西欧を源泉としているが、これは欧米の経済的、政治的力を反映している。これは必ずしも欧米の文化的優位性を意味しない。文化のグローバル化、文化の輸入に対しては、人々の75％が好意的で、75％は伝統的文化を弱めるものとして否定的である。

◉トランスナショナリズムの系譜

トランスナショナリズムの源泉はこうしたグローバリゼーションによるばかりでなく、古くは人間の思想からも出発している。トランスナショナリズム思想の系譜は、西洋文化においては古代ギリシャ、ローマのストア派、東洋文化においては仏教にまで遡る。

トランスナショナリズムは、アクションとアイデンティフィケーションという両方の要素を持っている。アクションの次元では、トランスナショナリズムは、共通の目的を完遂するために、個人やプライベートなグループといった集団として、人々が国境を越えて協力するプロセスである。別の次元では、トランスナショナリズムは、政治的アイデンティティの源泉としてナショナリズムに代わる代替を提供する。この概念は、われわれが個人として、民主主義、共産主義などイデオロギー、キリスト教、イスラム教など宗教、エスニックあるいは性別など人口動態的特徴、ヨーロッパ連合（EU）など地域や、その他認識される共通の絆として認識するつながりを指す。

ただ、ほとんどの人は、予測しうる将来にわたってナショナリズムを放棄することはないと思われる。また物事は変化しつつあり、一部の人々は自分の政治的アイデンティティを一部あるいは全部、ナショナリズム的アイデンティティから他のアイデンティティに変化させていることを観察することも重要である。トランスナショナリズムそれ自体は、本来、平和を実現する力でもなければ、対立を引き起こす力でもない。国際関係へのアプローチにはリアリズム、リベラリズムなどがあるが、リベラルは紛争的な国家中心のシステムから協調的な相互依存システムへの移行が進行中であり、また望ましいと主張する。これに対して、グローバリゼーションは破壊的であると考えてそれに反対する反グローバリゼーション運動も起こっている。

トランスナショナリズム思想は、長い間、ナショナリズムに支配されてきた政府思想の周辺で存在してきたが、20世紀に徐々に再浮上し、とりわけ重要なのは、現代のポストモダニズム、コンストラクティビズム（構成主義）、フェミニズムという3つの現代トランスナショナリズム思想の多くの側面に具現化している。これらのアプローチをとるアナリストは、リアリズムとリベラリズムは現代の国際システムを永続させるための小道に過ぎないとし、あるアナリストは、リアリズムとリベラリズムも何ら「国際関係に平和を保証する」ものではないと主張している。[13]

これら3つの代替アプローチのそれぞれは、われわれが創り出すものだけが唯一の真実だというアイデアから出発する。各アプローチは、動かせない真実のように見えるものに挑戦し、われわれの現実を再創造し、それを作り直すことを奨励する。ポストモダニズムは、国家は必要なものでも不可避なものでもない。諸国家は、政治を統制するために、意味と支配の特権的中心として自らを確立したものであると見ている。構成主義では、国家は社会的構成物である。国家のアイデンティティと利益は国家間の相互作用の中で生まれてくると見る。フェミニズムは、国家の利益とアイデンティティは父権的構造を反映していると見る。変化に関しては、ポストモダニズムにおいては、重要な政治活動は、われわれの考え方、あり方、行動の仕方に対して国家が押し付けた制限に抵抗し打破することであるとする。構成主義は、人間が構造を作ったのだから、人間が規則やその実践を変化させることにより構造を変化させることができるとする。フェミニズムは、変化は、性別に関する偏見と国家の性別による性格を調べることによってのみ可能だと見ている。

トランスナショナルな協力がもたらす明確な利益に関しての論争は、1960年代から70年代に、とりわけ米国において新学派を生み出した。この議論は、単なる貿易による相互利益にとどまらず、主権国家の優越性を脅かし始めていたその他のトランスナショナルなアクターも論じている。この新学派はしばしば多元主義と言及されるが、その多元論者によると、ウェストファリア国家システム確立以降の300年間、世界政治は国家が独占してきたが、世界政治はもはや国家の専有物ではない。この理論の代表格の1つであるロバート・コヘインとジョセフ・ナイの共著によると、特定の政策を政治的に働きかける利益集団、国境を越えたさまざまな活動に見られるトランスナショナルな協力、インターナショナルな非政府組織（INGO）などの政府以外のアクターの重要性を考慮しなければならない、と論じている。[14]

こうした国際関係をイメージすると、多様な相互作用チャンネルを通してさまざまなアクターが結びついた蜘蛛の巣のようなものである。トランスナショナリズム現象が国際関係セオリーの語彙《ごい》に追加されたことは重要であるが、セオリー概念としてはまだ発展途上にある。[15]

◉トランスナショナリズムの行動と展開

近年、トランスナショナリズムが前進していることは、トランスナショナルな非政府組織（ＮＧＯ）の数と活動範囲が急速に拡大していることに如実に現れている。ＮＧＯの一般的な意味は非政府組織であり、市民社会組織と同じである。これらは、国境を越えて活動し、民間の個人から構成され、いかなる政府にも従属しない組織である。ＮＧＯの幅広い定義の範疇に入る他の種類のトランスナショナル組織は、テロリスト・グループや多国籍企業である。ＮＧＯの数は１９０９年から２００９年までの１００年間に、１７６から５万４９７７に増えた。１９７５年以降、グローバリゼーションの急速な進展と

NGO数の推移（1909～2013）

出典：UNION OF INTERNATIONAL ASSOCIATIONS,
"The Yearbook of International Organizations"

ともに、図が示すようにNGOの数も最も急激に増えた。このうち、国連の協議機関としての位置を持つNGOは、1952年には222だったが、1992年に928、現在は2000以上になっている。

基本的には、NGOはその目的を推進するために単独で、あるいは協調して機能する一種の利権団体である。NGOには、オランダに本部を置く環境保護団体フレンズ・オブ・ディ・アース(FOE)インターナショナルのような、67カ国に加盟団体を持ち20の関連組織を持って提携しているような団体もある。NGOの国連その他の国際機関の国際会議への参加もますます増加しており、その活動はより活発になっている。NGOは国際政治における正当なアクターとして認知されてきており、扱っている多様な課題を情報普及、請願活動などにより政治の中心舞台に押し上げる役割を果たしている。またトランスナショナルなNGOとその各国支部は、各国政府に対して行動を起こす政治的圧力を加えている。

地域的トランスナショナリズムは、これまでのところヨーロッパでだけ具現化しているが、これによりネーション・ステートよりも地域を政治的アイデンティティとする傾向が増大することになりうる。EUの域内住民の8人に1人が、伝統的な国家の帰属意識からヨーロッパ地域という帰属意識に移行し、EU住民の60%がEUに対してある程度の帰属を意識している。ヨーロッパ連合(EU)は第2次世界大戦直後に始まり、今は経済的統合を推進し、より遅れてはいるが政治的統合も進めつつある。軍事的統合はヨーロッパ防衛共同体(EDC)構想として検討されたが、この条約が発効するには至らなかった。

リアリストにとって国家は主要な、というより唯一の国際政治分析単位である。軍を管理するのは国家の責任だからである。リアリストは、国家は正当な武力行使の独占権を持つ実体であるというマックス・ウェーバーの定義を奉じている。リアリストの描く国際的無政府状態という危険な世界では、軍事力だけが国家が自衛し、世界の舞台で意味のある行動をとる手段である。[16] ヨーロッパの軍事統合は検討されたが、いずれにせよ進んではいない。

第5章で指摘したが、アラン・ミルワードは、諸国家をそのような統合プロセスに参加しようとする気にさせた要因を検証し、ヨーロッパ石炭鉄鋼共同体（ECSC）創設は、フランスの引き続く経済回復を確実にすることにより国益を満たそうというフランスの願望の表れであると強調している。[17] ミルワードは、国益に焦点を当てることによって、ヨーロッパ統合は国民国家が必要としたときに起こり、トランスナショナルな組織は特定の目的のために設立されたのであり、国民国家の影を薄くする手段として設立されたのではないと主張した。[18]

しかし同時に、EU組織は、ヨーロッパ統合を背景に、相当な推進力を提供してきた。とりわけ政策執行機関であるヨーロッパ委員会、諸条約の解釈・適用について一切の司法問題を取り扱う最高司法機関であるヨーロッパ司法裁判所などはそうであるといえる。最後には、トランスナショナリズムと、個々の政府が自分の政策決定を行う能力との間の対立が、ヨーロッパ統合過程の中心的課題であることに変わりはない。[19]

多くの分析家は、文化的なトランスナショナリズムが世界の調和を増進すると信じている。文化間の相互理解により、国内、国際紛争を拡大させるステレオタイプ、猜疑心、恐れ、その他の対立的要因が減っている。しかし別の分析家は、われわれは共通の文化に進んでいるのではなく、人々がいくつかの互いに敵対しあう文化あるいは文明にアイデンティティを見いだし、帰属する未来に向かっていると考えている。これは、サミュエル・ハンチントンの理論のような文化的トランスナショナリズムが、文明の衝突につながるとする見方である。[20] ハンチントンは、ナショナリズムが弱まり、そのギャップを埋める形で新しい文化的アイデンティティが生まれ、諸国は「7つないしは8つの文化的ブロック」に帰属するようになると唱えた。その文化ブロックは、「西洋、儒教、日本、イスラム、ヒンズー、スラブ系オーソドックス、中南米、おそらくアフリカ」である。ハンチントンはこれらの文化ブロックが「対立の根本的な源泉」になり、「異なる文明が長期にわたる暴力的対立を続ける」ようになると予測した。この理論を認めない学者もいるようであるが、ハンチントンの予測を完全には否定できないような、キリスト教的西洋とイスラムの対立が起こっている。

宗教はほとんどの場合、強いトランスナショナリズム的要素を備えている。一部の宗教は普遍的な主張を掲げている。また一部の宗教は国境を越えて信者が1つにまとまろうとする願望を生み出している。宗教的アイデンティティと政治的アイデンティティが結びつくとき、宗教信者は多くの政治的行動を行う。1つは自分の国の法律と外交政策を、その宗教の価値観に一致させようとすることである。第2は、他国の同じ宗教の信者の目的に政治的支援を与えることである。宗教のトランスナショナリズム性は、アルカイダ指導者ウサマ・ビンラディンがサウジアラビア人でありながら、欧米、エジプト、パキスタンなどのイスラム教徒をアルカイダにリクルートできてきたことにも表れている。

宗教は国際政治において、肯定的、否定的両方の面で多くの役割を果たしてきた。多くの場合、平和、正義、人道的課題を促進する力になってきた。しかし、宗教がこれまで多くの血みどろの戦い、紛争、その他の政治的暴力の要因になってきたことも事実であり、この事実は今後も続くであろう[21]。

宗教はまた、国内での対立紛争を引き起こし、悪化させてきた。宗教は世界の多くの地域における宗教的な根本主義、過激主義の台頭が懸念を引き起こしている。国際政治における宗教の役割の例として、イスラム教がトランスナショナル宗教として世界的影響力を持ってきたことが挙げられる。イスラム教徒の非イスラム世界への態度はいくつかの歴史的要素により形成されている。1つは、イスラム教の出発において平和的改宗と暴力的征服によってイスラム教が急速に拡大したという「勝利的起源」、2つ目は、キリスト教諸国、とくにヨーロッパのキリスト教諸国との対立、3つ目は、ヨーロッパのさまざまな国によりイスラム教圏の一部が支配されてきたという過去である。

近代における国際関係の重要な傾向は、グローバルな問題に関係するトランスナショナル運動、トランスナショナル組織の増大である。この中には、トランスナショナルな女性運動とそれに関連した団体が含まれる。トランスナショナルなフェミニズム運動は、類似した哲学、目標を掲げている。その目標は、世界中の女性が協力し合って、国際的レベルを含むあらゆるレベルにおいて、男女間の平等を促進し、政治についての考え方、政治のやり方を変化させることである。

フェミニストの女性や男女平等を支持する男性は、多くのプロジェクトを手懸け、進歩的な成果を達成してきた。1995年9月に北京で開催された第4回女性に関する世界会議と、それに続く2000年6月にニューヨークで開催された北京+5会議は、その分野における活動の例である。

◉変化への抵抗

トランスナショナルな変化は確実に起こってきたが、それに対する抵抗もある。皮肉にもグローバリゼーションは、グローバリゼーションのプロセスが破壊的だと信じるトランスナショナリストによる反グローバリゼーション運動に拍車をかけることにもなった[22]。さらにこの場合、トランスナショナリズムに対する悲惨なイメージによって文化的境界線で分断された、衝突している世界が想起されることになる。リアリストはトランスナショナリズムをこのように考えがちで、その多くは、敵意に満ちたトランスナショナルな境界調整の危機に対する防波堤としてのネーション・ステート(国民国家)を強調するだろう。

多元論の最大の貢献は、相互依存を緻密に作り上げたことにある。多元主義者は「システムの一部分の変化が、システムの残りの部分に直接的ないし間接的影響を及ぼす」相互連結性の高まりを、資本主義の拡大とグローバル文化の出現のためとした[23]。それはまた、国家指導者の心に強固に確立した完全な国家自立という概念が、相互依存によって制限されはじめることにもなった。そうした展開が、協調の可能性を促進するだけでなく、国家の脆弱《ぜいじゃく》性のレベルも上げることになった[24]。

トランスナショナルな活動主体と国家の関係は複雑である。国際政治という行為において国境、ひいては国家権力など重要でないとする世界的な市民社会を築くために、有望な礎であると自負する人々は、一方では、国家に代わる価値や忠誠心の供給源となることで国家権力に挑む。その一方で、国家権力を制限することによって、グローバル・ガバナンスという仕事をいっそう厄介なものにしているかもしれない。世界政府、中央政府といったグローバル・ガバメント（政府）が実現不可能であるとしても、グローバルな秩序をめぐるダイナミックスをとらえ、グローバルな統治をめざすグローバル・ガバナンスの中枢にある問題は、破壊的力を持つグローバルな勢力を抑えるだけの力が国家権力にないことだと評論家は論じている[25]。トランスナショナルな活動主体は「ソフト・ガバナンス――つまり道徳的説得、世論や消費者パワーの動員を供給することはできる。人々の苦しみを軽減することもできるだろう。……しかし市場を適切に調整し、金融システムに流動性を与え、市場に異変が生じたときはそれを正す、というようなことはできない[26]」。

トランスナショナリズムがこの先どこまで進歩するかを予言するのは不可能である。今後1世紀の間に人類が共通の文化、そして共通の政府までも共有するとは考えられなくもない。しかし、まったく不確実である。今日の超文化主義への潮流が将来も続くことに疑念を呈する人々もいる。例えば、非英語圏の人々のアクセスが増すにしたがって、英語がインターネット上の共通言語でなくなるだろうと考えるアナリストもいる。「ＷＥＢの現状を目ざとく観察して、将来に当てはめようとするのには注意を要する」とある識者は賢明にも喚起を促している[27]。

さらに、ナショナリズムがグローバリゼーションやトランスナショナリズム運動に対する非常に弾力性のある、回復力に富む障害であることは証明されつつある。例えば、ＥＵと連動して、ヨーロッパ諸国民の間にトランスナショナルなアイデンティティが芽生えたのはある程度事実である。しかし、その新たな政治的アイデンティティを有する人々は依然少数派で、国民国家に忠誠心を持ち続ける大多数のヨーロッパ諸国民の中に埋もれてしまっている[28]。これがヨーロッパの実情である。ナショナリズムは強力で粘り強い力であり、人々の政治的帰属意識を依然として支配し続けている。

(Endnotes)

1 W. Raymond Duncan, Barbara Jancar-Webster and Bob Switky, *World Politics in the 21st Century*, 2nd ed. (New York: Pearson Longman, 2004), pp.320-321.

2 John Baylis, Steve Smith and Patricia Owens, *The Globalization of World Politics*, 4th ed. (New York: Oxford University Press, 2008), p.8.

3 Alasdair Blair and Steven Curtis, *International Politics: An Introductory Guide* (Edinburgh, UK: Edinburgh University

Press, 2009), pp.295-307.

4 Antony Giddens, "Runaway World: Lecture 1: Globalisation," in *The BBC Reith Lectures,* BBC Radio 4, April 7, 1999. http://downloads.bbc.co.uk/rmhttp/radio4/transcripts/1999_reith1.pdf

5 Blair and Curtis, *op. cit.*, p.207.

6 Antony Giddens, *Modernity and Self-Identity: Self and Society in the Late Modern Age* (Stanford, CA: Stanford University Press, 1991), p.21.

7 Robert Gilpin, *Global Political Economy: Understanding the International Economic Order* (Princeton, NJ: Princeton University Press, 2001), p.364.

8 Jan A. Scholte, *Globalization: A Critical Introduction* (New York: Macmillan, 2000), p.46.

9 David Harvey, *The Condition of Postmodernity: An Enquiry into the Origins of Cultural Change* (Malden, MA: Blacwell, 1989).

10 Michael T. Klare and Yogesh Chandrani, eds., *World Security: Challenges for a New Century*, 3rd ed. (New York: St. Martin's, 1998), p.vii.

11 Hans Peter Schmitz, "Domestic and Transnational Perspectives on Democratization," *International Studies Review*, Vol.6, No.3, 2004, pp.403-426.

12 Gon Namkung, *Japanese Images of the United States and Other Nations: A Comparative Study of Public Opinion and Foreign Policy*, Doctoral dissertation, Paper AAI9832020 (Ann Arbor, MI: University of Connecticut, 1998), p.46.

13 James Der Derian, "Introducing Philosophical Traditions in International Relations," *Millennium*, Vol.17, No.2, 1988, p.191.

14 Robert Keohane and Joseph Nye, Jr., eds., *Transnational Relations and World Politics* (Boston: Harvard University Press, 1972).

15 Baylis, Smith and Owens, *op. cit.*, p.115.

16 Blair and Curtis, *op. cit.*, p.151.

17 Alan S. Milward, *The Reconstruction of Western Europe, 1945-51* (New York: Routledge, 1984).

18 Alan S. Milward, *The European Rescue of the Nation State* (New York: Routledge, 1994).

19 Blair and Curtis, *op. cit.*, p.290.

20 Samuel P. Huntington, *The Clash of Civilizations and the Remaking of World Order* (New York: Simon & Schuster, 1996).
サミュエル・ハンチントン著、鈴木主税訳『文明の衝突』集英社、１９９８年。

21 Jonathan Fox, "The Rise of Religious Nationalism and Conflict: Ethnic Conflict and Revolutionary Wars, 1945-2001," *Journal of Peace Research*, Vol.41, No.6, 2004, pp.715-731.

22 Kate O'Neill, "Transnational Protest: States, Circuses, and Conflict at the Frontline of Global Politics," *International Studies Review*, Vol.6, No.2, 2004, pp.233-252.

23 R. Little, "The Growing Relevance of Pluralism?," in S. Smith, K. Booth and M. Zalewski, eds., *International Theory: Positivism and Beyond* (New York: Cambridge University Press, 1996), p.77.

24 Baylis, Smith and Owens, *op. cit.*, pp.114-115.

25 Glenn P. Hastedt and Kay M. Knickrehm, *International Politics in a Changing World* (New York: Longman, 2003), p.113.

26 Sherle R. Schwenninger, "NGOing Global: Can Civil Society on International Scale Compensate for the Anarchy of World Affairs?," *Civilization*, Vol.7, No.1, 2000, pp.40-42.

27 "Computer Speak; World, Wide, Web: 3 English Words," *New York Times*, April 14, 1996.

28 John T. Rourke, *International Politics on the World Stage*, 11th ed. (New York: McGraw-Hill, 2007), p.161.

第11章——法、秩序、正義の確立

◉システムへの信頼性

国際秩序、正義、国際法は互いに関係しあっており、とりわけその関係は国際関係において大きな議論を引き起こしている。国際法は秩序維持、正義の実現にどう寄与するのか、国際システムにおける正義は安定と秩序より優先されるべきか、といった問題が提起されている。リアリズムとリベラリズムはこれらの課題に対して異なるアプローチを取っている。

国際秩序は国家や社会レベルを超えた世界や地域のレベルの問題である。リアリストは、国際秩序の源泉として力の均衡と同盟関係、覇権を指摘する。力の均衡は1つの国が国際システムを支配するのを防止することで成り立つのに対して、覇権は1つの国が国際システムを支配する立場にあることにより成り立つ。国際法は全く価値がないとされることも少なくないが、国際慣行、条約を含む国際法も国際秩序の源泉として重要性を増している。ただ国際法を執行する世界政府は存在しないため、国際法を順守するかどうかは国家にかかっている。この事実は、国際法を順守する必要があるときだけ実施するということである。しかし国際システムが複雑になるにつれ、国際法はより重要になってきている。1960年代以降、条約に基づく国際法は国際慣行よりも重要になっている。

国内システムと国際システムの違いは、アクターの動機にあるのではなく、国際システムに比べて国内システムの方が、自己利益の追求に対してより大きな制約を課しているという事実にある。[1]

国際法は国内法に比べて十分発達しておらず、初歩的な法体系である。国際法を制定し、裁定し、執行する手続き、組織としては、ごく初歩的なものしかない。法体系の発達過程において、国際法は国内法に比べてまだ初期の段階にあるものの、国際法が効力を持たないということではない。

国際法についての論争の中で、国際法と国内法の類似点と相違点がしばしば取り上げられる。国際法懐疑派は国際法と国内法の違いを強調する傾向があるのに対して、擁護派は類似点を強調するか、比較すること自体意味がないと主張する。

国内法と国際法の際立った違いは、施行メカニズムの信頼性である。世界中の国内法制度のあらゆる欠陥や不公平をもってしても、国内法の方が、たとえそれが管理の行き届かない社会のものであったとしても、国際法に比べ法の強制力が強いのは明瞭である。国内法、国際法の両レベルで、法令順守の施行はどれくらい重要なのだろうか。人々が国内法に従うのは、それを強制からか、規範上の信念からか、あるいは私利私欲から法律に従っているのだろうか。法律順守には強制が極めて重要であると考える人々にとっては、国際法は国内法と大きく異なり、また弱く見える。法律はアクターの利益と価値に奉仕する義務を負っていると考える人々にとっては、ほとんどの法律は自力施行であり、国際法と国内法の区別はさほど重要ではない。

国際法に対するアプローチの違いは、国内の交通規則との類似で説明できる。[2] 高速道路を思い浮かべてみよう。懐疑派は国際法を高速道路の制限速度にたとえる。制限速度は厳密に適用しなければ無意味である。国際法擁護派は、国際法を道路の正しい側を走行する規則にたとえる。その法律なくしては、高速道路はカオスと化し、用を成さない。いったんその規則が成立すれば、みんなが同じ側を走行するようになり、法律を破るのはバカ者か愚か者ぐらいだろう。

究極的には、懐疑派も擁護派も的を射ている。国際法は重要な点で国内法と異なっており、施行がその最たるものである。しかし、国際法は国家の行動に重要な影響を及ぼしている。国家は次々に新しい国際法を生み出し、非国家アクターはさらなる、あるいは異なる国際法を提唱する。その理由は、国際法が多少なりとも有効であるとの認識があるからに他ならない。

国内システムにおいて、権力に基づく自己利益の追求を抑制するものの1つは法体系である。国内システムで権力を抑制する2番目のものは正義である。1と2が相まって秩序の構築・維持が可能となりうる。正義というのは、合法的であるだけでなく正しいということである。正義、道徳的、倫理的、公平といった意識は国際システムよりも国内システムにおいてより強い。法体系の創造と道徳と公平を重視することを通して、国内システムにおいて権力政治を抑制することが可能であることを意味する。ならば国際システムにおいて、制限のない利益追求を抑制するのに同じ基準を活用することは理論的に可能である。

国内、国際を問わず、すべての法体系は進化する。現在の国際法体系は法体系の進化の尺度の初期の段階にある。第1に、より高度な体系のもとで存在するような立法プロセスがない。むしろ行動規範は習慣、あるいはアクター間の明確な合意に由来している。第2に、法律違反を判定し、あるいは処罰する確立された権威がないか、ほとんど存在しない。

国際法の弱点と施行における一貫性のなさのために、はたして国際法を「法律」と呼べるかという問題が何度となく浮上してきた。懐疑派は、国際法は名辞矛盾であり、国家は自国の利益に適《かな》うときだけ国際法に従うと主張する。肯定派は、国際法は立派な法律であり、国際的な行動に重要な影響を及ぼしていると主張する。国際法のステータスを巡るこれらの論争は、国際政治に対する異なる理論のアプローチに端を発している。最終的にはどちらも正鵠《せいこく》を射ている。国際法は国内法と大きく異なるが、その最たるものが施行の問題である。しかし、国際法は国家の行動に重要な影響を及ぼしており、国際法が存在しなかったら、国際法を考案する必要が生じるだろう。

リアリストや経済的構造主義者は一般的に、国際法は無意味だと主張する。国際法は、強者が弱者を支配するための一手段といった程度で、国家の行動を制約するほどの影響力は持たないとする。この観点から考えると、国際法の中心的問題は、まず第1に、協定がどのようになされるかである。強国は自分に都合のいい法律を受け入れるよう、弱い国にさまざまな脅しをかけることができる。最たる一例は国連安全保障理事会の構成であり、安保理内で列強は自分たちにより多くの権限が与えられるようなシステムを築き上げてきた。

第2の問題は施行の問題である。国際法が国家によって施行されるとしたら、施行することが強国の利益になる場合に限られがちだろう。つまり、国際法は強国の利益にしかならないということである。これは、あまねくすべてのアクターに平等に適用される「法律」という言葉の概念に矛盾するというのが、リアリストや経済的構造主義者の主張である。

国際法の重要性を強調する擁護派は、懐疑派は論点がずれていると主張する。この見解は、国際関係理論の中でもリベラリストやコンストラクティビスト（構成主義者）が展開する見解である。フェミニスト理論家は、国際法については賛成、反対、いずれかの立場をとる。強制施行だけに焦点を当てると、国際法が国家間の問題を解決するやり方を無視し、国際法が自力施行だということを見落とすことになる。国際条約を破棄し、国の評判を台無しにするコストを考えれば、それだけで法令順守を保証するに十分である場合が多い。この見解では施行は重要な問題ではない。ルイス・ヘンキンがいみじくも書いている通り、「ほぼすべての国家が……ほぼすべての国際法を……ほぼ常に順守している[3]」。

擁護派の見解では、国際条約や国際法は、国家がそれを必要としているから制定されるのである。もし国家が国際法なしで共通の目標を達成し、危険を回避できるならば、そうしているだろう。国際法が与えてくれる相互保証や共通理解によって、国家が危険な状況を回避できるからこそ、国際法が形成されるのである。

国際法の適合性の信奉者は、国際法に反する国家はそうすることで何らかの代償、時として非常に高い代償を支払うことになると指摘する。2003年の米国のイラク進攻は世界中で国際法に違反していると指摘された。先制攻撃が国連安全保障理事会で承認されなかったからである。違法であるという見解は米国が必要と考える行動の妨げにはならなかった。しかし世界の評価という見地からすると、米国はかなりの代償を支払った。米国がその後、イランの核計画阻止のための制裁強化など、さまざまな問題で協力を得るのにかなり苦労していることを考えると、この威信の喪失は重要な結果を招いたといえる。

◉国際法体系の発達

国際法は文明の揺籃《ようらん》期から生まれ、発達してきたもので、動的である。国際法の始まりは、国家の起源と国家間の関係を規制する必要にまで遡る。徐々にではあるが、古代ユダヤ、ギリシャ、ローマの慣習の要素が新しいキリスト教の概念と合わさって、国際法体系の始まりを形成した。多くの理論家も国際法の始まりにとって重要である。最も有名な人物は、オランダのヒューゴ・グロティウス（1583～1645年）で、著書『戦争と平和の法』（1625年）により国際法の父と呼ばれる。20世紀になって国際交流、国際相互依存が深まるにつれ、貿易、金融、旅行、通信、その他の分野における接触を調整するために多くの新しい規則が必要になり、それに伴って国際法の発達も加速してきた。人類が自己と環境を破壊する能力を持っているという認識、人権蹂躙《じゅうりん》の被害者の苦痛への認識も、大虐殺、核兵器実験、海洋利用、人権などの主題に関する法規作成の条約につながっていった。また戦争も、その結果の処理のために国際法の発達を促した。侵略戦争は法の領域外にある。1990年にイラクがクウェートを侵攻した後に、国連がイラクに対して制裁と武力行使を承認した対応は、それを示している。また2003年の米国主導のイラク進攻も、多くの国がそれを正当化されえないと見て支持を拒否したことも、その好例である。

国際紛争、人権侵害、その他の野放しの無法状態が存在するからといって、国際法が存在しないわけではない。国際法は多くの抜け穴があるにもかかわらず、効果を発揮している。これまでの例から見る限り、国際法が最も効果を発揮するのは、超国家的に機能する関係を統制する場合で、このような関係は急速に範囲を拡大しつつある。これは貿易、外交規則、通信といった政治的駆け引きの少ない分野である。最も効果を発揮できないのは、国家の安全保障に関連するような主権国家としての重要な権益が左右される政治的駆け引きが行われている場合である。重要な権益が関与するときには、政府は国際法に従うために自らの行動を変更するよりも、自らの行動を正当化するために依然として国際法を曲げて解釈しがちである。しかし、後者の場合でも、一方的に戦争を仕掛ける国に対する反対に見られるように、国際法は徐々に効果を発揮するようになっている。

国際システムの規則を確立するうえで、正義が重要な要因になる。正義は行動の指針になり、ある種の国際法の根拠になる。正義の行動という概念は宗教的信仰、世俗的思想、哲学、平等（公平）の基準、あるいは慣例に由来する。正義は「道徳的、倫理的、平等的、人道的」基準と同一である。現実は、国際政治はある程度まで国際法と正義の枠内で機能している。

国際法体系には、その哲学的起源、立法、順守、裁定という4つの基本的要素がある。

法体系の起源としては、社会外の自然法などの起源と社会内の習慣などの起源がある。社会外に起源を求める人々は、行動のより高次元な形而上学的行動基準が人類の問題を規定すべきだと信じている。この見方を取る人々は2つの派に分かれている。1つは、「法律は包括的な思想あるいは神学に由来すべきだ」と考える思想・神学派である。もう1つは、「人間は先天的に一定の権利と義務を持っている」とする自然主義派である。法律の社会外起源の理論を批判する人々は、思想あるいは神学に基づく基準は抑圧につながると主張する。これに対して、社会内に起源を求める人々は、「法律の起源として、社会の慣習に焦点を当てる」実証主義派と、「実証主義は道徳を欠いており時として不道徳になりうる」し、「社会全体に、あるいは支配階級のごく普通に見られる非道徳的な信条や行動を合法化しうる」として実証主義派を批判する人々に分かれる。実証主義を批判する人々は、例として、かつて奴隷制は広く社会に存在し受け入れられていたが、神の原理あるいは自然法の基準に照らせば、決して道徳的あるいは合法的ではなかったと主張する。

立法という面では、国際法は国際条約、国際的習慣、法の一般原理、国際機関などが基になって起草されている。また国際連合の総会決議なども国際法の立法に影響を与えうる。国内法に比べて、近代の国際法の立法ははるかに分権的である。国際司法裁判所（ＩＣＪ）の規定（38条1項は、「裁判所は、付託される紛争を国際法に従って裁判することを任務とし、次のものを適用する」と規定）によると国際法の源泉は4つあり、国際条約、国際慣習、法律の一般原則、司法判決と国際法学者の法律に関する学説である。国連総会の決議その他の決定を5番目の源泉として挙げる国際法学者もいる。

国際条約は条約締結当事国に対して拘束力を持つが、締約国が増えてゆけば条約は普遍性を帯び、当事国以外の国にも拘束力を持つようになる。例としては、１９４８年の「集団殺害罪の防止および処罰に関する条約」（通称ジェノサイド条約）があり、ほとんどの国がそれを批准している。集団殺害は国際法上犯罪と主張できる状況になっており、その基準は条約当事国であるなしに関わらず、すべての国に対して拘束力を持つようになっている。その国が条約を批准したかどうかに関わらず、人々は集団殺害の罪で裁判され、有罪判決を受け、刑を宣告されている。

国際慣習の例としては、沖合い3海里までが領海であるという今となっては古くなった規則は、大砲の射撃射程距離から生まれてきた。陸上配備の大砲の射程距離外ならば国際海域にいることになる。海上通行規則、外交慣習は慣習から生まれた法律の2つの重要な分野である。法律の一般的原則については、古代ローマ法に由来する「すべての人に対して適用される法・法体系を指す」万民法が法の一般原則の基礎である。この基準により、国際司法裁判所は文明国家により認定された法の一般原則を適用する。司法判決と学者の法律に関する学説に関しては、実際において、国内および国際の裁判所は自らの判決を正当化するために他の判決を引用する。法律や措置が憲法に合致するかどうかを判定する司法審査は、国際司法機関のもう1つの役割である。多くの国内裁判所がこの権限を持つが、国際裁判所の中では司法審査を行ったのはヨーロッパ司法裁判所だけである。EUにおける最高裁判所に相当するヨーロッパ司法裁判所は、EU法について排他的に判断する権限が与えられ、統一的な法の解釈を行っている。

国際法に従い、国際組織の裁定、支配を受け入れている国は、信用に値するプレイヤーというプラス評価を受ける。こうした信用は、危険でアナーキーにみえる国際関係という世界では重要である。相互主義にも同様なことがいえるだろう。一方の国がいい行いをすれば、他方の国からお返しをしてもらえるかもしれない。評判のいい国が、相互主義という観点から見返りの待遇を期待するようになれば、国家間の緊張は縮小し、戦争は魅力的でなくなり、起こりにくくなる。国際法を支持し、施行することへの強力なコンセンサスが国家間に存在すれば、未来は過去よりも明るいものになるだろう。もちろん、そのような国際コンセンサスに達するのは非常に困難が伴うであろう。過去の強い憎しみは、それが国家間の憎しみであろうと一国内の憎しみであろうと、容易に根絶しうるものではない。宗教上の相違も解消困難である。貪欲で個人的な権力増大のために戦争を誘発した非道な指導者は枚挙にいとまがない。現在の政治、経済、社会的潮流からも、将来、こうした指導者が消滅する兆しはない。

◉施行の主体

国際法は順守が必要だが、施行、強制もまた必要である。国際社会が行動を起こしたくない場合、暴力を止めることにおいて、法律はあまり効果がない。加盟国が支持した法律を守らせるための国際コンセンサスがない例はいくらでもある。２００２年７月に発効した国際刑事裁判所（ＩＣＣ）設置、環境破壊関連の京都議定書、地雷、拷問、死刑禁止などに関する条約や議定書で、米国は同盟国に同調せず、支持しなかった。このように同盟国間でも合意に達するのは難しい。

21世紀を生きる市民には幾多の試練が待ち受けているだろう。国際的な暴力の手段はこれまでに比べ、多種多様で入手しやすくなり、また致死率が高いものもある。戦争を引き起こす誘因は、過去の誘因とそう変わらないだろう。21世紀は世界的暴力を阻止しようという願望が、世界の国々がより強力な国際機関や国際法を作り出すきっかけとなるかもしれない。しかし、世界的暴力を防げるかどうかはその大部分を、強力な軍隊によって攻撃、侵略を抑止するという伝統的手法に依存しているといえるだろう。

順守という面では、国際法は主として自主的な順守に依存している。ただ第3者による執行の例も存在する。国際であれ、国内であれ、どんな法律体系においても、法律に対する従順は、自主的順守と強制の両方に基づくものである。強制は、暴力、投獄、経済的制裁あるいは他の処罰の脅しにより、順守を勝ち取るプロセスである。国際法の順守は、強制に基づくものというよりも、ほとんどは自主的なものである。またすべての法体系において、執行は自助努力を通しての執行と中央の権威による執行の組み合わせに依存している。

国際法の施行は理論的には、これまで国連システムの責任だった。国際司法裁判所（ＩＣＪ）は管轄する国際条約に違反があった場合、裁定を下すことができる。しかし、これまでＩＣＪが中心になって大きな国際紛争の解決した事例は全くといってない。なぜならＩＣＪは概してそうしたケースで司法権に欠けるからである。当事者となりうるのは国家のみである（規程34条）。個人や法人は訴訟資格がない。また、紛争発生後に当事国により締結される合意により、裁判所に紛争を付託する（36条1項）。紛争付託に当たり当事国の合意が必要である。ＩＣＪの裁定が軽視されがちなために、国際安全保障に対する差し迫った脅威のほとんどは、安全保障理事会に持ち込まれる。

だが、安保理プロセスにおける訴訟の限界について述べるとすれば、安保理が国際法を施行できるのが、争点となっている問題で5つの常任理事国すべてが同じ側を支持している場合か、5つの常任理事国が自分たちの国にはさほど重大な影響はないと判断する場合に限られる。ここ数十年で最も重要な事例は、イラクのクウェート侵攻後にイラクに対する武力行使を認めた1990年の決定である。その決定により国際法の施行が結束を新たにした安保理によって強化されるのではないかという期待が増大したが、その年の結束は長続きしなかった。

ここ数十年、国家は特定の国際条約や国際組織内で司法メカニズムを形成してきた。多くの条約には、協定に違反した場合の判決言い渡しの条項が含まれる。自由貿易促進を主たる目的として1995年に創設された世界貿易機関（WTO）はその好例である。WTOは、国家がWTOの規則に反しているかどうかを判断する権限を有する紛争解決メカニズムを持っている。WTOの前身である関税と貿易に関する一般協定（GATT）の中心的問題は、協定に違反した国を罰するのは、加盟国の考えに任せられていたことである。この議論は「しっぺ返し（売り言葉に買い言葉）」論争になりがちで、制御不能の悪循環に陥りがちだった。また、多くの国が望む以上に、貿易に対する障壁を大きくする結果にもなった。

WTOでは施行メカニズムがかなり強化された。WTO加盟国はWTO紛争解決機関の裁定を受け入れることを要求される。違反が見つかった場合は、違反した国はそれを改めるか、賠償を申し出る。もし違反国がそれを改めもせず、訴えた国が納得できる賠償もしない場合は、紛争解決機関は原告が違反国に対し報復関税を課すことを認めることになる。このシステムに欠点がないわけではない。とりわけ発展途上国は、たとえ制裁が認められても、協定に違反している強国に対して押し付けることなどできないかもしれない。しかし、規則の法令準拠を獲得するためのかなり信頼できるシステムや強制的な司法権を有するために、WTOのメカニズムは、EUを除くと最も堅牢《けんろう》な国際法施行の一例だろう。今後の施行メカニズムの実例になると思われる。

WTOメカニズムは混合施行の一例といってもいいかもしれない。このモデルでは、罰則権限は認知された国際組織や明確に承認された条約に基づいているが、施行そのものは、権利を侵害された国家ないし、その国家に代わって行動する他者によって行われる。そうしたメカニズムの明らかな利点は、実際問題として履行が非常に困難な国際軍や国際制裁に頼らずにすむ点である。

このモデルの問題点は、どうしても不均等な施行、一方的な施行になりがちな点である。施行に積極的な国家に委ねられると、法律は強国が施行したい場合にのみ実施されがちである。1990年のイラクによるクウェート侵攻の場合、米国そしてイギリスがあれほどの関心を示さなければ、クウェートにスポットライトが向けられなかっただろう。強国は、例えばアフリカのような自国にさほど利害関係がない場所で、国際法を施行するために資産、エネルギーを投入することにはあまり乗り気でなかった。

ほとんどの国際法の施行は自助努力に頼っている。つまり国際法の施行は個々の国家次第ということである。国内における市民とは異なり、世界における国家は、自分たちの手で正義を成す権利を有している。そのための手段としては、外交圧力、経済制裁、軍事力などがある。自助努力に委ねることで、国際法の施行は極めて不均等になり、結果、法の保護も極めて不均等になる。強国が一番法の保護を受ける。なぜなら、強国が法律を施行する力を持っていることを、他の国々が承知しているからである。また、強国は弱国から国際法を押し付けられる事態を回避することもできる。

しかし国際法擁護派が指摘しているように、ほとんどの国際法の施行は自助努力が基本である。つまり一旦、諸国家がある問題で合意に達し、その合意から利益を得るようになれば、その合意に反するのは自国の利益に適わなくなるということである。合意に反して短期的利益を得たとしても、長期的かつより広範な訴訟費用（コスト）に悩まされるかもしれない。第1に、違反によってその合意がなし崩しになれば、その先、その合意から利益を得られなくなるだろう。他の国々は、造反国に義務、義理を尽くすあるいは敬意を表するのをやめるだろう。時として話題に上る囚人のジレンマは、短期的脱落（欠損）が長期的には有益な協調を損なうこともある。第2に、国の評判を一旦損なってしまうと、その先重要な問題が生じても合意に達するのは並大抵ではないということである。良きパートナーという評判を損なうことは高くつく。[4]

◉国際司法機関の重要性

裁定という面では、国際法による司法の裁定はまだ初歩的段階に止まっている。原始的な法体系がより高度になるにつれ、紛争解決方法は、敵対者の間の取引への依存から、中立者による仲裁・和解を経て、中立者による裁定（および調停プロセスが密接に関連する）へと進化する。世界には多くの国際司法機関が存在しているが、国際司法機関の管轄権、用途、効果は限定されている。国際法が発達し複雑になるとともに、国際司法裁判所などの国際司法機関の重要性が高まっている。20世紀における国際法廷の創設は進歩であるが、主権の概念が裁定における強力な障害であり続けている。国際司法裁判所（ＩＣＪ）の権限は理論的にはすべての国際紛争に及んでいる。ＩＣＪは国連の主要な司法機関である。事案がＩＣＪに提起される方法は2つあり、1つは紛争当事国が法的争議を持ち込む場合、もう1つは国連機関がＩＣＪに助言を求める場合である。１９４６年から２００５年までの期間に、ＩＣＪが扱った事案は年平均2件であり、近年わずかに増加傾向にあるが、依然その数は少ないままである。

20世紀における国際体制の変化は、国際法に関連して多くの重要な課題を生み出してきた。その課題には、主権の位置付け、戦争および戦争遂行の合法性、生物圏の管理の規則、人権の尊重と保護などがある。戦争の正当な理由という概念はもはや理論的にだけ存在するものではない。第2次世界大戦後、ニュルンベルクおよび東京の戦争犯罪法廷は、ドイツと日本の指導者に対して侵略戦争の責任を追及した。より最近は、国連の法廷がバルカン半島およびルワンダにおける戦争犯罪で有罪と認定された者を処罰した。国際刑事裁判所（ＩＣＣ）を創設した条約は、同裁判所に侵略の犯罪に関する司法管轄権を付与した。ＩＣＣは国際社会全体の関心事である最も重大な犯罪を犯した個人を、国際法に基づいて訴追・処罰するための歴史上初の常設の国際刑事裁判機関である。２００３年の米英によるイラク戦争は、戦争が最後の手段として開始されたのか、米英の軍事行動は正当な権威のもとで遂行されたのか、戦争は平和をもたらすための戦いだったのかなどの問題が、戦争の正当な理由、戦争の正当な遂行に関連して提起された。

国連では１９４８年頃にすでに、集団殺害その他の人類に対する犯罪に対処するための恒久的な国際法廷をつくろうという努力がされた。しかし成果はなく、ほぼ50年にわたり戦争犯罪法廷は開かれなかった。ようやく１９９０年代になって、国際法の刑事的侵害に対処するために再び開廷されることになった。その原動力になったのは、１９９０年代にボスニアとルワンダで発生した残虐行為だった。ボスニアとルワンダの残虐行為は、人を１人殺せば殺人犯として裁かれるが、10万人を虐殺すれば法を免れてしまうという事実を明らかにし、良心ある世界の人々に衝撃を与えたのである。

残虐行為を行った個人を裁くために、１９９４年に旧ユーゴ国際法廷がオランダのハーグで、ルワンダ国際法廷がタンザニアのアルシャで開かれた。ハーグ法廷は元ユーゴスラビア大統領スロボダン・ミロシェビッチほか１５０人以上の個人を戦争犯罪者として起訴し、その95％が逮捕された。被疑者の10％については起訴が取り下げられ、２００５年半ばまでに裁判が完了した者の90％が有罪判決を受け、最高40年までの禁固刑を宣告された。アルシャ法廷は、２００５年半ばまでに、ルワンダ元首相ジョン・カンバンダが終身刑を宣告されたのを始め、25人の裁判が完了し、そのほとんどが有罪判決を受けた。

これらの国際法廷は特別目的のための当座だけの法廷だったが、1998年に国連は「深刻な人道法の侵害を訴追するための」恒久的な国際刑事裁判所（ICC）を創設するために世界会議を招集した。ほとんどの国は独立した強力な権限を持つICC創設を支持したが、米国など一部の国は、米国の指導者や軍兵士などが政治的動機による訴追の標的になることを恐れ、強力なICCの設立に反対した。ICCは2003年にオランダのハーグに創設され、それは重要な国際法上の進歩と見なされているが、米国などが反対し続けている現状でその効力を疑問視する向きも強い。

国際法は国家に対して適用されるものと解釈されてきた。国際法は同時に国家による個人の処遇、さらに個人の行動にも適用されうる。このため、国家と人民の両方が国際法のもとで、義務と権利を持つようになっている。

◉人権への配慮

第2次世界大戦から今日まで70年以上、人権に関する国際条約、地域条約、宣言が多く生み出され、それに伴い人権のための非政府組織（NGO）も多く組織されてきた。人権が最近、国際政治においてますます目立つ分野になってきた。人権に関する規範は、人権と主権国家の相対的荷重に関して変わりつつある。

チャールズ・ベイツは人権を5つのカテゴリーに分けている。

(1) 個人の権利：生命、自由、財産、良心の自由、宗教など
(2) 法的権利：平等な保護、無罪の推定（推定無罪）、被告人の権利など
(3) 政治的権利：言論、出版、集会、結社の自由、政府選択の自由、選挙権など
(4) 経済・社会的権利：職業選択の自由、最小限の生活水準への権利、組合加入権、勤務地選択の自由など
(5) コミュニティの権利：マイノリティの民族自決権、言語選択の自由、表現の自由など

人権尊重は国連憲章と1948年の世界人権宣言を根拠としている。第2次世界大戦、とくにナチスのユダヤ人大虐殺が、普遍的な人権宣言を求める気運を作った。それに加えて、1689年のイギリスの権利の章典、その100年後のフランス革命当時の人権宣言、1791年の米国の憲法修正条項に加えられた権利の章典など人間の自由と平等、残虐な刑罰の禁止などを謳《うた》ったが、人権を具体的に宣言したのは世界人権宣言が初めてといっていい。

世界人権宣言は30条からなり、人権および自由を尊重し確保するために、「すべての人民とすべての国が達成すべき共通の基準」を宣言するものであり、人間の自由と尊厳性、権利における平等の原則を打ち出し、具体的な人権を規定している。宣言は主として政治的自由に焦点を当てていた。国連で賛成48、反対ゼロ、棄権8で採択された。棄権は西側的価値観に反対したソ連とソ連圏諸国5カ国、黒人住民の政治的権利を否定していた南アフリカ、宗教の自由を抑制していたサウジアラビアだった。宣言はそれ以降の条約や国連の決議、各国内の法律の重要な指針となった。国連はそ

の後、人権を社会的、経済的、文化的権利にまで拡大し、それを謳った一連の国際条約を採択していった。

また過去70年以上にわたり、ヨーロッパ、アフリカなどでも地域諸国による人権協定が締結されていった。ソ連・東欧との関連では、1975年のヘルシンキ合意で全欧安保協力会議（CSCE）が設立され、会議は人権に重点を置いた。CSCEは、ソ連への内政干渉と見られないようソ連圏での人権侵害に対しては慎重に対応した。国際政治で人権と国家の外交政策が衝突する状況がありうるが、ほとんどの場合は外交政策が優先された。イギリスの労働党政権は1997年に人権重視の倫理的外交政策を重視する方針を打ち出したが、政治的考慮が倫理的外交政策の推進に影響することが多かった。また近年のテロとの戦いにおいても、欧米諸国は国益を優先し、国内で人権を抑制、侵害するような政策を推進した。米国はテロ容疑者を裁判所の承認なしで、人権が確立されていない国の秘密の場所に連れて行き、尋問を実施した。また米国はテロ容疑者を2002年以来、キューバのグアンタナモ米海軍基地の収容施設に収容したが、人権の観点からこの措置は国際的批判を浴びてきた。この結果、ジョージ・W・ブッシュ大統領の外交政策の信頼性が揺らぎ、オバマ大統領はその信頼性を回復するため、就任早々にグアンタナモ基地収容施設閉鎖を命じる大統領命令に署名した。

奴隷貿易を禁止した1815年のウィーン会議から200年、1948年の世界人権宣言から70年近く経過した今も、奴隷制が継続している。現在、世界で3000万人の奴隷が存在し、そのうち1000万人は児童である。歴史的に奴隷制は経済的利益のための人間が支配を受ける状態を意味したが、現在では性的虐待・搾取、経済的搾取のために人身売買が行われており、その性格が変化してきている。この人身売買、奴隷取引は、親が経済的利益のための子供を売ることがよくある後発開発途上国の国内だけでなく、国際的にも行われている。ソ連崩壊後、東欧諸国からの人身売買が増えている。

人権の起源に対するアプローチは、普遍主義者と相対主義者とで異なっている。

国際的人権への重要な異議申し立ては、こうした人権が真に普遍的なものなのか、あるいは文化的背景に依っているものなのか、という疑問を中心に展開してきた。文化相対主義は、普遍的な理非は存在しない、とする。慣習や価値観、物の感じ方はそれが生じる文化的背景で判断される。この議論のもとでは普遍的権利は存在しないので、われわれが普遍的だとしている権利は、実はわれわれ独自の文化の産物ということになる。ある文化の権利を他に押しつけることは、ある国が他の国の政治活動を支配あるいは管理する帝国主義の一形態である。

普遍主義者は、すべての人間は同一の権利を持っており、その権利は不変であると信じている。この見方は権利は社会を超えたところに由来するというアイデアから出発している。相対主義者は権利は文化に相対的関係を持って存在すると主張する。これは権利は社会のそのときの価値観の産物であるという見方である。権利には、個人主義的権利と共同体主義的権利があり、個人主義は個人の権利を社会の権利より重視し、共同体主義は共同体の権利を個人の権利より重視する。

文化相対主義の信奉者の中には、1948年に採択され、世界で人権政策を判断する際の基本原則になっている国連の世界人権宣言に掲げられた権利の多くが西側の文化と個人主義重視を反映したものであると主張するものもある。それゆえ、社会や団結を重視する文化とは相いれない、というわけである。

普遍主義支持者は、権利は人間の本質に基づいたもので、文化にかかわらずすべての人に生じるべきであると主張する。何が正しいかを文化が決定するという主張は、道義の本質に反する。権利の普遍性の擁護者は、ほぼすべての文化が人間の尊厳を守るという考えを有しており、拷問や奴隷制からの解放のような権利についてはほぼ普遍的合意がある、と主張する。

世界中で広く人権が侵害されている。人権侵害は、国家の権威主義、社会的偏見、その他が原因になって行われている。人権侵害は多くの場合、社会ダーウィン主義、ファシズムなどの抑圧的イデオロギーなどにより正当化されてきた。

人権侵害は通常、政治的な理由で行われるので、人権分野での活動は非常に困難である。このため、特定の国の人権問題を改善しようとする努力は、その国の反発を引き起こし拒絶されることが多い。世界人権宣言などの国連の多くの宣言、基本的人権を規定する多国間条約を採択する中で、人権保護における最も大きな前進が達成されてきた。ただ多くの条約に国が加入しているからといって、それにより人権侵害が防止されるわけではない。人権保護の障害には、国家主権、国により文化の基準が異なるという主張、イラクのアブグレイブ刑務所で発生したような人権侵害者に対する刑務所における虐待などがある。

人権保護の執行は、宣言や条約に比べてはるかに後れている。ただ世界的に人権尊重の意識、人権侵害に対する反対意識が高まっており、それが人権保護に前向きの影響を与えている。また人権分野において、国連人権委員会などのＩＧＯ、国際アムネスティなどのＮＧＯが多く存在し、活発に活動している。国連人権委員会の活動は２００６年、総会の補助機関として創設された国連人権理事会（ＵＮＨＲＣ）へと引き継がれた。

これまでに述べたような国際機関内における人権関連の国家活動以外に、多くの国が人権を二国間外交関係の事案に選んできた。[6]実際、過去10数年における人権への関心の高まりは、人権を米外交政策の目標の１つにするために尽力したジミー・カーター大統領（任期１９７７～81年）の触媒作用として辿ることができる。しかし、人道的介入について世界的には多種多様の法的解釈がなされている。何人かの著述家が最近、少なくともある状況においては人権のための人道的介入を正当化できると力を込めて、そして説得力をもって論じている。[7]リベラル派の論客マイケル・ウォルツァーはそうした議論の一例といえる。ウォルツァーは書著『正しい戦争と不正な戦争』によって、最近の人道的介入に関する多くの道徳的議論を引き起こした。それでもなお、ウォルツァーでさえも「人権侵害があまりに酷くてコミュニティの対話や自決が皮肉や的はずれ（無意味）に思える場合」[8]や、大規模かつ執拗で、組織的な人権侵害が人類の道徳心に衝撃を与える場合には、介入を容認するべきであると認めている。

◉秩序と正義の緊張

国際政治において、秩序と正義の達成は目標になっているが、多くの場合、秩序と正義は両立しない。2度の世界大戦を経験した国際政治においては、国際正義よりも国際秩序の方が優先されてきた。国際レベルの無秩序は恐るべきもので、時として最悪の事態を招きかねない。国家間に正義の問題を持ち出すことは、多くの場合、力の均衡に基づく国際秩序にとっての脅威となってきた。国際正義と国際秩序の間には緊張関係がある。モラリストは、たとえ結果が世界の破壊につながっても道徳的に正しいことをすべきだと主張する。これに対して、リアリストは国際正義の追求の危険を認識し、正義追求の否定的結果を常に意識することを強調する。国際秩序の破壊は国際正義追求の努力をも損ねる結果になるということから、リアリストは正義追求における慎重論を強調する。ヘドリー・ブルは秩序の優先をその結論とした。なぜなら、国際レベルの無秩序は破滅を導き、実のところ国際正義の追求に向けたあらゆる努力を損なう可能性があるからである[9]。

人権問題を例に考えてみよう。国家による自国民に対する人権監視は有史時代から存在する。例えば、世界の約70カ国が現在、拷問を正式な国家政策として是認している。これらの国を対象に人権侵害を理由に経済制裁を実行すれば、国際貿易に甚大な影響をもたらすだろう。また武力行使またはその脅しをかければ、果てしない戦争状態に突入する。1999年、小国セルビアを世界最強の軍事同盟NATOが国連安保理の決議を経ないまま空爆し、コソボへの抑圧とアルバニア系住民の虐殺を停止させるのに79日間を要した。

国際秩序と国際正義の緊張には、国家主権、政治的責任、多文化主義という要素がある。国家主権の尊重に付随する内政不干渉の原則は国際システムの基本原則になっている。１９４５年以来、主権尊重の原則が緩んできて、多くの人権に関する国際協定、条約が国家主権とその行為を制限する傾向が強まっている。しかしこれらの条約を順守する国々はほとんどの場合人権を擁護している国々であり、人権侵害国は条約を無視している。また正義の要件の間に相克がある。正義は普遍的ですべての人間に適用されるものだが、正義を達成する手段、すなわち軍隊と国家指導者の責任は国家により規定される。軍隊は国内で組織されるし、指導者の責任はまず国民に対する責任であり国益に縛られる。国際的に人権を保護する行動、国際正義のための行動を取ろうとしても、国家指導者と軍隊はそれぞれの国益に制約され、効果的な行動を取ることができない。

また国際正義を追求する行為は、正義の押し付けであり、一種の帝国主義であるという批判もある。例えば、普遍的人権は文化的民族自決権と合致しないことがままある。土地の共同体所有に基づいて築かれた村にとっては、私有財産権は村の存続すら脅かすかもしれない。宗教の自由を守るための条項も、特定の宗教における基本的信仰教義に反するかもしれない。また女性を守るための条項は、どこかの社会で行われている数々の文化的信仰や習慣を侵害しているかもしれない。[10]

半面、ブルが指摘するように国際的な不正が放置され、はびこることが無秩序の原因になることもある。[11] 南北間の経済的不平等はそれが深刻になれば、経済難民を生み出し、国や地域の安定を損ねる。貧困な人々が状況を改善するために暴力的手段に訴える可能性も高まる。正義の欠如を無視し続けることは国際秩序に否定的結果を生み出す恐れがあり、無視できない。こうした認識を常に持ちながら、秩序を正義に優先していかなければならない。冷戦後の時代には、2003年に設立された国際刑事裁判所（ICC）など人権保護の機関、メカニズムが大きく発達し、アウグスト・ピノチェト、スロボダン・ミロシェビッチなど、元国家元首の人権侵害などが裁かれるようになっている。

2001年9・11米同時多発テロは、19人のアルカイダのテロリストが民間旅客機をハイジャックし、それを強力な武器として使って破壊をもたらした事件である。これはグローバリゼーションの時代に、小さな個人の集団が従来は武装した国家でないと成しえなかった破壊行為を実行できることを示した。またこれは世界的な不平等、不正義に対する報復、米国の覇権への抵抗だとの見方もある。米国の対応は当初は国連、NATOを通じてテロ組織の資産を凍結するなど多国間アプローチだったが、その後のイラク戦争、テロとの戦いは米国の単独行動的性格が強く、国際テロへの多国間アプローチを損ねることにもなった。米国のハードパワーの行使は米国のソフトパワーを損ねる結果にもなった。イラク戦争は2005年から2007年にイラクの内戦を引き起こし、イラクはイスラム過激派の拠点化し、国際的にもアルカイダのシンパを増やしテロリストのリクルートを促進する結果になった。テロへの軍事的アプローチは国際秩序を強化したのかどうか議論の余地がある。自由民主主義諸国はテロ対策のために国内の自由と人権を制限し、国際正義、人権への関心が後退した。

国際人権規約には、人権は「人間の固有の尊厳に由来する」とある。[12] しかし尊厳ある生活を保証するための戦いは、おそらく人間社会そのものと同じくらい古くからあるにもかかわらず、そうした尊厳を実現するメカニズムとしての人権に信をおくようになったのは比較的最近のことである。

こうした規範に違反している国ですら、その違反を正当化はするものの、逸脱行為として認めざるを得ないことからも、国際人権規範が世界に広く受け入れられていることがわかる、とルイス・ヘンキンは述べている。[13] 違反した国々は、人権侵害は日常的に行われているものではないと言い訳し、異常な状況下の非常事態であることを強調する。

国際秩序と正義の緊張が続く中、国際法の維持は複雑である。なぜなら、国際法を実施する世界政府がないために、国家がしばしば国際法を無視するからである。それでも、国家間関係を規制するのに役立つと認めていることから、国際法は大多数の国にとって意義のあるものである。[14] 過去100年間の国際交流の深まり、拡大に伴って、国際法が発達し、初歩的ではあるが国際的な正義の基準が確立されてきた。この発達のペースは緩慢なことが多いが、今後さらに進展が継続することは間違いない。

こうして国際法や道義は、少なくともいくつかのケースで、相対立する異なる結論を導いてしまうのである。国際政治の機能の1つはそうした対立を解消する手助けをすることである。国家が外交政策において競合しあう道徳的かつ法的要請に、どのように対応するかを決定する際には、政治的判断が本質的な役割を果たすことになるだろう。しかし、そのような決定を下した政治状況は、人道主義者が好むような道徳論議によって実際的な危機を呼びがちである。

(Endnotes)

1 Christopher C. Joyner, *International Law in the 21st Century: Rules for Global Governance* (Lanham, MD: Rowman & Littlefield, 2005).

2 Paul D'Anieri, *International Politics: Power and Purpose in Global Affairs*, 2nd ed. (Boston: Wadsworth, 2012), p.377.

3 Louis Henkin, *How Nations Behave*, 2nd ed. (New York: Columbia University Press, 1979).

4 報復、評判についてはRobert Axelrod, *The Evolution of Cooperation* (New York: Basic Books, 1984)を参照。評判についてはJohn Mercer, *Reputation and International Politics* (Ithaca, NY: Cornell University Press, 1996)を参照。

5 Charles R. Beitz, "Human Rights as a Common Concern," *American Political Science Review*, Vol.95, No.2, 2001, p.247.

6 本章は、Jack Donnelly, "Human Rights and Foreign Policy," *World Politics*, Vol.34, No.4, 1982, pp.574-595; Jack Donnelly, "Human Rights, Humanitarian Intervention and American Foreign Policy: Law, Morality and Politics," *Journal of International Affairs*, Vol.37, No.2, 1984, pp.311-328を参照している。

7 例えば、Jerome Slater and Terry Nardin, "Nonintervention and Human Rights," *Journal of Politics*, Vol.48, No.1, 1986, pp.86-96; Charles R. Beitz, "Nonintervention and Communal Integrity," *Philosophy and Public Affairs*, Vol.9, No.4, 1980, pp.385-391; Robert Matthews and Cranford Pratt, "Human Rights and Foreign Policy: Principles and Canadian Practice," *Human Rights Quarterly*, Vol.7, No.2, 1985, pp.159-188.

8 Michael Walzer, *Just and Unjust Wars* (New York: Basic Books, 1977), p.90.

ウォルツァー批判については、Slater and Nardin, *op. cit.*; Beitz, *op.cit.*, "Nonintervention"; and David Luban, "The Romance of the Nation State," *Philosophy and Public Affairs*, Vol.9 , No.4, 1980, pp.392-397を参照。

9　Hedlay Bull, *The Anrachical Society: A Study of Order in World Politics* (New York: Macmillan, 1977).

10　Glenn P. Hastedt and Kay M. Knickrehm, *International Politics in a Changing World* (New York: Pearson, 2003), p.293.

11　Hedlay Bull, *Justice in International Relations* (Waterloo, ON, Canada: University of Waterloo Press, 1984).

12　国際人権規約には世界人権宣言（１９４８年）、経済的、社会的及び文化的権利に関する国際規約（１９６６年）市民的及び政治的権利に関する国際規約（１９６６年）、選択議定書が含まれる。

13　Louis Henkin, "The Universality of the Concept of Human Rights," *Annals of the American Academy of Political Science*, Vol.506, No.1, 1989, p.10.

14　Alasdair Blair and Steven Curtis, *International Politics: An Introductory Guide* (Edinburgh, UK: Edinburgh University Press, 2009), p.261.

第12章——国際政治経済の視点

◉本当は身近な国際問題

20世紀後半以降、貿易、投資、資本の流れ、通貨の交換など、国際的な経済交流が活発化することにより、急激にグローバリゼーションが拡大し、相互依存性が高まってきた。もともと国際関係において経済と政治は密接に関係していたが、グローバリゼーションの拡大のために、その関係性はますます重要になっている。とりわけ、貿易の急増、経済的相互関係の緊密化、国際経済の国内経済への影響の拡大などにより、経済の国際関係における重要性が高まっている。

２００７年、ウォールストリートから始まった金融危機は、全米にショックを与えたのにとどまらず、ヨーロッパへ、そしてアジアへと飛び火し、世界経済を低迷させるに至った。外国から輸入した野菜は安価である反面、安全性に乏しいものとして危険視されるようになった。インターネットで情報を交換している人には、善意の人々だけではなく、世界を混乱させようとするテロリストも紛れ込んでいるかもしれない。そして、世界が相互につながることによって、日本企業は否応もなく新しい社会的価値創造へのグローバル競争に参加している[1]。

われわれはさまざまな形で国際政治の影響を受けるが、その1つが経済的影響である。世界の産業構造と金融構造が結びつきを強めていくにつれて、国際政治における変化が国内社会に与える全般的影響も拡大している。国際政治の影響を受けて貿易体制が変化することにより、雇用が生まれることもあれば失われることもある。日本は不可欠な資源を海外に依存しているから、ある国の政策が変わることで発生したインフレがわれわれの生活に直接に影響することもある。漁業資源などに関しては、資源の取り分が国際問題に左右されている。このように、国内問題と国際問題の結びつきが非常に強いので、ある研究者は、国際的関心事と国内的関心事の結合を表す言葉としてインターメスティックという新語を造ったほどだ。[2]

国際問題の中でも、国際経済は、些細なことから重要なことまで、現代の生活のあらゆる面に影響を及ぼしている。国際経済や世界貿易の影響があまりに広がっているために、われわれはそれを当然と考えてしまいがちである。しかしちょっと手を止めて自分たちの衣類、コンピュータ、自動車、食料品について吟味してみれば、ちょっとした国際貿易の変化が私たちの生活を大きく変化させてしまうかもしれないということがわかる。ニュース報道で国際貿易や金融論争が頻繁に取り上げられるので、国際問題はもはや目新しいことではなくなったかもしれない。しかし、国際貿易が取るに足らなく見えるほど当たり前のものになっている一方で、石油価格の高騰、保護貿易、移民問題が示すように、国際貿易の重要性に直面することもしばしばである。国境を越えた商品、サービス、お金、人々、情報の流れが増大することは、国境を越えた相互利益への大きな機会を約束するものである。しかし、同時に、利害関係も増大するために、国際貿易は争いや互いに損害を受ける可能性をも含んでいる。この機会と危険の混合、交錯のために、国際経済は国際政治の分野で重要性を増している。経済が安全保障に代わって国際政治の第1の論点になったとする主張には多くが異議を唱えるが、経済がかつてないほど重要になったということを否定する人はほとんどいない。

◉国際政治経済学とは

国際政治経済学は国際政治学と国際経済学の双方向的な結合である。政治学と経済学の結合関係は両方向に進む。まず、国際経済における出来事はしばしば政治的影響を及ぼす。例えば、日本車の輸入によって米国における自動車製造業界の雇用が喪失すると、米国市民は政治家にその問題に取り組んでくれるよう訴える。政治が経済に影響することも真実であり、個々の国家による政策がしばしば世界の経済情勢に影響を及ぼす。例えば、米国政府のエタノール生産に対する補助金増額の決定は、石油依存を減らすことと農業従事者を豊かにすることを意図しており、国内事情を背景としていた。しかしその決定のために、食用農作物の収穫高が減り、世界中で穀物価格を上昇させることになった。同様に、一国の債務危機が他の国々で経済の大混乱を引き起こしたことも記憶に新しい。国際政治経済学者は、こうした現象を対象として、その要因と展開について分析を試みる。

学術研究分野としての国際政治経済学は１９７０年代初めに出現した。これは、米国が金とドルとの交換を停止したことによるブレトン・ウッズ体制の崩壊や、石油輸出国機構（ＯＰＥＣ）の輸出統制の結果として原油価格が4倍に高騰し、世界中に衝撃を与えた１９７３年の石油危機と時を同じくする。こうした経済上の出来事の政治的余波によって、それまでの国際経済学と国際政治学という仕切りに疑問が呈され、この両分野にまたがる多くの重要問題を研究対象とする国際政治経済学が誕生した。[3]

代表的な国際政治経済学者の1人であるスティーブン・クラズナーは、国際政治経済学について、次のように述べている。「国際政治経済学は次のような疑問に答えようとしている。すなわち、国家間の国際的勢力分布の変化が国際貿易システムの開放性の度合いにどう影響してきたか。ある国の国内政治経済は国際市場でさらに効果的に太刀打ちできるか。南（北半球の熱帯地域以南）の北（北半球の温帯地域以北）に対する相対的貧困は、個々の国家固有の状況によって説明すべきか、あるいは国際経済システムに起因すると考えるべきか。いつ国家間の経済的結びつきを政治的手段として利用できるかである[4]」。

国際政治経済学は、経済、政治に関係するさまざまな問題を含んでいる。これは国境を越えた商品、お金、人々、情報の移動にかかわる問題である。経済現象について国家が管理できるのは、自国の国境内で発生し完結するものだけである。個々の政府は、国境を越えた経済活動に影響を及ぼす能力をさほど持っていない。商品、お金、人々、情報の国境を越えた移動量は急激に増加しているため、紛争が生じやすく、そのため交渉による解決を求める圧力が近年増大しており、将来さらに大きくなることが予想される。これは、広くグローバリゼーション・プロセスとして知られている。

国際政治経済学は、学術上の大きな意味がある。それは、金融と貿易がグローバル化した現代において、ますます議論が高まっている政治学と経済学の連鎖的な関係に焦点を当てているからである。現在認識されている経済の相互依存の高まりは、1世紀以上も前に始まったある潮流が頂点に達した結果であると考えられる。しかも、この到達レベルは類を見ないものである。国家間における経済の結びつきが強まるにつれて、為替メカニズム、貿易、金融、市場などに関するこれまでの伝統的考えが、新たな観点で再検証されてきた。例えば、北の富裕国と南の貧困国との間の論争は、政策論争や理論論争を含めて国際検討課題の第1位（トップ）となった。[5] その上、国家間関係に焦点を当てることは、グローバリゼーションの文脈で行われることが多いため、どの程度まで国家と非国家アクターの役割を分けることが可能か、国際領域と国内領域をどれくらい明確に区別できるかといった問題から、国家間の関係を検討する評論家もいる。[6]

国家間の関係の中でも、とくに注目されるのが国家間の貧富の差である。世界の構造は長い間、「富める北」と「貧しい南」の2つの経済圏として考えられてきた。1959年にイギリスのロイド銀行会長フランクス卿によって、南北問題という言葉が初めて用いられた。2つの経済圏は一部重複しているが、「南」の大多数の国、人民は、「北」の国々、人民に比べて、はるかに経済的に貧しく、工業化が進んでいない。また、「南」は歴史的に、「北」の国々により直接的、間接的に植民地支配されてきた。世界の南北の経済格差は継続し、むしろ拡大している。「南」の経済的社会的状況はここ数十年で大きく改善してきたものの、「南」の経済状態改善のデータは、とくにサハラ以南のアフリカ諸国の状況の悪化により歪曲されている。世界全体では国家間の相互連結性はかなり高まっているが、中央アジアやサハラ以南のアフリカなどではこのような変化の影響はあまり受けていない。これはアンドリュー・ハレルとニリー・ウッズが裏づけたことであり、2人は「グローバリゼーションに関するリベラルやその他の研究が見落としていることは、世界政治のとりわけ重要な主眼である不平等である」と述べている。[7] また、トマス・バーネットは、このような世界経済から断絶されている国々を「グローバル化に統合されない間隙（ギャップ：Non Integrating Gap）にはまり込んだ社会」と呼び、今日の平和の脅威は、グローバル化のルール拡大からいかなる犠牲を払っても独自の規範を守ろうとするギャップ地域を温床とする一群がもたらしている、としている。[8]

貧困についていえば、２００７年度国連人間開発報告書によると、約26億人が1日2ドル以下の生活をしている。[9] これは世界の人口の40％に相当する。国家間の貧富の差は拡大し続けている。約10億人が本も読めなければ自分の名前を書けないまま21世紀を迎え、その3分の2は女性である。[10] 国際政治経済学の研究に対する高い関心は、富める国と貧しい国のギャップが拡大する理由の究明とその対策が求められるゆえかもしれない。

◉国際政治経済学の分析アプローチ

国際政治経済を理解するには、政治学および経済学における基本的な概念だけでなく、国際政治経済学に特有の分析アプローチを理解する必要がある。国際政治経済学の分析アプローチは、大別すると、経済ナショナリズム、経済的自由主義、経済的構造主義の3つのグループに分かれる。

経済ナショナリズムの考え方の中核は、国家は国益を増進するために国家的経済力を活用すべきであるというリアリズムの考えである。経済活動における国家の優位性を主張する。この考え方によれば、国家はその力を増強するために経済を育成して、そのために適した対外経済政策を形成すべきであるとしている。16世紀以降のヨーロッパ諸国における重商主義に端を発する考え方である。初代財務長官アレキサンダー・ハミルトンはこの見解を要約して、米国の産業を保護し、米国の経済力を増強するためには、「(米国)政府の介入と援助は不可欠である」と主張している。[11] 関税などによる保護主義や、輸出品を製造している企業への税控除といった国内経済支援は経済ナショナリストが好むツールである。経済ナショナリストは経済手段を政策ツールとして利用することを好むために、重要な経済手段(梃子《てこ》)を取り去り、国家の主権や力を減じるという見地から、自由貿易や経済グローバル化のさまざまな観点には懐疑的である。

また、最近は、経済ナショナリズムと地政学とを組み合わせた観点も現れている。2014年3月、ロシアがウクライナ・クリミア半島併合を宣言したが、不安定化が続くウクライナ情勢が世界経済の地政学リスクの1つであると指摘される。経済ナショナリズムが関心を持つ政策の中には、自国が有利になるような自由貿易圏の設定、エネルギー資源の国営管理や輸出制限、資源の獲得および排他的利用、環境改善や省エネルギーにおける新技術開発などがある。これらはいずれも、当該国の自然地理的・人文地理的・経済地理的位置づけが関連しており、そうした位置づけを政治的に把握しようとする地政学ともつながりを持つ。この意味で、経済ナショナリストは、右手には統計書を左手には地球儀を持ち、心では国民経済の繁栄を願いながら、国益増進のための政策を立案するのである。

経済ナショナリズムの視点によると、国家は、経済的手段で国益を増大させ富と他国に対する強制力を得ようとする行動をとると想定している。経済ナショナリズムの立場に立てば、貿易とは国に富をもたらす手段であり、輸出は拡大すべきものであるが、輸入は国から富を流出させ他国への依存を高めるものであるからできる限り減らすべきものとして映る。このため、経済活動における政府の介入を積極的に是認し、自由貿易よりも「管理貿易」を好む。また、国際協調的な政策は自国の国益を増進させることが期待できる場合にのみ有効である。他国に経済援助を送るのは、自国製品のための市場や原料の確保につながる場合、あるいは何らかの政治的外交的なメリットがある場合に限られる。

グローバル経済の中で、国家はどのような重みがあるのか。現代社会では、グローバル経済の行動主体は国家だけではなく、国際機関、国家の統合体（ヨーロッパ連合など）、多国籍企業、国際的な非営利団体（ＮＰＯやＮＧＯ）も主要なアクターとしてグローバル経済に参加している。経済ナショナリズムは、国家主権の国際機関への譲渡には反対であり、国際社会における国家の優位性を主張する。同様に、多国籍企業が国家主権を侵害することを許容することはないし、非営利団体の存在は認めるものの、その権威は尊重しない。

経済的自由主義は、経済的繁栄はすべての人に提供されるべきものであり、繁栄は協調を通して達成・維持される可能性が最も高いので、国際経済関係においては調和が可能であると見る。経済的自由主義の中心的特徴は、政治と経済を切り離し、国際経済交流を政治的制約から解き放つことにより繁栄を生み出そうとする点にある。経済的自由主義は市場メカニズムや一般的に自由放任主義と訳されるレッセ・フェールなど、資本主義的な思想を連想させる。したがって、経済的自由主義者は、経済ナショナリストとは対照的に商品、資本、通貨の自由な流通を歪める関税障壁、国内のさまざまな助成金、経済的制裁、その他の経済ツールには反対である。政府が積極的に市場に不介入である政策をとることが望ましいとされている。

現代の経済的自由主義は通常、国際経済における政治介入を排除するという資本主義アプローチを信奉しているが、現代の経済的自由主義は政府間国際組織や国家の経済政策を次の2つの目的に活用するのを好むために、いわば修正型資本主義であるといえる。2つの目的とは、国家に資本主義と自由貿易を確実に採択させることと、将来の競争を公平化し、現在の後発開発途上国（LDC）が繁栄を達成する機会を得られるように、システム最大の不公平さを緩和すること、の2つである。このように、経済的自由主義は、現在の政治、経済的国際システムをくつがえすことは望んでいない[12]。

1980年代から1990年代においては、世界銀行や国際通貨基金で経済的自由主義を基にした政策が支持された。これは、「ワシントン・コンセンサス」と呼ばれていた原則であり、発展途上国に対して、貿易と投資に関する規制の緩和と撤廃、補助金の大幅な削減、公営企業の民営化、公務員の削減、汚職の追放を始めとするガバナンスの改善などを求めたものである。これらの要求は、1970年代に途上国において、公的部門の肥大、民間部門への圧迫、効率の低下と汚職、などの「政府の失敗」が多く見られたことに対する反省、および対策である。しかし、「ワシントン・コンセンサス」に対しては、社会保障の削減や廃止により国民の福祉の低下につながる、公営企業の民営化にあたり不平等・不公正な利益の配分が発生する、途上国の企業と先進国の企業を対等とすることは途上国の発展を阻害する、などの反対意見がもたらされた。このような反対意見は、1999年12月にシアトルでの世界貿易機関（WTO）の第3回閣僚会議の開催を妨害した運動へとつながっていった。社会的経済的基盤の発展段階が異なる諸国間であっても統一された市場原理を適用することができるのかという疑問は、現在でも提起されている。

経済的構造主義は、世界を持てる国々と持たざる国々に分けることをもとに世界政治を考え、経済先進国は後発開発途上国を搾取するために、弱く貧困な状態にしておこうとすると考える。経済的構造主義には2つの種類がある。1つはカール・マルクスに基づくマルクス主義で、経済的平等が達成されるためには、資本主義経済体制全体が国家的、国際的社会主義体制に置き換えられなければならないと考える。もう1つは、それほど過激ではない経済的構造主義で世界システム論を含み、現在の市場体制を改革するためには、後発開発途上国が経済先進国に従属する体制を終結させる必要があると考える。

表1は、国際政治経済学の分析アプローチを要約したものである。また、表2は、さまざまな問題について、3つの分析アプローチにより考察したものである。

次に示す図1は、3つの分析アプローチの相互関係を示したものである。この図で表現されてい

表1　国際政治経済学の分析アプローチ

	主要アクター	アクターの行動目的	行動の場
経済ナショナリズム	主権国家	経済的繁栄とパワーの点で独立を維持し優位に立つこと	外交あるいは戦場
経済的自由主義	個人と企業	効用や利益を最大にすること	市場
経済的構造主義	支配階級と被支配階級	支配階級の目的は、方法を問わずに利益を最大限まで追求すること 被支配階級の目的は、革命により権力を奪取すること	独占資本主義的構造

表2　国際問題をそれぞれのアプローチで解釈すると

	国連などの国際機関が必要なのは	国際的な貧富の格差を是正するには	市民団体(NPO など)は
経済ナショナリズム	国際機関が自国の安全保障と経済的繁栄に有利なときだけである	管理貿易や産業政策など国家による強力な政策的介入が必要である	経済的繁栄を求める上で有益であるが、市民団体は反政府的であってはならない
経済的自由主義	国家間で規制などを統一して市場の有効性を高めるためである	規制撤廃や民営化など市場の機能を増す施策が不可欠である	市場の機能を改善する上で重要な役割を果たす
経済的構造主義	先進国に対抗し、パワーと経済力の再配分を実現するためである	途上国の産物の価格を公正にするほか、外国企業を国有化することが有効である	被支配階級にいる人々の連帯を強める上で重要である

るとおり、経済ナショナリズム、経済的自由主義、経済的構造主義の各アプローチは、相互に対立する。

例えば、先進国が自らの国益を重視する考え方（経済ナショナリズム）を強調するならば、市場に介入して経済効率を減少させるし、途上国を含む世界全体の公正を増進することにはならない。市場における効率を重視する考え方（経済的自由主義）ならば、国益への配慮は小さくなるし、世界経済での格差の拡大もやむを得なくなる。世界的な公正や平等を重視する考え方（構造主義）ならば、先進国の国益も市場における経済的な効率も軽視することになる。別の見方をすれば、先進国でも途上国でも政治的な意図により

3分析アプローチの比較

	経済ナショナリズム	経済的自由主義	経済的構造主義
主要アクター	主権国家	個人と企業	支配階級と被支配階級
アクターの行動目的	経済的繁栄とパワーの点で独立を維持し優位に立つこと	効用や利益を最大にすること	支配階級の目的は、方法を問わずに利益を最大限まで追求すること 被支配階級の目的は、革命により権力を奪取すること
行動の場	外交あるいは戦場	市場	独占資本主義的構造
国連などの国際機関が必要なのは	国際機関が自国の安全保障と経済的繁栄に有利なときだけである	国家間で規制などを統一して市場の有効性を高めるためである	先進国に対抗し、パワーと経済力の再配分を実現するためである
国際的な貧富の格差を是正するには	管理貿易や産業政策など国家による強力な政策的介入が必要である	規制撤廃や民営化など市場の機能を増す施策が不可欠である	途上国の産物の価格を公正にするほか、外国企業を国有化することが有効である
市民団体（NPOなど）は	経済的繁栄を求める上で有益であるが、市民団体は反政府的であってはならない	市場の機能を改善する上で重要な役割を果たす	被支配階級にいる人々の連帯を強める上で重要である

市場に介入するならば、経済的な効率をさらに低下させる（図1の経済的自由主義と残り2つの対立）。先進国だけで市場の自由化を進めることにより繁栄を追求するならば、先進国と途上国との対立はさらに大きくなる（図1の経済的構造主義と残り2つの対立）。経済的な効率を追求しつつ世界的な平等や公正を求めるならば、そうした行動は世界の主要国のナショナリズムに反する（図1の経済ナショナリズムと残り2つの対立）。こうして、3つの分析アプローチを用いることで、主張を相対的に位置づけることができ、分析がより容易になる。

◉国際競争を理解する

国際関係における国際経済の役割が強まっており経済的自由主義の傾向も重要性を増しているものの、国家の国際経済へのアプローチとしては、依然として経済ナショナリズムが中心である。国内政治が経済に大きく影響し、国内的政治圧力が関税その他の貿易規制を決定する重要な要因になっている。貿易は外交ツールとしても活用されている。

世界経済は、一見すると国際協調路線が主流であるように見える。

図1　3分析アプローチの相互関係

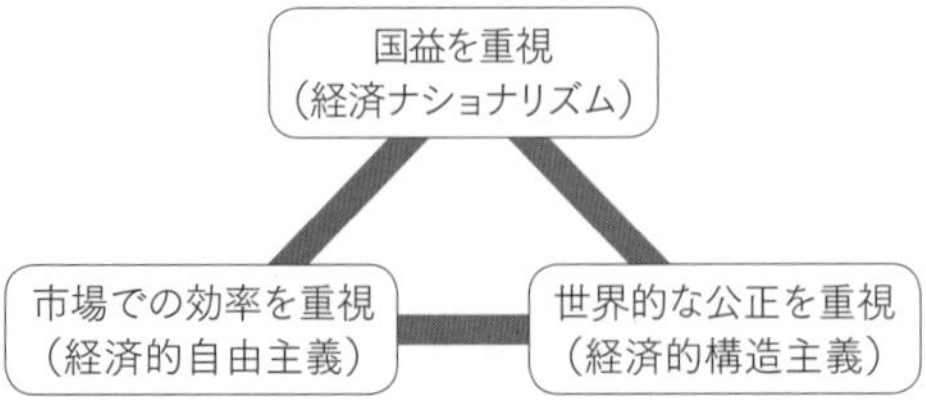

20世紀後半の世界経済には3つの注目すべき展開があった。第1は、競合する経済モデル、とりわけマルクス主義と社会主義に対する資本主義のほぼ完全な勝利である。残っている4つの正式な共産主義国家のうち中国とベトナムの2国が大々的に資本主義を採用し、マルクス主義モデルに従って何とか踏みとどまっているのはキューバと北朝鮮になった。第2の重要な展開は、貿易、投資、その他の経済活動の自由なやり取りを基盤とする、いっそうの経済相互依存への着実な動きである。既存の統計値が、国境を越えた商品、サービス、投資資本の移動が指数関数的に膨張しているのを決定的に示している。その上、後に述べるように、自由な国際的経済のやり取りを容易にし、促進するために、国際システムはEU、IMF、世界銀行、WTO、その他さまざまな世界的ないし地域的機関や協定を生み出してきた。第3の重要な変化は、貧しい国々の窮状に対する世界的責任感の成長である。ある指数によると、対外経済援助が年690億ドルを超える。第2次世界大戦以前にはなかったことである。

これらの証拠から、世界は必然的に経済統合と協調への道を進んでおり経済ナショナリズムの失墜は避けられない、と結論づけるのは誤りであろう。確かに経済ナショナリズムはやや衰退しているが、国際政治経済の主要なアプローチであることに変わりはない。[13] 経済ナショナリズム存続の最も重要な理由は、国際システムにおいては主権国家が依然として主要アクターの地位を占めていることと、政治アイデンティティの一番の中心としてナショナリズムは変わらぬ強さを持っていることが挙げられる。2005年に新しいEU憲法がフランスとオランダの有権者に否決されたときに、統合主義者は、統合や協調に対するナショナリストの反対の根強さを改めて認識した。さらに、国際政治経済におけるリベラルな変化への抵抗は、ヨーロッパに限ったことではない。米国でも保護主義的感情は強い。連邦準備制度理事会のアラン・グリーンスパン前議長が警告したように、「保護主義という雲が、このところ地平線上によく見え隠れするようになった[14]」。

経済ナショナリズムの観点では、次の2点が重要である。第1に、国家は依然として主要アクターであり続けることである。現在では国境を越える経済活動が国際経済の原動力になってはいるものの、国家は依然として、領域内での経済活動に対して規制や保護を加えるのに正当な立場にある。また、国際法に関する現在の考え方では、国家を越えた主権は存在しない。したがって、国家は国際関係において唯一ではないものの、主要なアクターである。

第2に、国家は、経済政策などにより経済力を活用して、国際社会の利益ではなく自分の国の利益となるように自国の経済資産を使うことである。国家は政治的目標を達成するために経済力を使う。国際関係において政治的な目的を効果的に追求するには、かなりの経済力が必要なことは自明の理である。経済力は、すべての国の全体的国力の重要要素である。経済力は、財政状況、天然資源、工業生産高、農業生産高に基づいている。国力の決定には、強い経済を打ち立てる基礎となる高度なテクノロジー知識、交通システム、情報通信能力など国家基盤要因に加えて、財政状態、天然資源、工業生産高、農業生産高なども関係する[15]。

経済ナショナリズムの観点に基づけば、諸国家がそれぞれの目的を実現する上で競争状態にあることは自明の理である。経済面における国家間の競争には、国のカテゴリーごとにより、「北北競争」「南北競争」「南南競争」がある。「北北競争」の例としては、自国に有利になるように知的所有権制度や自由貿易圏を設定しようとする競争がある。「南北競争」の例としては、国際的な貿易・投資制度を設定する際に先進国と開発途上国とで主導権を争うことがある。「南南競争」の例としては、先進国企業の投資先として他国よりも自国を優先させようとする取り組みがある。いずれにおいても、国家は、保護主義的貿易障壁、貿易や投資における優遇措置を「アメとムチ」のように適用することを通じて経済力を活用することにより、政治的目的を実現しようとする。しかし、実際には優遇措置と制裁はともに効果的に適用することが困難であり、数々のマイナス面がある。とくに経済制裁は、効果が限定されていたり、意図しない副作用により被害者を生み出したりすることが多い。

グローバリゼーションと相互依存性は経済的ナショナリズムを弱める効果を生んでいるが、経済的ナショナリズムは国家の国際経済政策推進の原動力になっている。さらに、国家主権、ナショナリズム、グローバリゼーションの弊害のゆえに、経済ナショナリズムは世界政治において中心的役割を果たし続けている。

◉国際協力としての経済援助

経済的自由主義者は、諸国が経済的に協力し、世界経済が融合することにより、未来はより明るくなると見る。そのため、世界的、地域的な経済協力や統合の動きを推奨しているし、実際に経済協力や経済統合が盛んに推進されている。経済的先進国は、自国の繁栄を維持継続するために国際協力を進め、開発途上国は自国の経済状態改善のための協力を進めている。こうした動きは将来にわたって継続するだろう。

経済協力や経済相互依存の概念は数百年前からあったが、それが国際経済関係に大きな影響を及ぼすようになったのは1930年代、40年代になってからである。大恐慌、第1次、第2次世界大戦の経済難、暴力という災厄《さいやく》の中で、経済ナショナリズムが災厄の大きな原因になったことに多くの指導者が気付き、それを見直すようになった。とくに米国とイギリスが中心となって、災厄を繰り返さないために新しい国際経済秩序を構築しようとした。1943年から48年にかけて、世界銀行、国際通貨基金（IMF）、世界貿易機関（WTO）の前身である「関税と貿易に関する一般協定（GATT）」、多くの経済機関を傘下に持つようになる国際連合などの国際機関が組織された。第2次世界大戦後には、米国が、戦争で打撃を受けた西欧諸国に対してマーシャル・プランにより1948年から51年にかけて130億ドル以上の対外経済援助を行った。マーシャル・プランは人道的要素もあったが、共産主義に対抗できるよう西欧を強化するという政治的国益と貿易相手国を復興するという経済的国益が動機になった。

第2次世界大戦後の経済的先進国を中心にした経済協力は、開発途上国の経済開発に焦点を移していった。[16] その理由は、先進国が経済的繁栄を回復したこと、独立運動の拡大により多くの植民地が独立国家になったこと、開発途上国の経済状態に対する国際的意識の高まりなどである。過去数十年間に開発途上国の社会経済状態は大幅に改善されてきたが、その改善は均一ではない。サハラ砂漠以南の最貧国の社会経済状態はむしろ悪化している。また経済開発は公害その他の弊害ももたらした。

開発途上国は経済発展のためには、道路、電力網、通信網などのインフラを必要とするが、それを構築するだけの資本を欠いている。さらに自国通貨は海外で通用しないのでドル、円、ユーロなどの交換可能通貨による資本を必要とする。このため、開発途上国は先進国からの経済援助、投融資、貿易を必要とする。また開発途上国は、先進国からの資本と自己資本をより有効に活用できるようにするため、国内改革を要求される。

開発途上国の経済開発を可能にするための経済援助、融資、貿易、投資を促進する国際的努力が国際機関を中心に行われてきた。国連の経済社会理事会（ＥＣＯＳＯＣ）傘下の機関、プログラム、国連関連経済機関は、国内規則で規制しきれない多国籍企業の規制など国際経済規則の運用、1981年以来の南北経済サミット、2000年のミレニアム・サミットなどを通じての南の経済開発という2つに焦点を当てた活動をしている。ミレニアム・サミットでは、150カ国の国家首脳が出席し、2015年までに達成すべき貧困の削減、教育改善、保健衛生改善など8つの目標を設定した。南の経済開発に焦点を当てている国連関連機関としては、開発途上国に技術援助、開発資金援助を提供するため、1965年に設立され134の開発途上国に事務所を持つ国連開発計画

（ＵＮＤＰ）、開発途上国の世界経済への統合を進めるために１９６４年に設立された国連貿易開発会議（ＵＮＣＴＡＤ）などがある。またＵＮＣＴＡＤ第1回会議で開発途上国77カ国が出した共同宣言に基づいて１９６０年代半ばに発足した77グループ（Ｇ77）は、現在１３２カ国の開発途上国が参加し、サミットを開催して開発途上国の開発検討課題を推進している。

国連が幅広い世界経済問題を扱っているのに対して、国際経済交流の特定の分野に焦点を当てている国際機関が多くある。１９４７年に発足した関税と貿易に関する一般協定（ＧＡＴＴ）は、１９９５年に世界貿易機関（ＷＴＯ）に改称されたが、当初の23カ国から１５７カ国へと加盟国が拡大してきた。ＷＴＯは貿易障壁を削減して自由貿易を促進することを任務としている。ＧＡＴＴもＷＴＯも自由貿易促進のため、ラウンドと呼ばれる多国間貿易交渉を進めてきた。最新のドーハ・ラウンドは自由貿易の拡大とそれを支える新しい世界の貿易ルール作りを目指す交渉だが、経済のグローバリゼーションと経済開発をめぐる南北交渉の性格を帯びてきている。

ＷＴＯはスイスのジュネーブに本部を置き、加盟国は他の国に対して協定違反を提訴できる。紛争解決機関が提訴を審理し、侵害を認めた場合は侵害国に制裁を適用することができる。加盟国は各国1票を持ち、制裁発動には加盟国の3分の2以上による表決が必要である。加盟国は6カ月前の事前通告でＷＴＯを脱退できるが、脱退した場合は相互関税引き下げなどの恩恵を得られなくなり、経済的にリスクを抱えることになる。一部にはＷＴＯが国家の主権を制限するなどの批判はあるが、近年には年間20件から30件の提訴がＷＴＯ紛争解決機関に持ち込まれている。２００２年から2005年の期間の全提訴の43％に米国が提訴国あるいは被提訴国として関与し、36％にヨーロッパ連合（EU）が関与した。

GATTは、多角的貿易交渉を通じて経済的障壁を低減する方向で改訂されてきた。妥結した最後の交渉は、1986年にウルグアイのプンテデルエステで開始され、1994年に妥結したウルグアイ・ラウンドである。同ラウンドの調印国は、向こう10年間で関税を平均3分の1削減することにより、7440億ドル分の関税削減で合意した。農産物の関税が初めて削減対象になり、多くの非関税障壁が削減あるいは廃止された。さらに調印国は5年以内に知的財産権保護を確立することで合意した。WTOは、2001年のカタールのドーハで3年以内にさらなる貿易自由化を達成する目標でドーハ・ラウンドを開始したが、ラウンドは目標を達成できず、経済開発とグローバリゼーションにおける先進国と開発途上国との間の優先課題の対立で交渉が滞っている。この対立は2003年のメキシコのカンクンでの交渉で表面化した。先進国は1996年シンガポールWTO閣僚会議で提起された課題、とくに開発途上国にカルテル規制、汚職規制、知的財産権保護、透明性導入などの国内改革を要求する課題に焦点を当てようとした。これに対して、開発途上国は先進国の農業輸入規制、とくに年間3000億ドルに達する国内農業補助に焦点を当てようとした。先進国と開発途上国の農業および製造業における貿易改革をめぐる対立のゆえに、ドーハ・ラウンドは頓挫《とんざ》している。

貿易、金融取引の拡大に伴い、ドル、マルク、円などの多様な通貨の国際的流通を促進し安定化させるための国際協力が必要になってきた。このため国際通貨基金（ＩＭＦ）など多くの機関が設立された。ＩＭＦは１９４４年に米国が主導してニューハンプシャー州のブレトン・ウッズで開催した戦勝国会議で、主要通貨間の兌換性、通貨と為替相場の安定を目的に樹立されたブレトン・ウッズ体制が確立され、その一環として１９４７年に44カ国が原加盟国となって設立された。当初は、金本位制、ドル基軸通貨が基本になったが、１９７０年代になるとこの基本が崩れ変動為替相場制が導入されるようになった。ワシントンに本部を置き、現在１８８カ国が加盟している。ＩＭＦの中心的機能は、貿易赤字その他の理由で経常収支の赤字を抱える国に短期融資を行うことにより、通貨の交換レートの安定を計ることである。融資を受ける国はＩＭＦ融資を使って債務を履行したり、自国通貨を買い戻したりできる。ＩＭＦは先進国の出資金と融資の金利でまかなわれる備蓄金を運用資金にしている。ＩＭＦは通貨単位に複数の主要通貨の平均値に基づく仮想通貨である特別引出権（ＳＤＲ）を使っている。近年は、融資はもっぱら開発途上国向けで、開発途上国の経済開発に重点を置くようになっている。ＩＭＦは貧困軽減、成長促進（ＰＲＧＦ）プラグラムを通じて、貧困国に特別優遇金利で融資を行い、貧困国の通貨を安定させ、インフレ高騰その他の経済問題を防止している。

ＩＭＦで議論を呼んでいることは、ＩＭＦの最高意思決定機関である総務会での投票権が出資金の支払い比率に応じて各国に配分されていることで、米国はじめ8先進国で投票の過半数を制することができる。ＩＭＦは非民主的で先進国が開発途上国を支配する道具になっているという批判を生んでいる。またＩＭＦはほとんどの融資に際して融資を受ける国が果たさなければならない条件を付ける。条件は、国営企業の民営化、貿易投資の障壁削減、平価切下げなど資本主義化、自由経済化を促進するものである。こうした条件が融資を受ける国の政策決定プロセスに干渉することにより主権を侵害しているという批判を生んでいる。またＩＭＦは過度の金融引き締めを要求することにより、国の経済に有害な結果をもたらしているという批判もある。こうした批判に対して、ＩＭＦ弁明者は、多く出資している国が応分の発言権を持つのは当然であり、融資条件は厳しい状況を生み出したとしても経済問題の原因を是正するために必要な条件であり、危機と融資の悪循環から脱出するには必要であると反論している。

開発途上国の経済開発のために融資と援助を提供することは、もう1つの主要な多国間経済協力であり、世界銀行などの機関がそのために設立されている。世界銀行グループも第2次世界大戦当時に米国および連合国の経済的繁栄を促進するために設立されたが、その後南の開発途上国を援助することに活動の焦点を移していった。世界銀行グループを構成する組織には、商業銀行のように金利を課して開発途上国のプロジェクトに対して融資を行う1946年設立の国際復興開発銀行（ＩＢＲＤ）、最貧国の教育、保健衛生など社会サービスや雇用状態の改善のために金利なしで融資を行う1960年設立の国際開発協会（ＩＤＡ）、開発途上国の企業に対して融資を行い民間投資の保証を行う1956年設立の国際金融公社（ＩＦＣ）、民間投資ロスの20％を保証することにより開発途上国への民間開発投資を促進する1988年設立の国際投資保証機構（ＭＩＧＡ）がある。

世界銀行もＩＭＦと同じように投票権が出資金の支払い比率に応じて各国に配分されており、この結果、米国が全体の16％の投票権を握っている。世界銀行総裁はいつも米国人が務めてきた。ＩＭＦの専務理事を西欧諸国の代表が務め、世界銀行の総裁を米国人が務めることが、米国とヨーロッパのほぼ暗黙の了解になっており、米国と西欧諸国が投票権の過半数を占めることで、この体制が維持されている。このため、世界銀行は米国の権力の道具になっているという懸念が一部で表明されてきた。この懸念は、米国防副長官として米国のイラク政策の推進役になっていたネオコンザーバティブ（新保守主義）代表格、ポール・ウォルフォウィッツが世界銀行総裁に就任したときにいっそう深まった。英フィナンシャル・タイムズ紙は社説で「ウォルフォウィッツが指揮する銀行を世界は米国のパワー、米国当局の手先（道具）に過ぎないと考えるだろう」と警告している。[17]

開発途上国の間では、先進国による世界銀行などの国際機関支配は、新帝国主義的支配を維持する手段になっているという批判が強まっている。マレーシアの経済学者マーティン・コーは、「経済的に見れば、われわれは旧宗主国にこれまで以上に依存している。世銀やＩＭＦはわれわれの旧宗主国が演じてきた役割を今もって演じている」と非難している。[18]また世界銀行は創設以来約６０００億ドルを援助、融資してきたが、世界銀行はその資金力を使って、融資を受ける国に資本主義的経済モデルを押し付けているという批判もある。これらの批判は、経済的構造主義者の観点と一致する。

20世紀後半にグローバリゼーションが加速する中で、経済先進国は経済の健全性を確保するために、先進国主導の国際機関を設立してきた。その1つは1961年に設立された経済協力開発機構（OECD）で、経済問題を討議する場になっている。多くの経済統計を公表し、経済的助言、技術支援を行っている。OECDも開発途上国とのつながりを強め、グローバリゼーション、持続可能な開発など南の関心事項をますます扱うようになっている。グループ・オブ・エイト（G8）は1975年に米英仏独、イタリア、カナダ、日本という世界の最も富裕な先進国からなるG7として始まった。のちにロシアも加わって、G8となる。G8の中心的活動は年1回開催される主要先進国首脳会議（サミット）である。G8はOECDに対して一種の取締役会のようなもので、サミットは当初は先進国の経済問題が焦点だったが、その後ますます開発など開発途上国の課題に焦点を当てるようになっている。2000年以降は、G8はサミットに開発途上国を招待するようになっている。2005年のG8サミットでは、2010年までにアフリカへの援助を500億ドルに倍増することが発表された。サミットは、気候変動、地球温暖化問題で、南北が対立してきた温室効果ガス排出規制などの問題への関与も強めてきた。G8は一部では「影の世界政府」の役割を果たしつつあるとされているが[19]、南ではG8は開発途上国援助などの公約を十分実行していないとか、援助の条件に開発途上国の腐敗撲滅、国内改革などを条件にすることで援助の公約を果たさない口実にしているといった批判がある。[20]

世界的レベルに加えて、地域レベルで経済協力、開発の試みがされてきた。多国間の地域貿易機関（RTO）は、地域経済協力の例である。世界には現在、ヨーロッパ連合（EU）のような大規模なものから、南太平洋のフィジー、パプア・ニューギニア、ソロモン諸島、バヌアツから構成されるメラネシア・スピアヘッド・グループのような小規模なものまで、約30のＲＴＯが存在する。開発途上国を含め世界のほとんどの国がＲＴＯに参加しており、複数のＲＴＯに参加している国も多い。ＲＴＯの約75％は開発途上国だけから構成されているか、開発途上国を含むＲＴＯである。ＲＴＯは南の経済開発計画にとってとくに重要である。

米国は１８８９年に、西半球における貿易で関税などの貿易障壁を減らすために、西半球税関連合を形成しよう努力した。この貿易障壁削減の動きは約１００年進展を見なかったが、グローバリゼーションの拡大とともに復活した。貿易量において西半球最大のＲＴＯである米国、カナダ、メキシコの北米自由貿易協定（ＮＡＦＴＡ）は１９９４年に発効し、２００４年までに約２万の製品カテゴリーの数百を除くすべての製品で、２００９年までに全製品で関税、非関税障壁を大幅に削減するスケジュールを確定した。

米国、メキシコ、カナダは3国間の貿易に大幅に依存しており、ＮＡＦＴＡの3国に与える経済的影響は大きい。ただ、カナダはすでに米カナダ貿易が活発に行われており、メキシコとの貿易関係はわずかしかなかったので、ＮＡＦＴＡからの影響は比較的少なかった。米国の場合、ＮＡＦＴＡの結果、多くの米企業が労賃の安いメキシコに生産工場を移転し、国境地帯のメキシコ側に工場を運営するようになった。この結果、米国では雇用が失われた。生産施設の移転でメキシコからの輸入増大で、米国は１９３３年から２００２年の間に50万７０００人の雇用を失ったとされる。米国、カナダに比べ経済力、経済規模がはるかに小さいメキシコが、NAFTAから最も大きな影響を受けた。NAFTA以前からメキシコ政府は米国境に近い地域の産業発展を支援するマキラドーラ・プログラム（輸出向け保税加工地域の制度）を実施していたが、NAFTAにより国境地帯の産業が急速に発展し、2000年までのその生産量が倍増し、労働者数が3倍に増えた。メキシコの製造業の製品の輸出の割合が拡大した。メキシコの国内総生産（GDP）成長率はNAFTA以後10年間で3倍になった。NAFTAはメキシコの経済発展に大きく寄与した半面、メキシコ中部、南部のトウモロコシ農家は、米国で農業補助のもとで生産されるトウモロコシが安い値段で大量に流入したため、大打撃を受けた。また流入する米国文化によりメキシコ文化が危機に曝されるという懸念も強まった。米国、カナダ、メキシコいずれも、貿易により一部の産業の労働者が失業に追い込まれ、NAFTAの否定的側面も経験している。

1994年頃から、西半球全体を包括するより大規模なRTOとして米州自由貿易地域（FTAA）を達成しようとする努力が始まった。1994年に、マイアミで米州サミットが開催され、米国が参加を拒絶したキューバを除く西半球のすべての国の首脳が会合し、2005年までに西半球全体の自由貿易地帯を作り上げることで合意した。しかし、その後の1999年チリ、2001年カナダ、2004年メキシコでの首脳会議で交渉が難航し、FTAAは期限の2005年を過ぎても形成されないままになっている。FTAAでの南北の意見の対立は、WTOドーハ・ラウンドでの意見の対立と非常に似通っている。西半球の開発途上国は米国市場へのアクセス改善を求めている半面、自国の産業への保護を放棄し米国の製品、サービスの輸入に曝されることを恐れている。FTAAが暗礁に乗り上げる中で、南米諸国は独自に自由貿易圏を形成しようとしている。南米共同市場（MERCOSUR メルコスール）は1995年にアルゼンチン、ブラジル、パラグアイ、ウルグアイにより設立されたが、その後、ボリビア、チリ、ペルー、ベネズエラが準加盟国として参加した。メルコスールをさらに拡大する努力がされている。

アジアにおいては、1967年に東南アジア諸国連合（ASEAN）が最初のRTOとして発足した。ASEANには現在、ブルネイ、カンボジア、インドネシア、ラオス、マレーシア、ミャンマー、フィリピン、シンガポール、タイ、ベトナムが加盟し、総人口5億2500万人以上、総GNP6860億ドルの貿易圏を形成している。1989年には、アジア太平洋経済協力会議（APEC）が設立された。21カ国の加盟国には米国、中国、日本、ロシアを含む環太平洋地域のほとんどの国が網羅されており、APECは世界人口の42%、世界GDPの60%、世界の商品貿易のほぼ半分を代表している。APECは地域諸国の間の多くの経済協議の媒介になっている。RTOの拡大が世界的経済協力にとって肯定的動きなのか、否定的動きなのかについては賛否両論ある。

◉協力か競争か

グローバリゼーションの過程で、経済開発の問題が中心的課題として浮上している。グローバリゼーションは世界で最も富裕な国々に最も大きな恩恵をもたらし、貧困な国々に最も小さな恩恵しかもたらしていないと見られている。このため南ではグローバリゼーションへの抵抗が強まってきた。[21] グローバリゼーションとそれに伴う経済力は、主権を多少制限してでも国際的なルールに従うことを強いる。また、世界各国の政治組織にも国際化に向かうよう促している。

経済的グローバリゼーションを促進するかどうかに関しては、経済的自由主義者と経済ナショナリストの間で意見が対立している。経済的自由主義者は、国際的な経済交流、開発途上国の経済開発の促進を主張している。経済的自由主義者は、自由貿易、自由な経済交流は繁栄を拡大すると主張する。1960年には貿易は世界全体のGDPの12%だったが、2003年には24%にまで拡大した。また開発途上国への援助は短期的には先進国に負担になるが、長期的には先進国から開発途上国への輸出が拡大し、先進国の繁栄につながるとする。また各国が最も得意とする費用対便益の高い商品を生産し輸出することにより、すべての国が最も大きな恩恵を受けると主張する。

国内の雇用を輸入から守るという保護主義は感情的アピール力があるが、経済的自由主義者は、保護主義は、消費者に高い関税が課せられた高い輸入品を買うか、高い価格の国内製品を買うことを余儀なくさせ、価格の高騰をもたらすと見る。また自由な経済交流は、国際競争を活発にさせ、消費者はより安価で品質の高い商品を購入できるようになると考える。さらに経済的自由主義者は、自由な経済交流は開発途上国への資本投資を促進し、開発途上国の経済開発を助けると主張する。

このほか、経済的自由主義者は、自由な経済交流は、世界各国の協力、相互依存の拡大、紛争の抑制、暴力の減退[22]、民主主義の促進などの非経済的恩恵を生み出すと見る。「世界のマーケットや情報テクノロジーがチャンネルを増殖させ、それらを通じて外部のアクターが中国社会に影響を与え、同時に、政府の厳しい規制を弱めることができる」とするアナリストもいる。[23]

これに対して、経済ナショナリストは、労働力の安い開発途上国からの輸入に曝される国では、賃金が低下し、生活水準が低下し、社会経済水準が下落するマイナス効果をもたらすので、国内産業、労働者を保護するために関税などの経済的障壁が必要であると説く。また経済ナショナリストは、外国政府が関税、国内補助、為替操作などを行うときに、自由貿易政策を実施する国は不利な立場に立たされるので、競争環境を平等にするには保護主義政策を取る必要があると主張する。さらに自由貿易、グローバリゼーションは、国際機関による国家主権の制限、主権の弱体化、外国資本による国内経済支配、外国資源への過剰依存による国家安全保障上の問題などの弊害を生むと主張する。

今後も、経済的自由主義者と経済ナショナリストの間のグローバリゼーションとその恩恵、弊害をめぐる意見の対立、闘争は今後も継続することが予想される。[24]

◉2050年の世界を予測する

世界有数の物流企業であるドイツポストDHL社は、世界の著名な研究者や専門家の参加を得て、2050年には世界がどうなっているかを予測する研究プロジェクトを実施し、その成果を

2012年に報告書『Delivering Tomorrow-Logistics 2050, A Scenario Study』(『物流の未来・ロジスティクス2050、シナリオ研究』)として発表した。[25] この報告書では、2050年の世界がどのようになっているのかについて、5つのシナリオを作成している。その5つのシナリオとは、第1のシナリオ「暴走する経済、切迫する崩壊」、第2のシナリオ「巨大都市における超効率」、第3のシナリオ「多様性に富むライフスタイル」、第4のシナリオ「保護主義による経済麻痺」、そして、第5のシナリオ「グローバルな復元力とローカルの適応」である。ここでは、この5つのシナリオの中で、第1のシナリオ「暴走する経済、切迫する崩壊」と第4のシナリオ「保護主義による経済麻痺」について、とくに注目したい。この2つのシナリオが、それぞれ、経済的自由主義の観点と経済ナショナリズムの観点を反映しているからである。

第1のシナリオ「暴走する経済、切迫する崩壊」におけるキーワードは、「自由貿易、物質主義、所得増加、大量消費、過密都市、資源乱掘、持続不可能な成長、気候変動」である。このシナリオが想起する未来は、次のようなものである。「グローバル経済の中心は、欧米諸国からアジアとかつての新興国に移っている。世界経済は、自由貿易による貿易の拡大、規制を受けない物質主義と大量消費、大規模開発、持続可能性の観点の無視、という特徴がある。結果として大規模な気候変動が不可避であり、天災による被害が頻発している」。このように、経済的自由主義の政策を極端に推し進めれば、人々の欲望に基づく経済活動を規制することができなくなってしまうため、このシナリオに現されているように経済が「暴走」してしまう危険性がある。

これと対照的なのが、第4のシナリオ「保護主義による経済麻痺」である。このシナリオにおけるキーワードは、「ナショナリズム、安全保障、保護主義、国有化、ブロック経済、経済低迷、国家間の対立」である。このシナリオが描く未来像は、次のように悲観的である。「強化された経済ナショナリズムや強固な保護主義政策のために、グローバル経済は過去のものとなり、経済は低迷する。技術開発は遅れ、生産性は激減する。各国は稀少な資源を巡って争い、資源価格は高騰する。省エネや温室効果ガスの削減を実現しようとする国際協力が失われたために、気候変動の危機が迫る」。大恐慌時代に経験したように、自国の経済的利益のみを追求する経済ナショナリズムの考えを各国が徹底すると世界経済が低迷するというシニカルな指摘がなされている。

グローバル経済の中で、経済ナショナリズムはどのような意味があるのか。これまでの議論から明らかなとおり、経済のグローバル化がいくら進展しても、世界各国が国民国家（ネーション・ステート）である以上は、政治と経済を動かす原動力となっているのは経済ナショナリズムである。経済ナショナリズムを無視して世界経済を理解することはできないし、同時に、世界経済の変化を無視した経済ナショナリズムおよびその行動表現としての経済政策は、決して国民の長期的利益をもたらすことはない。

将来の世界がどのようなものになるのか、既に定まった宿命は存在しないはずだ。どのような未来を構築するかは、現在のわれわれの手に委ねられている。自分たちが望む未来を手にするためには、国際政治経済学における観点を深く理解することがその一助となると思われる。

(Endnotes)

1 黒川清「『ものづくり』から『ものがたり』へ」、『ダイヤモンド・ハーバード・ビジネス・レビュー』２００８年12月号、ダイヤモンド社、２００８年、1頁。

2 Bayless Manning, "The Congress, the Executive and Intermestic Affairs: Three Proposals," *Foreign Affairs*, Vol.55, No.2, 1977, pp.306-324.

3 Charles W. Kegley, Jr. and Shannon L. Blanton, *World Politics: Trend and Transformation*, 2011-2012 Update ed. (Boston: Wadsworth, 2012), p.416.

4 Stephen P. Krasner, "International Political Economy," in Joel Krieger, ed., *The Oxford Companion to Politics of the World*, 2nd ed. (New York: Oxford University Press, 2001), pp.420-422.

5 Kegley and Blanton, *op. cit.*, pp.416-417.

6 Alasdair Blair and Steven Curtis, *International Politics: An Introductory Guide* (Edinburgh UK: Edinburgh University Press, 2009), p.15.

7 Andrew Hurrell and Ngaire Woods, "Globalization and Inequality," *Millennium: Journal of International Studies*, Vol. 24, No. 3, Winter 1995, p.447.

8 トマス・バーネット著、新崎京助訳『戦争はなぜ必要か』講談社インターナショナル、２００４年。

9 United Nations Human Development Report 2007/8.
http://hdr.undp.org/en/reports/global/hdr2007-2008

10 UNICEF, "The State of the World's Children 1999."
http://unicef.org/sowc99/index.html

11 David N. Balaam and Michael Veseth, *Introduction to International Political Economy* (Upper Saddle River, NJ: Prentice Hall, 1996), p.23.

12 John T. Rourke, *International Politics on the World Stage*, 11th ed. (New York: McGraw-Hill, 2007), pp.375-376.

13 Eric Helleiner and Andreas Pickel, *Economic Nationalism in a Globalizing World* (Ithaca, NY: Cornell University

Press, 2005).

14 *New York Times*, November 21, 2003.

15 Rourke, *op. cit.*, p.388.

16 Mitchell A. Seligson and John T. Passé-Smith, eds., *Development and Underdevelopment: The Political Economy of Global Inequality* (Boulder, CO: Lynne Rienner, 2003).

17 "A poor choice for the World Bank," *Financial Times*, editorial, March 18, 2005.

18 "IMF and World Bank: Global Rule-Makers," *Global Exchange Newsletter*, February 2000. http://www.thirdworldtraveler.com/IMF_WB/Global_Rulemakers.html

19 John Kirton of the University of Toronto G-8 Information Center, quoted by the BBC, July 12, 2005.

20 *Reuters*, July 13, 2005.

21 André C. Drainville, *Contesting Globalization: Space and Place in the World Economy* (London: Routledge, 2004).

22 Patrick J. McDonald, "Peace through Trade or Free Trade?," *Journal of Conflict Resolution*, Vol.48, No.4, 2004, pp.547-572; Jon C. Pevehouse, "Interdependence Theory and the Measurement of International Conflict," *Journal of Politics*, Vol.66, No.1, 2004, pp247-272.

23 Rebecca R. Moore, "China's Fledgling Civil Society," *World Policy Journal*, Vol.18, No.1, 2001, p.63.

24 Eric Helleiner and Andreas Pickel, *Economic Nationalism in a Globalizing World* (Ithaca, NY: Cornell University Press, 2005).

25 http://www.dhl.com/content/dam/Local_Images/g0/aboutus/SpecialInterest/Logistics2050/szenario_study_logistics_2050.pdf

第13章——安全保障の追求

◉安全保障問題の変遷

人類の歴史を通じて、安全保障を確保することは個人と国家にとって常に最優先の課題であった。原始人から現代人まで、人間は自己保存の本能に基づいて自らの生存を確保しようとしてきた。古代国家も現代国家も、近隣諸国の軍事力が自国の生存を脅かす可能性に敏感であり、国家の安全を確保するために軍備を保持してきた。軍備は国防の目的以外に、領土拡大や他国への支配のために手段としても使われてきた。

国際政治理論の中で、国家安全保障を最も重視するのはリアリズムである。世界の国々の防衛を一括して担当する世界軍が存在しない現状では、国家は自国の防衛に自ら責任を持つしかない。ある国家が攻撃を受けた場合、救援にかけつける権限と能力を持つ超国家的な機関は存在しない。国家間の同盟があっても、侵略された国の救援にかけつけるかどうかはその国の国益に左右され、それを強制することはできない。リアリズムは、国家はそれぞれ異なる国益を持っており、同盟全体のために自国の安全を犠牲にする保証はなく、集団安全保障が成立するかどうかも疑わしいと見る。

これに対してリベラリズムは、国際社会は無政府状態（アナーキー）にあることを認めつつも、国際社会は無秩序ではなく、軍拡競争、国際的不安定、戦争を回避するための制度を構築することは可能であると考える。国際連合に代表される国際機関や多国間協議を通じて国家間の緊張を緩和し、一定の範囲で国際秩序を維持することに期待をかける。例えば国連安全保障理事会が決定すれば、秩序破壊国に対して経済制裁を課すことは可能であり、不完全ながら集団安全保障を実現できると考えている。

リアリズムかリベラリズムの選択はさておき、世界政府が存在しない以上、「安全保障のジレンマ」という問題が存在する。ケネス・ウォルツが主張しているように、国際システムは自助システムである。[1]そのためどの国も自衛のために一定の軍備を持つほかないが、その国防努力は、意図の有無にかかわらず、他国にとっては軍事的脅威と映るというジレンマである。

初代国連事務総長トリグブ・リーは、「人々は平和のために準備するよりも紛争のために準備するので戦争が起こる」と述べた。[2]実際、平和維持よりも紛争に備えた軍備にはるかに多額の資金が投入されてきた。1948年から2005年までの期間に、世界各国は国家の軍事予算に総計41兆ドルを支出してきたが、国連は平和維持活動にその1000分の1の400億ドルを支出したにすぎない。

冷戦時代には拒否権を持つ安保理常任理事国、とくに米ソの対立のゆえに、国連安保理の合意は不可能に近い状態が続いた。冷戦時代の1945年から1989年までの約45年間に、常任理事国の拒否権は240回も行使された。採択された決議のなかで、国際安全保障上、重大な意味合いを持つものはほとんどなかった。国連安保理で共産主義陣営と自由陣営が合意できたのは、南ローデシアと南アフリカの人種差別問題に関する拘束力ある制裁くらいである。それ以外の問題では、国連安保理は平和維持軍を派遣して紛争状態を凍結することがせいぜいだった。今日では平和維持活動は国連の中心的活動のように見られているが、国連憲章の中には平和維持活動に関する明示的な規定は何処にもない。国連の第2代事務総長ダグ・ハマーショルドは、平和維持活動を「憲章6章半」の措置と呼んだが、国連憲章第6章（紛争解決に向けた交渉・調停に関する規定）と、憲章第7章（武力行使に関する規定）の中間に位置づけられるものである。１９４８～２０１０年まで合計63のＰＫＯが設立されたが、そのうち49件は１９８８年以降のものである。

冷戦が終結し、安保理での米ソ対立が解消された結果、国連の決議の数が急増し、１９９５年までには45年以来採択された決議数は１０３５に達した。２００９年までには１８６５に達した。また拘束力のある経済制裁決議の数も増加した。冷戦終結直後の国連の一連の対イラク決議は、安保理が本来想定されたのに近い機能を果たすことができた例である。１９９０年８月のイラクのクウェート侵攻・占領に対して、国連安保理はイラク非難決

安保理決議数の推移（1945～2013）

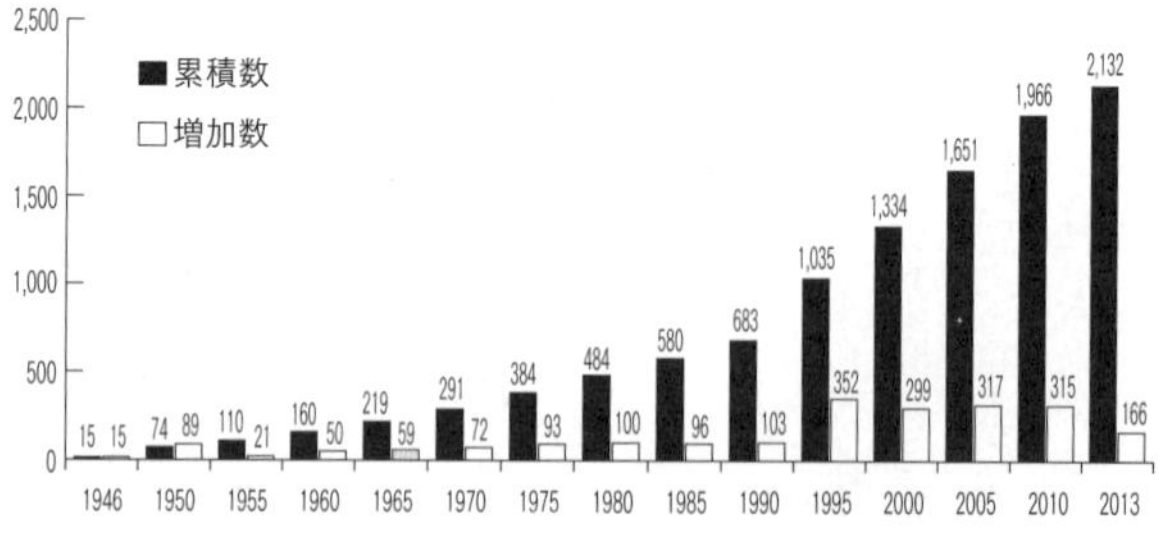

出典：国際連合ウェブページの数値を元に作成
http://www.un.org/en/sc/documents/resolutions/index.shtml

議、経済制裁決議、武力行使承認決議を相次いで採択し、砂漠の嵐作戦でイラク軍をクウェートから撤退させた。さらにイラクに大量破壊兵器の解体・廃棄、２５０万人の個人・企業への補償、イラクの石油収入の3分の1の補償への割り当てを義務付けた。これらの措置はイラクの同意なしで課せられた。イラクへの対応を含めソマリア、ボスニアなどの旧ユーゴスラビア、シエラレオネ、ルワンダ、東チモールなど紛争地域への国連の冷戦後の対応は、平和維持というより平和執行といった方がいい活動である。

１９９０年代、国連は抑圧政権下で苦しむ人民のために人道的介入を頻繁に行った。[3] しかし、１９９９年の北大西洋条約機構（ＮＡＴＯ）のセルビア空爆以後、とりわけ２００３年の米国主導のイラク戦争後、国連安保理の常任理事国間の対立が再び表面化し始め、拒否権行使が増え始めた。

国連は常設軍を持たない。国連憲章では、第42条（軍事的処置）に基づき、「軍事的強行処置は、安全保障理事会と加盟国の間の特別協定に従って提供される兵力・援助・便益によって行われる」（43条）とあるが、この特別協定はこれまで一度も成立したことがない。国連安保理が武力行使を承認しても、軍隊、装備の調達・確保には加盟国に依存しなければならない。加盟国は自国の重大な国益がかかっていない場合、軍隊、装備を提供する負担を担うことには消極的になる。

１９９４年にルワンダでフツ族武装勢力がツチ族など80万人を１００日間に大量虐殺したときに、国連は行動を起こせなかった。軍隊がソマリアに派遣されても少数の死傷者が出ると撤収し、派遣が遅れて残虐行為を阻止できなかった。世界の紛争の性格は、国連創設時に想定されていたようなドイツのヒトラーなどにより引き起こされたような国家間の紛争よりも、はるかに複雑なものへと変化してきた。1989年から99年の間に発生した82の主要紛争のうち、国家間の紛争は3つしかなく、残りは内戦、民族紛争、宗教紛争などであった。国家間以外の紛争に国連が対応することは困難であり、多くの国連加盟国はそれに関与したがらない。ほとんどの国は国際機関に代表される集団的利益よりも国益を優先する。このためリアリストの間では、国連は諸国家の国益がぶつかりあう場を提供するだけで、国際政治の結果にほとんど貢献していないという見方も存在する。2003年のイラク戦争や2008年のロシアのグルジア侵攻は、国連の存在を無視して行われた。

安全保障には地域格差があり、当然のことながら、脅威の種類や性格も地域ごとに異なる。国際政治を論ずる場合、地域格差を見過ごしがちである。バリー・ブザンは地域格差を分析するために地域安全保障複合体という概念を作り上げた。[4] これは、安全保障の概念を拡大し、政治的、経済的、社会的脅威を考慮に入れるものである。さらに、エイズ禍の拡大、オゾン層破壊による皮膚がんの増加などの保健、環境による脅威も考慮に入れるべきだという見方もある。ビル・クリントン元米大統領は2001年9・11テロ事件の少し後に、エイズはテロリズムよりももっと深刻な国際平和への脅威であるとし、集団的対応を主張した。[5] また安全保障は国や社会の安全だけでなく個人の安全まで考慮すべきだという「人間の安全保障」の見方は、人々が恐怖や欠乏から免れ尊厳を持って生きることができるよう、個人が直面するすべての脅威を考慮に入れるべきだと主張する。その脅威には、自国の国家の軍事力や権力の脅威、経済的、文化的脅威も含まれる。「人間の安全保障」

の考えは1994年の国連開発計画（UNDP）報告書で提起され、経済安全保障、食糧安全保障、保健安全保障、環境安全保障、個人安全保障、社会安全保障、政治安全保障という安全保障の7つの局面を打ち出した。[6]

◉戦争の変遷と戦争の原因

戦争は人類と同様古くからある。[7] ほとんどすべての人が戦争に反対するが、人類の歴史は戦争の歴史であった。20世紀末までの1000年間に約1000の戦争が発生した（それ以前の歴史においても国家間の戦争、植民地戦争、内戦が全くなかった年は12年に1年くらいであった）。1800年以降、戦争の頻度は増えた。20世紀に入ってから戦争の頻度は減ったが、近代の戦争は過去よりも多くの人に影響を及ぼし、戦争により死亡する民間人の数は戦死する兵士の数を大幅に上回るようになった。第1次世界大戦では民間人1人に対して6人の兵士が死亡した（兵士840万人、民間人140万人）。第2次世界大戦では兵士1人に対して2人の民間人が死亡した（兵士

人間の安全保障

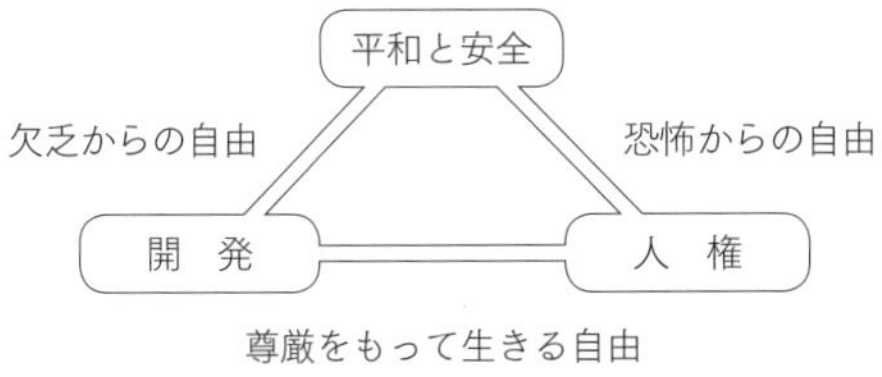

出典：「ポスト2015年開発アジェンダと人間の安全保障」, 16頁
http://www.mofa.go.jp/mofaj/gaiko/oda/shiryo/pamphlet/pdfs/post_2015.pdf

1690万人、民間人3430万人）[8]。第二次大戦後の冷戦中、戦争の頻度は減った。その傾向は21世紀初めまで継続しているが、内戦の数は大幅に増加した[9]。人類の歴史における戦争の遍在は、否定できない事実であり、今後、戦争がなくなる保証はどこにもない。

それでは戦争はなぜ起こるのだろうか。過去の戦争を振り返ると、領土や資源の獲得が戦争の原因になった例は多い。第2次世界大戦中のドイツによるポーランド侵攻、東欧諸国と西欧諸国への侵攻は、領土獲得に対する国の願望を示す格好の例である。1990年のイラクのクウェート侵攻を、サダム・フセインは、イラク領土の一部を取り返すための武力行使であると正当化した。

ある国家内の一集団が独立を求めて政府と戦うこともある。1775～83年にかけて、北米の植民地住人は、本国（イギリス）の支配からの脱却を実現して、アメリカ合衆国を建国した。1950年代後半から60年代初頭にかけて、アルジェリアはフランスに血みどろの戦いを挑んで独立を達成した。

戦争には経済要因も絡む。イラクのクウェート侵攻は領土回復が名目とされたが、クウェートの油田と資産を奪うことがサダム・フセインの真の目的であった。イラクのクウェート侵略があまりに露骨であったため、米国を中心に世界諸国が国連の場で多国籍軍を編成したが、その背景にはクウェートの石油を手にしたイラクが石油価格を左右することへの経済的懸念があった。

国内の政治的な動きが原因で戦争が引き起こされることもある。1982年にアルゼンチンとイギリスの間で起こったフォークランド紛争は、アルゼンチンの政治指導者が経済危機のさなかに軍を派遣してフォークランド諸島を確保しようとしたことから始まった。南米の南端に位置する孤島の奪還に、軍事大国イギリスと一戦を交える危険を冒す価値があったか疑わしいが、国民の人気と政治的支持を取り戻そうと、アルゼンチン政府は賭けに出たのであった。

イデオロギーの相違も戦争の原因の1つである。40年間続いた東西冷戦は、米国を中心とする自由主義・民主主義とソ連を中心とする共産主義の間の対立であり、政治、経済、哲学、宗教上の違いを包含する大規模なイデオロギー闘争であった。冷戦が終わり、共産主義イデオロギーは退潮したが、世界には自由主義や民主主義を受け入れない国や勢力が存在しており、イデオロギー上の相違や対立によって戦争が起こることは今後もありうる。

民族と宗教の相違はしばしば暴力につながり、戦争へエスカレートすることも少なくない。イスラエル（ユダヤ国家）は周辺のイスラム国家の長年の対立と衝突の根源には、宗教の相違がある。北アイルランドにおけるカトリック教徒とプロテスタント教徒の争いや、インドとパキスタンにおけるヒンズー教徒とイスラム教徒の争いも、宗教の相違が核となっている。民族の相違が紛争の原因になることは、旧ユーゴスラビア、ザカフカス地方（アゼルバイジャン、アルメニア、グルジアの3共和国にあたる）、ルワンダ、中東における諸民族の対立と抗争の例をみれば明らかである。冷戦が続いている間は2つの超大国（米ソ）のコントロールによって抑え込まれていたが、冷戦後は民族と宗教を背景とする対立が噴出した。

国家の誤解が戦争の原因になることもある。敵対国の状況を正確に把握せず、敵対国が発信したシグナルを誤解して反応することがある。自国と敵対国の軍事バランスを見誤れば、短期間に軍事的勝利をものにできると判断するかもしれない。国際関係理論の研究者ジョン・ストシンガーは、「戦争の原因のなかで最も重要なものは誤解である。軍事力の実際の力関係よりも、それを国家の最高指導者がどう認識するかが、戦争の決断を左右する鍵になる」と述べている[10]。

要するに、戦争は非常に複雑な現象なのである。ここでは領土、独立、政治、経済、イデオロギー、宗教、誤解について論じたが、これ以外にも多数の原因が関与している。国際社会は、多数の国々で構成されているが、超大国、大国、ミドルパワー、小国というように、国家間の力の分布は不均衡になっている。国力に差はあっても、それぞれの国家は主権国家として自国の生存と繁栄を求めて行動するため国家間の競争が生まれる。各国家には政治指導者がおり、人間の本性として権力、富、威信を求めていき、その国の政策に反映される。国際社会の安定性は、パワーのある大国がいくつ存在するか（冷戦時代は米ソ2国が超大国であった）、パワーのある国の力関係がどうなっているか（冷戦後は米国の軍事力が突出している）によって影響を受ける。古い大国が衰退し、新しい大国が台頭するときは、力関係の変化が国際システムを動揺させるため、国家間の紛争が起こりやすい。

国際社会の仕組みは戦争の原因になっているだろうか。国際社会には、法制定、執行あるいは裁定の効果的システムがない。そのため世界の国々は自国の安全を確保するために軍備を保有せざるを得ない。安全保障のジレンマがあるため、軍備拡張と緊張の悪循環が生まれやすい。国家の経済発展にとって天然資源の確保は不可欠であるが、国際社会の仕組みは不完全であり、イラクのクウェート侵攻のように資源獲得のための戦争が起こることがある。富裕国と貧困国の間に存在する格差も、国際社会のシステム・レベルの問題である。世界のさまざまなところで麻薬戦争が起きているが、その背景には麻薬を収入源にせざるを得ない貧困層の存在がある。国際テロリズムの拡散の背景にも、国家間あるいは地域間の富の不均衡が原因の1つになっていると考えられる。

国際社会の仕組みが、戦争の原因になっていることは間違いないだろう。国際システムはアナーキーであり、国際システムに自国の安全を完全に委ねることはできない。国家は他の国がどう行動するか分からず、自国の安全は自国の努力で確保するしかない。国際ルールや国際秩序を破る国に制裁を加える世界軍が存在しない以上、各国は自助、つまり自国の軍隊に頼るか、他の国との同盟に依存するほかない。しかし、かのパーマストン卿の名言、「国家には永遠の友も同盟国もない。あるのは永遠の国益だけだ」が教えるように、同盟は当てにならないものでもある。

世界の国の中には、政権を維持するために指導者が軍事偏重の政策をとり、他国との緊張を高める国もある。国民の政治的支持を失い、自らの存続が危うくなった政権が、対外的な緊張を意図的に高めることによって、国内の結束の維持を試みる例は少なくない。クーデターで政権の座についた指導者が、他国との緊張を生み出すことにより新政権の基盤を固めようとする例も珍しくない。政権の基盤が安定していても、国家の政治体制や歴史的要因によって、普通の国より攻撃的な対外行動をとり、軍事的なリスクを冒す国も存在する。つまり国家の内在的要因も戦争の原因になりううるのである。

国際システムの性格や国家の特性に着目してきたが、戦争を決断するのはその国の指導者、つまり個人である。その意味で、戦争原因に関わる問題は、指導者の思考、性格、判断を問題にしなければならない。「戦争を目論む発端は、結局のところ人間の本質に辿り着く。その人間の本質が戦争の根本原因となり、歴史上きわめて重要な悲劇の源泉となってきた」と、ある研究者は述べている。[11]領土紛争が戦争の原因になるのは、人間の本能的な縄張り意識に起因している。人間の攻撃性はストレス、不安、あるいは挫折感によってもたらされるという見解がある。ジョン・ストシンガーは、「指導者の人間性がしばしば戦争の決定的要因となってきた。指導者の人間的欠陥や性格の弱さが、戦争勃発と平和維持の境を分けることがある」と述べている。[12]アドルフ・ヒトラーやサダム・フセインのように、不幸な幼少期に歪んだ世界観を身に着けた独裁者の思想と行動は、国益の追求というよりは、個人的な病理という観点から見るほうが理解しやすい。

◉軍事力の役割と武力行使の要件

軍事力にはさまざまな役割がある。戦争が実際に起こった場合は、敵国の軍隊を攻撃し、自国の国土と市民を守る防御が軍事力の役割であり、国家は戦勝を目指すことになる。軍事力は、戦争の発生を未然に防止する抑止の手段にもなる。抑止戦略とは、敵対国に対し、「もし軍事攻撃を行えば、耐え難い軍事的報復を加える」という意思と能力を示し、攻撃を断念させる心理作戦である。そのような威嚇のメッセージを出さずに、将来起こりうる危機や戦争に対する備えとして軍事力が保持される場合もある。いずれの場合も、軍事力はそれ自体が目的なのではなく、国家が定めた目的を達成するための手段として用いられなければならない。

ドイツの軍事理論家カール・フォン・クラウゼビッツによると、戦争は他の手段による外交政策の継続である。軍事力の中心的目的は政治的目標の達成であり、敵の軍事的撃退のみを目的としているのではない。この意味で軍事力は外交手段である。

軍事力の活用には4つの種類がある。戦争のための軍事力行使、抑止のための軍事力、強制のための軍事力、

主要国・地域の兵力一覧（概数）

陸上兵力		海上兵力			航空兵力	
国名など	兵力（万人）	国名など	トン数（万トン）	隻数	国名など	機数
中国	160	米国	636.2	961	米国	3,522
インド	113	ロシア	204.0	979	中国	2,579
北朝鮮	102	中国	146.9	955	ロシア	1,631
米国	60	英国	67.9	222	インド	930
パキスタン	55	インド	45.6	195	韓国	620
韓国	52	フランス	41.5	257	エジプト	608
ベトナム	41	インドネシア	25.6	159	北朝鮮	603
トルコ	40	トルコ	23.1	224	台湾	513
ミャンマー	38	スペイン	22.7	124	イスラエル	484
イラン	35	台湾	21.7	356	フランス	482
エジプト	31	イタリア	20.9	181	パキスタン	444
ロシア	29	ドイツ	20.3	116	トルコ	423
インドネシア	30	韓国	19.3	193	シリア	365
タイ	25	ブラジル	17.6	106	英国	358
イラク コロンビア	24	オーストラリア	16.6	79	イラン	340
日本	14	日本	45.2	141	日本	410

出典：『防衛白書』2013年度版

確証（安心）させるための軍事力である。[13]

戦争のための軍事力行使では戦争遂行能力が問題になる。あらゆる戦闘状況に適している兵器は存在しない。国家間の戦争に使われる兵器、ゲリラ戦あるいは対テロ戦で使われる兵器とは異なる。脅威の大きさと脅威が発生する頻度は反比例する。核攻撃は最大規模の破壊をもたらすが、核兵器が実際に使われる可能性は低く、テロによる破壊の規模は限定されているが、テロは頻繁に起こっている。

抑止のための軍事力は、相手国が侵略あるいは攻撃を計画している可能性を前提としているが、このような抑止力の保持が相手国の警戒感を強め、攻撃の可能性を高めることもありうる。冷戦時代の核抑止戦略には、能力、信憑性、コミュニケーションという3つの要素があった。米国の敵対国ソ連は合理的アクターと考えられ、ある特定の政策を遂行する際の費用対便益を考え、便益を達成するための費用がかかりすぎる場合はその政策を選択しないという合理的思考をすると考えられた。合理的アクターに対しては、抑止力は効果を発揮する。ポスト冷戦時代においては、合理的な費用便益計算が通用するかどうかは、はるかに不明瞭になっている。イラク、セルビア、北朝鮮、インド、パキスタンなどの国が軍事力による攻撃に出るかどうかは、費用便益計算よりも指導者のパーソナリティ、歴史、国内政治に左右されうる。

強制のための軍事力は、相手国の政策や行動を変更させるため活用される。[14] 暗黙あるいは明確な脅しをかけて相手国を説得し、政策や行動の変更を強制するのである。米ソ冷戦期のように、脅しが明確で歴然としている場合もあるが、暗黙の脅しが多い。その国を破壊する軍事的手段を持っているというだけで、その手段で威嚇する意図の有無にかかわらず、相手国の戦略計算に影響を及ぼす。脅しと交渉は基本的には異なる政策であるというのが一般認識である。

相手国から譲歩を得るために軍事力で脅しをかけようとするときは、その威嚇の信憑性がどの程度あるかが重要なポイントになる。譲歩を得られなかった場合に、脅しをかけている側が、その脅しを実行する意思と能力をどの程度有しているかによって信憑性は異なってくる。強力な軍事力の保有は、言葉による脅しの効果を高める。そのような軍事力を持っていれば、実際の戦闘でそれを一度も使われなくても、相手国との交渉において有利な立場に立てるのである。

冷戦時代、死活的な国益がかかっていると判断したときの米国は、軍事バランスの状況にかかわらず核使用の脅しを利用してソ連に向き合った。冷戦が終わってから起きた湾岸戦争では、米国は圧倒的に優勢な軍事力を背景にしてサダム・フセインに圧力をかけたが、容易にはイラク軍をクウェートから撤収させられなかった。武力行使を示唆して行う威嚇が成功するか否かはケース・バイ・ケースであり、威嚇の戦略が常に成功するとは限らない。

確証（安心）させるための軍事力は、相手国の安全が脅かされていないことを示すことにより、自国の防衛のために先制攻撃に踏み切る必要がないことを、相手国に分からせるためのものである。[15]軍事的に劣勢な国は、優勢な国から攻撃を受けることを恐れている。そのような弱者に対して軍事力を誇示して威圧すれば、追いつめられた相手には「やられる前にやってしまえ」という計算が働き、戦争の可能性が高まることになる。戦争を望まぬ確証（安心）させる戦略は、相手国に戦争は不必要であることを納得させるものである。

軍事力には、戦争時の使用以外にもさまざまな役割があるという点は重要である。外交交渉を行う上で、強力な軍事力が交渉成功の梃子《てこ》になる場合がある。外交的解決を拒む相手に対して、「従わなければ武力を行使する」という脅しをかけて外交決着を実現させる例は少なくない。軍事力を直接使用しなくても、武器輸出などを通じて他国に影響力を及ぼすこともできる。

武力行使に踏み切る場合は、軍事作戦が成功するような装備の準備と周到な計画が必要である。武力行使には、局地的な限定攻撃から本格的な大規模攻撃までいくつかの段階がある。戦争の目的に合わせて、個々の作戦計画が立案・運用されることになるが、軍事力は無制限に投入されてはならない。戦闘による敵・味方の戦力損耗度や死傷者数の比較などを把握・分析し、全体の費用効果を計算して戦争遂行計画を調整するが、戦力と人命の損失をどこまで甘受するかの判断は難しい作業である。

同盟国や友好国が侵略されたときに、その国を救うために軍事的に介入するか否かについては、いくつかの条件を慎重に吟味しなければならない。介入する国の防衛が自国にとって明らかに重要であること。その武力行使に対する自国の大多数の指導者の明確な支持。一般世論の強い支持。軍事介入以外には侵略国の軍隊を撃退できないこと。迅速な武力行使により早期に決着する見込みがあること。特定の明確な目標が設定されていること。このような条件が整っていれば武力行使が成功する見込はあるが、条件がそろっていれば必ず成功するということではない。

ブルース・ジェントルソンは著書『The Pretty Prudent Public（かなり慎重な公衆）』の中で、「米国の公衆は、1970年代のベトナム戦争の精神的痛手を受けた時期ほどには武力行使に躊躇《ちゅうちょ》しなくなっているが、1950年代、60年代の冷戦時代のコンセンサスが存在していた時期よりも慎重になっている。……国内の政治的紛争（こうした紛争は、2極化が抑制的効果を持っていた時代よりもポスト冷戦時代においてもっと増えるかもしれない）に軍事介入しようと試みる大統領は、迅速かつ成功裏に介入し、撤収しなければならない。さもなければ、公衆はその政策に反対する強い傾向がある」と指摘している。[16]

ジェントルソンによると、公衆にとって重要な決定要素は、武力行使で成し遂げようとしている主要な外交政策目標である。[17] ジェントルソンは1980年代に米国が行った武力行使の9事例を研究し、武力行使の目的が敵対国の外交政策行為を抑制することにある場合には米国の公衆は武力行使に賛成し、国内の政治変化をもたらすのが目的の場合には賛成率が低いとしている。

戦争の性格は時代とともに変化してきた。[18] 18世紀以前まで、ヨーロッパの戦争は貴族の間の限定的戦いであったが、1789年のフランス革命を経て国民国家が生まれ、国家間で戦争が行われるようになった。ナショナリズムの高揚によって戦争は愛国的性格を帯びただけでなく、徴兵制の導入によって国軍が編成されたために、戦争の規模が大幅に拡大した。さらに軍事技術の発達によって兵器の殺傷力が増大し、戦争の被害を増幅させた。これらの状況変化を受けて、諸国の軍事戦略にも変化がもたらされた。

戦争の性格はその後も変化しており、今日、新しい問題が提起されている。伝統的な戦争における軍事作戦では、敵国の軍事力の無力化が最優先課題とされ、軍隊と民間人との区別が重視されていた。しかし、冷戦後に頻発する内戦やテロでは、一般市民に多数の死傷者が出ている。国家が内戦に介入したり、対テロ作戦を遂行する過程で、一般市民が巻き添えになる場合が増えており、兵士と民間人の境界線が曖昧になっている。また、国家の自衛権の概念のとらえ方も曖昧になってきた。従来、自衛権は、自国に対する急迫・不正の侵害を排除するため、国家がやむを得ず必要な限度内で行う防衛の権利とされてきた。しかし、米国はイラクの大量破壊兵器の脅威の除去を大義として、イラク戦争（２００３年）に踏み切った。このような先制攻撃の正当性をめぐり論争が続いている。

◉テロリズムの脅威

今日の安全保障問題のなかで、テロリズムの脅威が占める比重は大きくなっている。テロの実行者と標的、テロの手段と目的は多様であり、誰もが受け入れるテロの定義はない。テロの実行者は個人、政府の秘密工作員・部隊、非政府組織などである。標的は一般市民、政府、特定の政治・宗教集団などがある。手段としては、通常爆弾、民間航空機、大量破壊兵器などがある。テロの手段としては、常套手段の通常爆弾の他に、テロリストが大量破壊兵器を入手するリスクが懸念されている。「9・11テロ」では民間航空機が利用されたが、テロリストが他の奇抜なアイデアを思いつく可能性もある。テロの目的は政治や社会状況に対する不満、独自の世界観などがありうる。テロとの戦いは、明確な国家主権を相手にした戦いでなく、超国家的で明確な組織構造を持たないテロ・ネットワークを相手にした戦いであるだけに、容易に決着がつかない。その成功、失敗を明確に計る尺度もない。

　テロは世界の歴史のなかで何度も繰り返されてきたが、テロに対する脅威認識に変化が見られる。1999年に米国で実施された世論調査では、安全保障上の懸念としてテロリズムを挙げたのは12%に過ぎなかったが、9・11米同時多発テロの記憶が新しい4年後にはそれが75%になった[19]。9・11テロの9日後、ブッシュは「われわれのテロとの戦いはアルカイダから始まった。しかしそこで終わるわけではない。世界に勢力を広げた(ネットワークを持つ)

世界各地で多発する紛争・内戦・テロ

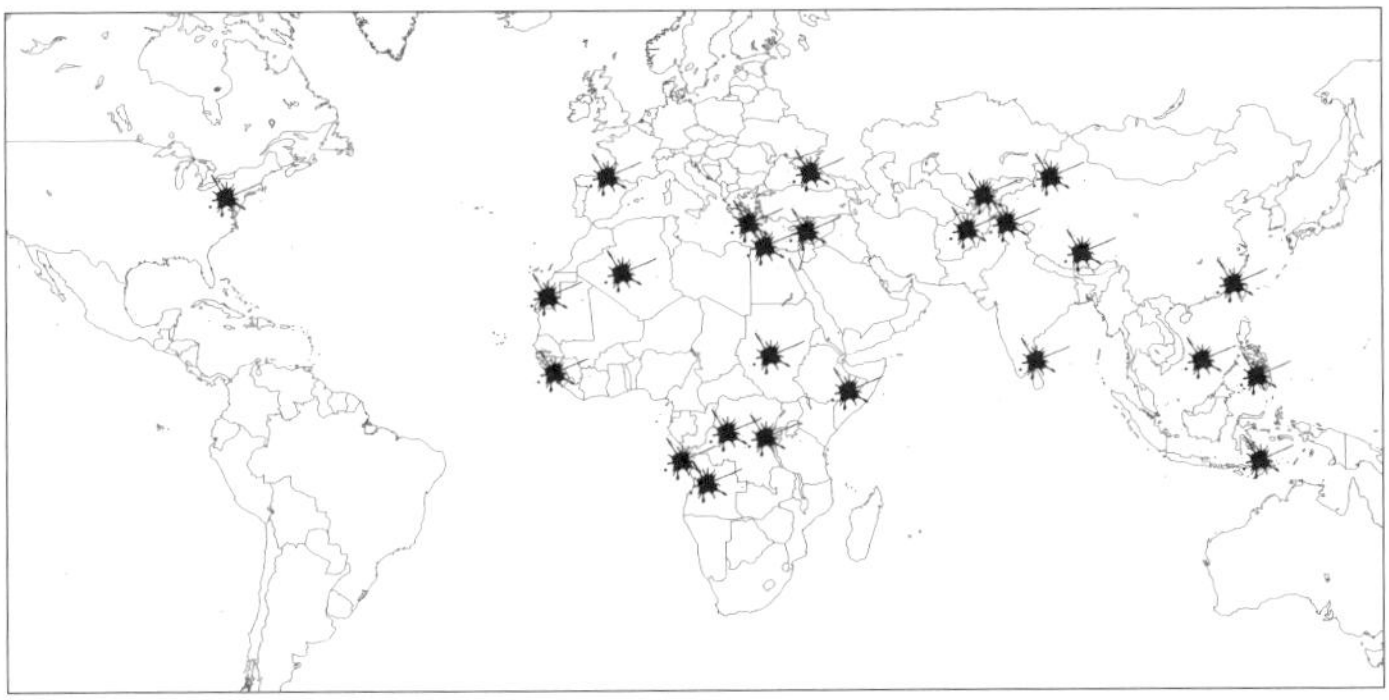

出典：Google 紛争マップをもとに作成
https://maps.google.co.jp/maps/ms?msa=0&msid=103861223870745229972.00044a9c2bf6676bc06b1&dg=feature

あらゆるテログループを探し出し、防衛し、打倒するまで、テロとの戦いは終わらない」と明言した。[20] これが9・11委員会報告書『何をなすべきか？――世界戦略』の勧告の核心である。[21] 一連の軍事行動の目的を明確にすることに成功した。2007年に行った米国の国際関係学の大学教授を対象にした調査では、50％が「国際テロリズム」が米国が直面している「最も重要な」外交政策であると回答した。[22]

2001年9月以前に、アルカイダが米国本土へのテロ攻撃を実行しようとしているという米情報機関の情報はあった。[23] 米中央情報局（CIA）の2001年8月6日の大統領に対するデイリー・ブリーフィングには、「ビンラディンが米国内で攻撃を行う決意である」という内容が含まれていた。[24] 米連邦捜査局（FBI）及び州、地方自治体の法執行機関も、同じ時期にテロリストの活動が活発になっていることを察知していた。しかし、情報機関間、情報機関と法執行機関の間で情報が分かち合われておらず、断片的な情報を1つにつないで全体像を示すことができなかった。[25] このため、米情報機関間、情報機関と法執行機関、米国と外国の情報機関の間の情報共有を促進することが、テロとの戦いの鍵になった。またテロとの戦いのためには他の政府との政治的協力が必要だった。

米国は、キューバ、イラン、イラク、リビア、北朝鮮、スーダン、シリアをテロ支援国家に指定してきた。米国務省は、世界各地のテロリスト集団の活動状況に関する報告書を毎年出しており、40近いテロリスト・グループが報告されている。[26] ウサマ・ビンラディンは2011年に殺害されたが、最新版の報告書でもアルカイダの脅威が最大であると指摘されている。米国は対テロ作戦に一定の成果があるとしながら、テロとの戦いは長く厳しいものになると強調し、米国民はもちろんのこと、米国の友好国・同盟国に協力を呼びかけている。

テロの脅威が大量破壊兵器の拡散と結びつく可能性に懸念が高まっている。アルカイダは大量破壊兵器の入手を試みたといわれており、他のテロリストが同様の行動をとる危険性もある。グローバルな核不拡散体制の下で、世界の諸国家は核物質の管理に相応の努力を払っているため、テロリストが核爆弾製造に必要な量の核物質を入手することは容易ではない。万一、核物質の入手に成功しても、

注目される国際テロ組織

組織名	主な活動地域	主な活動国等
アルカイダ	南西・南アジア	パキスタン・アフガニスタン
イスラム・マグレブ諸国のアルカイダ	中東・北アフリカ	アルジェリア
アラビア半島のアルカイダ	中東・北アフリカ	イエメン
イラクのアルカイダ	中東・北アフリカ	イラク
アル・シャバーブ	中東・北アフリカ	ソマリア
ボコ・ハラム	アフリカ（サハラ以南）	ナイジェリア
タリバン	南西・南アジア	アフガニスタン
パキスタン・タリバン運動	南西・南アジア	パキスタン
ラシュカレ・タイバ	南西・南アジア	パキスタン
ジェマー・イスラミア	東南・東アジア・オセアニア	インドネシア
ジャマー・アンシャルット・タウヒッド	東南・東アジア・オセアニア	インドネシア
新人民軍	東南・東アジア・オセアニア	フィリピン
クルド労働者党	中東・北アフリカ	トルコ
ヒズボラ	中東・北アフリカ	レバノン
オウム真理教	東南・東アジア・オセアニア	日本
日本赤軍	東南・東アジア・オセアニア	日本

出典：公安調査庁編『国際テロリズム要覧』（2013年度版）

核爆発を起こさせる技術は高度なものであり、核テロが実行される可能性は小さいとされている。しかし、通常の爆弾を使って放射性物質を広範囲に撒き散らす「汚い爆弾」の製造は可能である。ある国の原子力発電所を攻撃し、周辺の空気や水に放射性物質を撒き散らすシナリオも懸念される。化学テロについては東京で起きた地下鉄サリン事件の例があり、生物兵器テロについては9・11テロ直後、米国で起きた炭疽菌事件がある。

テロの脅威は今後も続くとみるべきである。アルカイダは民間航空機をテロの手段として利用し、破壊的な自爆テロを成功させた。テロリストは別の新しい手段を思いつくかもしれない。とくに懸念されるのは、サイバー・テロである。先進国の経済・社会はコンピュータに大きく依存しており、政府や金融機関のネットワーク・システムが麻痺すれば、重大な政治的混乱と経済的被害が生ずる。テロの脅威に直面する国々は、対テロ作戦のために多くの資源を投入している。テロとの戦いを効果的に進めるためには、外交、インテリジェンス、法執行、金融、軍事など、あらゆる手段を講ずる必要がある。

◉戦争の形態と安全保障のアプローチ

戦争の形態は、(1)武器輸出や特殊作戦などの手法を利用する不正規戦争、(2)敵対する国家が通常兵器で戦う通常戦争、(3)大量破壊兵器（核兵器、化学・生物兵器）を使用する戦争の3つのカテゴリーに分類できる。

武器輸出は輸出先の国に大きな影響を及ぼすため、国家に対する重要な介入の手段になってきた。冷戦中の米ソは、超大国として同盟国・友好国に対する影響力を維持強化するために大規模な武器輸出を行った（冷戦中の世界の武器貿易の約3分の2は米ソによるものであった）。米ソは、自国の同盟国・友好国の政権を武器輸出で支え、敵対陣営内の反政府勢力に武器を輸出して牽制した。

特殊作戦は、敵の勢力下にある地域や公然とした軍事行動が困難な地域において行われるものであり、正規の戦力とは別に編制された特殊部隊、情報工作員、武装要員を送り込んで実施される。通常戦力による公然とした介入が困難な内戦やゲリラ戦において効果的とされるが、戦闘への関与がエスカレートすれば泥沼に陥るリスクもある。

通常戦争は、大量破壊兵器（核、化学、生物兵器）を一切使わず、戦車・装甲車、砲弾、艦船、軍用機などの通常兵器のみで戦われる戦争である。古今東西を問わず、これまでの戦争の大多数は通常兵器で戦われてきた。国防の任務を与えられた大規模な部隊と、敵対国の同様の部隊の間で公然と行われる攻撃と防御の応酬が、伝統的な戦争の形態であった。秘密裏に敵の勢力下に派遣される特殊作戦と異なり、通常戦争の状況は自国国民に一定範囲で知らされる。交戦規定の順守、指揮統制の維持、戦闘による損害の限定などの要件を満たしつつ、国家が定めた目的を達成することが求められる。

通常戦争に比べれば、大量破壊兵器が使われた例は限られているが、大量破壊兵器は拡散しており、今後使用されるリスクが懸念されている。核兵器の破壊力の大きさはよく知られているが、化学兵器と生物兵器の脅威に対する認識も高める必要がある。核兵器に比べて化学・生物兵器は安く容易に製造できることから、「貧者の核兵器」と呼ばれている。爆撃機、砲弾、ミサイルなどに搭載できるだけでなく、徒歩で運ぶことも可能である。

冷戦中に成立した核不拡散条約（ＮＰＴ）では、５カ国（米、ソ、英、仏、中）のみが核兵器の保有を例外的に認められていた。冷戦後、インド、パキスタン、北朝鮮が核実験を実施して核兵器を保有し、核兵器の拡散が起きた。これらの国々の核兵器が将来の地域紛争で使われるリスクは否定できない。しかし、それよりもテロリストのような非国家アクターが「汚い爆弾」を使用する可能性のほうが、より現実味があるかもしれない。「汚い爆弾」とは、核物質を通常爆弾でばらまくもので、核爆発は起こらないが、飛散した放射性物質によって一般市民の死傷者が多数発生し、その地域の生活環境に重大な損害が及ぶと考えられている。放射性物質を保管している病院や大学の研究施設は世界中にあり、それらがテロリストらに盗み出される可能性は排除できない。

化学兵器と生物兵器も、兵士と一般市民の区別なく大量殺戮《さつりく》する能力を持っている点で核兵器と共通している。化学兵器は、化学剤を散布することによって、人体あるいは動植物に激しい機能損傷をもたらす。わずか1ミリグラムで人を確実に死に至らしめる神経剤を始めとして、びらん剤、血液剤、窒息剤など種類は多様である。米軍がベトナムで使った枯葉剤も、化学兵器の一種とみなされる。生物兵器は生物剤と毒素材の２つに大別される。生物剤はウィルスやバクテリアなど、病原性を持つ微生物を利用したもの、毒素材は微生物により生成されるか、あるいは化学的に合成した毒素を利用したもので、増殖しない点で生物剤と異なる。炭疽菌（細菌）やQ熱（リケッチア）、ボツリヌス毒素など、生物兵器の種類も多様である。

化学兵器には1993年に成立した化学兵器禁止条約が、生物兵器には1972年に成立した生物兵器禁止条約という国際規制の枠組みがあり、世界の大多数の国が加入している。しかし、一部の国はこの条約への参加を拒否している。北朝鮮は化学兵器禁止条約に入っておらず、相当規模の化学兵器を開発・保有していると見られている。生物兵器は検証が困難なため、生物兵器禁止条約には検証規定がない。生物兵器禁止条約に加入している国が、秘密裏に生物兵器を開発していたとしても、それを発見することは難しい。テロリストが化学兵器や生物兵器を開発保有する可能性にも、注意する必要がある。

大量破壊兵器が拡散する時代に、戦争を未然に防止する抑止戦略は成り立つのだろうか。冷戦時代の米ソは、大規模な核戦力を背景に、両国間の軍事衝突は壊滅的な核戦争にエスカレートすることを相互に確認していた。この「相互確証破壊（MAD）」の状況に基づいて、米ソは相互抑止を成り立たせていた。米ロが今日保有する戦略核兵器も、互いに相手に耐え難いダメージを与える能力があることから、両国間には抑止が引き続き機能する下地はある。同じ理由から、インドとパキスタンの間にも抑止が成立すると考えてもいいかもしれない。しかし、核保有国と非核保有国の間にそのような関係が成り立つかどうかは、曖昧で微妙な問題であると思われる。

安全保障を求めるアプローチにはさまざまな考え方があるが、大別すれば4つの類型に分類できる。第1は「最大限防衛」であり、国防という目的のためには国家の資源を最大限に投入すべきであるというアプローチである。これは、「人間には生まれつき強欲で攻撃的な側面があり、個人ないし集団的暴力が起こることは避け難い」というリアリストの世界観と同じである。

このアプローチを信奉する人にとって、軍備増強を続けることは当然のことであり、敵対する国の軍事力に対して少しでも優位に立とうとする。戦争に突入する可能性が常にあると考える以上、その戦争で少しでも有利な結果を得るためには、量と質の両面において、敵対国を凌駕《りょうが》する軍備を保持する必要がある。ある程度の軍事的優位を確保したとしても、そこで満足して停滞することはできない。敵対国がキャッチアップする可能性や、新しいライバル国が生まれる可能性が存在するからである。したがって、予算やマンパワーなどの資源が許す範囲で最大限の軍備増強を進めることになる。自国の軍備の優位が重要と信じているため、他国と軍備の相互規制を行うことには無関心であり、軍備管理のような手法は国家の安全保障を損なうと考える。

第2のアプローチは「限定的自衛」であり、国家にとって必要な範囲の軍備を整備しつつ、軍備管理のような他国と協調する手法も追求すべきであるという考え方である。「最大限防衛」は、軍事的に優位を常に維持できる超大国(米国)、あるいは政権維持のために極端な軍事偏重に傾く国(例えば北朝鮮)にとっては選択肢になりうるが、普通の国にとっては限りある国家資源を無制限に国防に投入することは負担が大きすぎる。抑止の維持や外交上の発言力確保の必要性を意識しつつ、周辺諸国との軍事バランスに配慮して、世界の国々は自国が保有すべき軍事力の規模を慎重に決めている。世界の多数の国にとって、軍拡競争を続けることの負担は大きく、外交交渉によって軍備を相互規制することのメリットは大きい。

軍備管理の歴史は紀元前まで遡るが、本格的な軍備管理が取り組まれたのは20世紀初頭である。通常兵器の破壊力の増大と大量破壊兵器の登場が、兵器を相互に規制する必要性を諸国家に認識させた。軍備管理は国防政策の重要な手段であるが、軍備管理には「抜け穴」があることも指摘されている。軍備管理条約に違反する国が存在し、自国が開発・保有を諦めた兵器を敵対国が秘密裏に開発・保有するというリスクがある。このような条約違反を検証する技術や手法が改善されているが（衛星や地震測定器など）、完璧な検証は不可能である。

第3は、「国際機関や多国間協議の安全保障機能」を重視するアプローチである。グローバルな安全保障問題に関して、国際連合は集団安全保障、平和維持、平和執行などの役割が与えられており、それらが今日の国際安全保障問題に対して効果的に実施されることに期待する人は少なくない。国連の安全保障機能を強化し、平和執行のために軍事的役割を果たすべきとする考え方がある。一方、国連の安全保障権限の強化に対する懐疑的見方も根強い。国連の役割強化は、後発の途上国の主権を弱め、大国のネオ・コロニアリズム（新植民地主義）の道具になるという懸念がある。平和維持活動の機能拡充を国連事務総長に提言した『ブラヒミ報告』でさえ、「国連加盟国の中には、主権に関して懸念を抱いている国（とくに弱小国）もあるが、そうした懸念は理解できるし、正当な懸念である」と配慮を示している。[27]

地域の安全保障問題に対処する機関の代表例は北大西洋条約機構（ＮＡＴＯ）である。ＮＡＴＯは１９４９年、米国、カナダの北米2カ国およびヨーロッパ10カ国により創設された。冷戦時代のＮＡＴＯはソ連・ワルシャワ条約機構軍に対して軍事バランスを維持しつつ、欧米諸国への侵略を抑止することを任務としていた。冷戦後のＮＡＴＯは、ヨーロッパ地域の安全保障秩序を維持し、アフガニスタン、コソボ、ボスニア・ヘルツェゴビナなどに国際治安部隊を提供している。ＮＡＴＯと同様に冷戦時代に設立された全欧安保協力機構（ＯＳＣＥ）は、早期警戒、紛争防止、危機管理、紛争後復興の機能を果たしている。アジア太平洋地域には、冷戦後の新たな安全保障の枠組みづくりをめざして、東南アジア諸国連合（ＡＳＥＡＮ）地域フォーラムという政府間協議の場が作られた。ＡＳＥＡＮ加盟国を含め27カ国とヨーロッパ連合（ＥＵ）が参加し、対話の積み重ねによる信頼醸成や紛争を未然に防ぐ予防外交をめぐり協議が行われている。

第4のアプローチは「軍縮・平和主義」であり、戦争の原因は軍備にあると考える人々が信奉するものである。軍備管理（第2のアプローチ）では、関係国と協議を通じて相互に軍備を規制するのに対して、このアプローチは自国が率先して軍縮を進めれば、他国もそれに見習うと期待している。１７９５年に出版された『永遠平和のために』のなかで、カントは常備軍の全廃を提案した。軍備が存在している限り、戦争の可能性が残るという考え方は今日も多数の人に共有されている。しかし、世界の国々の政治指導者や政府関係者は、このような考え方を採用していない。今日、存在する国家のなかで、軍隊を持たない国家は１つも存在しない。

◉核兵器と安全保障

最後に、第2次世界大戦後、今日まで安全保障の最重要課題の1つである核兵器に関わる問題を取り上げる。桁違いの破壊力を持つ核兵器が登場したことにより、人類は地球の滅亡さえありうるという未経験の脅威に直面することになった。しかし、核戦争に対する恐怖によって、冷戦中の東西間の戦争が回避された面もある。厳しく対立していた米ソは、核兵器のバランスを維持することによって軍事衝突へのエスカレーションを防いだ。軍事史家のジョン・ルイス・ギャディスは、「冷戦が長い平和をもたらしたのは、核兵器の存在が米ソの指導者たちの行動を極めて慎重にさせたからであり、核兵器は戦後の国際政治システムを安定化させる効果があった」と強調し、冷戦を「長い平和」と呼んだ[28]。国際政治学者のジョン・ミアシャイマーも、米ソの2極構造と核兵器の存在が、冷戦が熱い戦争に転化することを防いだと見ている[29]。国際関係理論の大家ケネス・ウォルツにいたっては、「核兵器が多ければ多いほど、核保有国の行動は慎重になり、結果的に平和は維持される」とまで論じた[30]。

ポスト冷戦の時代になっても、核兵器は国際政治に重要な影響を及ぼし続けている。例えば、1999年にNATOがセルビアを空爆した際、ロシアのエリツィン大統領は、「ベラルーシに核兵器を配備する」と述べて米欧諸国をけん制した。人口や国民所得ではブラジルと同規模のロシアが世界の大国と行動できるのは、国連安保理の常任理事国であるとともに、核兵器の保有という特権が認められているからである。核兵器の保有が国家の威信を高めると考える国は、ロシアだけではない。フランスが米国からの核実験データの提供を拒否し、1996年に仏領ポリネシアでの核実験を実施したのは、自前の核戦力と核技術を保有することの意味合いを重視したからにほかならない。

1968年に成立した核不拡散条約（NPT）で、米国、ソ連、イギリス、フランス、中国の5カ国のみが核兵器の保有を許され、特権を与えられた。この5カ国は国連安保理の常任理事国である点においても特別な地位づけにある。

1945年に国連が創設され、安保理の常任理事国が定められたとき、核兵器を保有していたのは米国一国であり、その

核兵器の保有国と核拡散の状況

	最初の核実験	備　考
米国	1945年 8月	1970年3月に発効した核不拡散条約（NPT）では、1967年1月1日前に核実験を実施した国（5カ国）に、核兵器を保有する「特権」が与えられた。5カ国には核軍縮に取り組む義務が課せられたが、今日も核兵器を保有している。NPTには世界の約190カ国が加入している。
ソ連（ロシア）	1949年 8月	
イギリス	1952年10月	
フランス	1960年 2月	
中国	1964年10月	
インド	1974年 5月	インドはNPTに未加入。1974年5月に「平和目的」として最初の核実験を行ったが、核兵器は保有しないと宣言。1998年の核実験後に核兵器を保有した。
パキスタン	1998年 5月	パキスタンはNPTに未加入。インドに対抗して核実験を実施し、核兵器を保有した。
北朝鮮	2006年10月	北朝鮮はNPTに加入していたが、核開発疑惑に対する国際圧力が高まるなかで条約から脱退した。

※ イスラエル（NPT未加入）は核兵器を保存していると見られている。
※ 南アフリカは冷戦中に秘密裏に核兵器を開発・保有したが、破棄してNPTに加入。
※ 太い線の下は核不拡散条約（1968年）成立後の動き。

後どの国が核兵器を保有するか分からなかった。その後、他の3つの常任理事国（ソ連、イギリス、フランス）も核実験を行って核兵器を保有した（中国は1964年に核実験を行ったが、当時は国連に加盟していなかった）。常任理事国と核保有国が一致したのは、歴史の偶然といえないこともない。ただし、ドイツや日本など、第2次世界大戦の敗戦国は国連への加盟が遅れ、核兵器を含め再軍備においてさまざまな制約を受けた。この点に鑑みれば、安保理常任国と核保有国の一致には歴史的な経緯があるといえよう。

核不拡散条約には世界の大多数の国が加入しているが、この条約への参加を拒否する3つの国が国際安全保障上の重要な問題になっている。イスラエルは、「核兵器の保有を肯定も否定もしない」という立場をとり続けているが、核兵器の保有は「公然の秘密」である。イスラエルの核は、同国と敵対する国々の国防政策に重大な影響を与え、中東地域の安全保障を不安定にしている。インドの核保有には国家の地位と威信に対するこだわりが、パキスタンにはインドへの対抗という異なる動機があったが、両国の歴史的な対立と緊張は核兵器によってさらに複雑で微妙なものになっている。北朝鮮は核実験と並行して弾道ミサイルの実験を繰り返し、核とミサイルをテコにした瀬戸際外交を続けてきた。このように中東、南アジア、北東アジアの3地域で核拡散が起きており、事故や見込み違いの危険を含め、21世紀の国際安全保障にとって厄介な問題になっている。

(Endnotes)

1 Kenneth N. Waltz, *Theory of International Politics* (New York: McGraw-Hill, 1979).

2 *Labor*, September 6, 1947.

3 Mary Kaldor, *Human Security: Reflections on Globalization and Interventions* (London: Polity, 2006), pp.16-72.

4 Barry Buzan, *People, States and Fear: An Agenda for International Security Studies in the Post-Cold War Order*, 2nd ed. (London: Longman, 1991), Chapter5; Barry Buzan and Ole Waever, *Regions and Powers: The Structure of International Security* (New York: Cambridge University Press, 2003).

5 Sarah Boseley, "Aids 'Bigger Threat than Terrorism'," *Guardian*, 14 December, 2001.

6 United Nations Development Programme, *United Nations Human Development Report 1994* (New York: Oxford University Press, 1994).
http://hdr.undp.org/sites/default/files/reports/255/hdr_1994_en_complete_nostats.pdf

7 Claudio Cioffi-Revilla, "Ancient Warfare: Origins and Systems," in Manus I. Midlarsky, ed., *Handbook of War Studies II* (Ann Arbor, MI: University of Michigan Press, 2000).

8 John T. Rourke, *International Politics on the World* Stage, 11th ed. (New York: McGraw-Hill, 2007), pp.299-300.

9 Mikael Eriksson and Peter Wallensteen, "Armed Conflict, 1989-2003," *Journal of Peace Research*, Vol.41, No.5, 2004, pp.625-636.

10 John G. Stoessinger, *Why Nations Go to War*, 7th ed. (New York: St. Martin's, 1998).

11 Bruce D. Porter, *War and the Rise of the State* (New York: Free Press, 1994), p.304.

12 Stoessinger, *op. cit.*, p.210.

13 Glenn P. Hastedt and Kay M. Knickrehm, *International Politics in a Changing World* (New York: Pearson, 2003), p.149.

14 Gordon A. Craig and Alexander L. George, *Force and Statecraft: Diplomatic Problems of Our Time*, 2nd ed. (New York: Oxford University Press, 1990), p.198.

15 Janice Gross Stein, "Deterrence and Reassurance," in Philip E. Tetlock, Jo L. Husbands , Robert Jervis, Paul C. Stern and Charles Tilly, eds., *Behavior, Society, and Nuclear War*, Vol.II (New York: Oxford University Press, 1991), pp.8-72.

16 Bruce W. Jentleson, "The Pretty Prudent Public: Post Post-Vietnan American Opinion on the Use of Military Force," *International Studies Quarterly*, Vol.36, No.1, 1992, p.72.

17 *Ibid.*, p.64.

18 Philip K. Lawrence, *Modernity and War: The Creed of Absolute Violence* (New York: St. Martin's, 1998).

19 The Chicago Council on Foreign Relations, *Global Views 2004: American Public Opinion and Foreign Policy, 2004*, p.12.
http://www.thechicagocouncil.org/UserFiles/File/POS_Topline%20Reports/POS%202004/US%20Public%20Opinion%20Global_Views_2004_US.pdf#search='Global+Views+2004%3A+American+Public+Opinion+and+Foreign+Policy'
The Chicago Council on Foreign Relations, *American Public Opinion and U.S. Foreign Policy 1999*, 1999, p.11.
http://www.thechicagocouncil.org/UserFiles/File/POS_Topline%20Reports/Archived%20POS%20Surveys/1999_POS.pdf

20 President Bush, Address to Congress, September 20, 2001.

21 The National Commission on Terrorist Attacks upon the United States (also known as the 9-11 Commission), "9/11 Commission Report," July 22, 2004.
http://govinfo.library.unt.edu/911/report/911Report.pdf

22 Timothy J. Lynch and Robert S. Singh, *After Bush: The Case for Continuity in American Foreign Policy* (New York: Cambridge University Press, 2008), p.112.

23 James Risen, "In Hindsight, C.I.A. Sees Flaws That Hindered Effects on Terror," *New York Times*, October 7, 2001, A1, B2.

24 "Text: President's Dairy Brief on August 6, 2001," *Washington Post*, April 10, 2004.

25 U.S. Congress, Senate Select Committee on Intelligence, and U.S. House Permanent Select Committee on Intelligence, *Joint Inquiry into Intelligence Community Activities before and after the Terrorist Attacks of September 11, 2001*, 107th

Cong., 2nd session, December 2002, xvii.

26 U.S. Department of State, Bureau of Counterterrorism, "Country Reports on Terrorism 2012," May 2013. http://www.state.gov/documents/organization/210204.pdf

27 UN General Assembly, Security Council, "Report of the Panel on United Nations Peace Operations (Brahimi Report)," August 21, 2000, p. 6.
http://www.un.org/documents/ga/docs/55/a55305.pdf

28 John Louis Gaddis, *The Long Peace: Inquiries into the History of the Cold War* (New York: Oxford University Press, 1989).

29 John Mearsheimer, "Why we will soon miss the Cold War," *Atlantic*, August 1990, pp.35-50.

30 Kenneth Waltz, "The Spread of Nuclear Weapons: More May Be Better," *Adelphi Papers*, No.171, International Institute for Strategic Studies, 1981, p.35.
http://polsci.colorado.edu/sites/default/files/10B_Waltz.pdf#search='Waltz%2C+%E2%80%9CThe+spread+of+nuclear+weapons%3A+more+may+be+better'

第14章——エコシステムの保存

◉生物圏の課題

現代国際政治にみられる明確な特徴の1つは、グローバリゼーションの影響である。グローバリゼーションは、従来の国の国境を越えて広がる、企業、国家、個人が介在するネットワークを形成していった。グローバル化された社会は、環境問題、エイズなどの共通の問題に直面している。その中でも最も目立った側面の1つは、世界的な懸念材料が顕在化し、なかでも地球環境保護への政治的意識の高まりが目を引く。温室効果ガスの削減について合意した京都議定書を例に地球温暖化問題をみてもわかるように、問題は複雑かつ広範囲に及んでいるのである。

2011年の東日本大震災、および東京電力福島第1原子力発電所の事故により、世界の原子力発電の安全性に対する懸念が高まることとなった。そして各国のエネルギー政策には多様な形で大きな影響が表れている。1970年代を振り返ると、世界の経済成長が特定の資源、とりわけ石油と天然ガスに左右される実情が懸念されていた。1973年にはこの状況に一撃を加える事態が発生した。石油輸出国機構（OPEC）が原油価格を4倍に引き上げ、世界に劇的かつ直接的影響を及ぼしたのである。多くの国で経済成長が鈍化し、天然資源の重要性に気づかされた瞬間であった。以来、エネルギー政策が生産国の政策として、その他の資源や人々の命を直接的にも間接的にも支えている最も重要な資源である水問題への対応などとともに取り入れられるようになった。

地球環境保護への政治的意識の高まりは特定の出来事によって刺激され、加速されてきた。

１９８６年の旧ソ連チェルノブイリ原子力発電所（現ウクライナ）の悲劇では、原子炉の爆発による死の灰が何千キロも離れた国々まで影響を及ぼすという状況が明らかになった。グローバル・メディアの出現によって、地球の反対側で起こった環境災害という大参事が誰もが話題にする出来事となっていくなか、グリーンピースやフレンズ・オブ・ディ・アースなどの環境ＮＧＯが成長し、いっそう地球環境保護への政治的意識を高いものにした。

これらの問題はグローバルレベルの協力を通して、地球全体の問題として取り組むしかないという共通認識を生じさせた。単独の国家だけでは対応できない課題に遭遇し、地球全体を含む生態系（エコシステム）の保存という意識が出てきても不思議ではない。とりわけ、国内政治、国際政治の両方に関わる地球温暖化などの問題へ対応をみれば明らかである。温室効果ガス排出を通して地球温暖化に対する責任の度合いが大きい米国や中国をはじめとする国々にとっては、排出削減への取り組みは、多額の費用のかかる装置や機械の使用が必須となり、経済成長を阻害する可能性がある。一方、バングラデシュのように、地球温暖化問題の責任をほとんど負ってはいないものの、海面上昇やサイクロンのような頻発する異常気象を通して、温暖化の影響を直接被《こうむ》っている国々も多い。また、環境を汚染している国は豊かな北に集中し、最も影響を被っている国々は貧しい南に集中していることから、地球温暖化は国際政治システムの南北分裂に新たな一面を加えることにもなった。国連の気候変動に関する政府間パネル（ＩＰＣＣ）は、「気候変動の影響は、人命損失の観点から発展途上国で最も大きくなると予想され、投資や経済にも相関的影響がでる」と予測している。[1]

地球の陸、水域、空域、大気圏、そこに生息する人間を含む生物を支える生態系（エコシステム）は、人間の福祉に深く関わっている。人間は幸福で健康で満足した社会生活を営む権利がある。この地球環境全域に広がる生物圏を一部の学者は、人間の「生命維持装置」あるいは「へその緒」と呼んでいる。[2] 生物圏には巨大な経済的価値があり、人間がそれに依存していることでは、コンセンサスがある。

生物圏には2つの課題があり、科学と政治がそこに関わっている。1つは、生物圏の現状は問題を抱えているか、その問題は人間の福祉にどれだけ脅威になっているのかという課題。2つ目は、生物圏の問題にどう対処するかいう課題である。この2つの課題をめぐっては、科学者、政治家の間で見解の対立と議論がある。生態系ナショナリストは、長期的な生物圏の保全という利益のために自国の短期的経済利益を犠牲にすることを嫌い、生物圏保全のための国際的基準と規制に縛られることに反対する。これに対して、生態系インターナショナリストは長期的な生物圏保全という利益のために自国および他国の短期的経済利益を犠牲にすることをよしとし、国際的基準、規制を含む国際協調的アプローチで生物圏保全を行うことを好む。

世界の生態系の現状と将来をめぐっては、環境悲観主義者と環境楽観主義者に見解が分かれる。

環境悲観主義者は、人間が環境に対して深刻で不可逆的な害を与えており、環境被害は地球温暖化による気候変動、資源の枯渇など人間の苦痛を増やしていると考える。環境悲観主義者は環境問題に国際協力で対処してゆく必要があると考える環境インターナショナリストである。米国の環境問題シンクタンクのワールドウォッチ研究所は毎年、世界の生態系の現状を評価する「地球白書"State of the World"」というレポートを出版している。[3] 白書は環境問題のさまざまな検討課題に関する専門家グループの報告を掲載している。この評価をしている環境専門家は、環境悲観主義者グループに属している。「世界の現状」は生態系の衰退に対処するには今後1、2世代のうちに環境に再投資することが必要である、と警告している。[4] また、これら悲観主義グループの中には、「生態系破壊がもたらす資源不足」によって、自国の経済や生活の質の持続ができなくなった国家間で、将来的に紛争が起こると警告するものさえいる。ある研究によると、再生可能な資源の不足がすでに世界で紛争を引き起こし始めており、「数十年のうちには、環境変化が引き起こす暴力、あるいは環境変化が悪化させる暴力の度合いが急上昇するかもしれない」という。[5]

一方、環境楽観主義者は「概して、われわれは環境分野を心配しすぎる」と考える。「物事は改善されているし、今後も改善され続けると思われるので、心配しすぎる必要はない。全く問題がないというわけではないが、問題はだんだん縮小されてきている」と力強く述べる者もいる。[6] 環境楽観主義者は、環境悲観主義者の主張は不必要な誇張であり、環境保全、人口抑制、技術革新により、人間は必要を満たし経済的成長を持続できると考える。また、環境問題はそれほど深刻なものではなく、国が経済的、社会的犠牲を払う必要はないし、国家主権を国際的基準、監視、執行に従属させる必要もないと主張する。とくに技術革新により、合成化学物質が天然資源に置き換わり、再生可能エネルギーの利用が拡大し、環境問題は今後ますます改善の方向に向かってゆくと見る。環境楽観主義者は環境ナショナリストである。

楽観主義者と悲観主義者の主張はいずれも理なしとはいえない。だが、両者の議論が続けられている中、環境問題への姿勢による分類から外れた「環境過激派」という特殊なカテゴリーが必要となっている。1969年に米国の核実験に反対するためにカナダで創設され、オランダを本部とする世界最大の環境保護団体「グリーンピース」はその草分けだ。グリーンピースの共同創設者ポール・ワトソンが1977年に組織を追放された後、米カリフォルニアで1981年に創設した「シーシェパード」などは近年、日本の調査捕鯨船との暴力的な接触など日本でもメディアに登場するばかりでなく、国際関係のアクターとなりつつある。過激派と呼ばれる所以は、環境保護や動物愛護などを活動目標として掲げていても、そのための手段として脅迫や破壊活動といった過激な行動も辞さないことにある。また、それが特定国へのバッシングにすらなる現状を見るにつけ、世界各地の過激派同様、利益関係と政治目的を持って行動していることが伺える。

地球上で発生しているテロリズムを分類している米国連邦捜査局（FBI）は、環境問題や動物の権利保護などを謳《うた》ってテロ活動を行う者たちに対して、「エコテロリスト」という表現を使用している。動物解放戦線（ALF）、地球解放戦線（ELF）などはその典型であろうが、FBIはエコテロリズムを、環境保護団体や地域グループが、環境保護を理由に罪のない人やその財産に対して非合法の暴力や脅迫を行うこと、あるいは象徴的意味合いで標的以外の一般人に対して非合法の暴力や脅迫を行うこと、としている。[7]

地球環境に対する楽観、悲観、過激派を問わず、近年、こうした議論や行動が顕著になったのは、世界の生態系をめぐる現状と将来に対する人々の問題意識の急激な高まりに拠るといえる。確かに、世界は地球規模のエコシステムの集合体であり、環境資源は限られている。今や、地球を保護するためにも、どのような持続可能な開発を目指すべきか、世界各国にはその対策と行動が求められている。

◉持続可能な開発の難しさ

人類の歴史を通して、地球が人間の生活に必要なものを提供し、人間が廃棄するものを吸収し、資源を補給してきた。しかし人口の増大、技術の変化がこの状況に変化を与えてきている。環境悲観主義者は、地球が人口を支えることができる限界に近づいていると警告する。世界人口は過去200年間に6倍になり、技術の進歩により人間1人が消費する資源の量、廃棄される物と公害が飛躍的に増大している。半面、人間の基本的目標は経済的福祉とその他の繁栄の恩恵を享受することであり、経済先進国はその目標をほぼ達成しているが、開発途上国は今後その目標を達成しようとする。経済開発には工業化と科学技術が不可欠であり、それは人間の生活の多くの恩恵をもたらす半面、環境を害する効果を持つ。地球の収容力の限界を回避するのは難しい。このため持続可能な開発をいかに達成するかが中心的課題になる。これは生物圏を保全しながら、同時に人間の社会経済的開発を推進してゆくことである。
持続可能な開発という概念は、「環境と開発に関する世界委員会」委員長で当時ノルウェー首相だったブルントラントが1987年に公表した報告書「Our Common Future」の中心的な考え方として取り上げた概念で、「将来の世代の欲求を満たしつつ、現在の世代の欲求も満足させるような開発」のことを指すとされている。この概念は、環境と開発を互いに反するものではなく共存しうるものとしてとらえ、環境保全を考慮した節度ある開発が重要であるという考えに立つものである。[8]
世界人口の小さな部分を占める経済先進国が世界の資源のほとんどを消費し、世界の公害のほとんどを生み出している。こういう状況で、世界人口の大多数を占める開発途上国が経済発展をし、米国並みの人1人当りのエネルギー消費量、二酸化炭素ガス（CO_2）排出量となったときに、世界の資源の消費、公害がさらに拡大するのは目に見えている。中国はエネルギー生産を石炭による火力発電に依存しており、中国の経済開発効果と相まって、1980年から2000年までの間に二酸化炭素ガス排出量が91％増加した。資源消費、公害による生態系破壊がさらに深刻にならないように、いかに開発途上国が開発を進めてゆくかも大きな課題になる。
その課題の解決策として挙げられるのは、1つは開発の抑制である。消費を少なくすることは環境を保全することにつながる。国際的に消費量、排出量を規制し、資源保全と公害管理に資金を投入し、それを執行する法的拘束力を持つ効果的な国際機関を創造することである。[9] 緊縮計画を支持する人々は、今は受け入れがたく思えるかもしれないが、開発を抑制し、環境を保全するのに必要な犠牲を払うことで、いずれは生活がよくなる、と信じている。

このためには、開発途上国も開発を抑制することが必要になるが、開発途上国は工業・技術開発を促進する世界的ニューディールを要求しており、開発抑制には反対の立場に立つことは目に見えている。また先進国も消費を抑制し、公害を劇的に削減することが必要になるが、ほとんどの人はそうした自己犠牲を払う意思を持ちそうにない。単に開発の抑制に力点をおくのなら、根源的問題として南北間の経済レベルの差、発展度合いの差があり、環境保全を前面に出す主張は先進国のエゴと映る。開発途上国は先進国による負の遺産に制約されている。開発途上国は先進国同様の発展の権利がある。それならば、先進国にはどんな義務を課すべきなのか、そのための国際的枠組の強化をどう図るかなどを論じなければならない。

もう1つは、経済開発と環境保全の両立を可能にするような技術開発や技術革新、技術普及に資金を投入することである。すでに中国問題に言及したが、その課題解決策としては、例えば石炭燃焼ガスを浄化するような公害抑制装置を開発し設置すること、石油輸入を拡大する、水力発電の強化等が考えられる。ただそれにしてもそれぞれ、高価につきすぎる、過剰な輸入石油依存は経済の足かせになり石油開発は海洋などの環境を害する、ダム建設は風光を損ね洪水などのリスクを伴う等のマイナス面がある。開発途上国が環境に優しい経済開発を進めるには膨大なコストがかかり、開発途上国は賄いきれない。そのコストを先進国が担う用意があるかという問題もある。２０１３

年11月の第19回国連気候変動枠組条約締約国会議（COP19）では、途上国と先進国が温暖化の対策費用などを巡って対立した。技術開発・技術普及は先進国の義務と位置づけた取り組みが、本来的には考えられる。

いずれにしても、将来の開発が生物圏を害しないように行われなければならないという点では異論はないが、そのためには何をし誰が責任を持つかについては明確でない。国連は1992年（リオデジャネイロ、環境と開発に関する国際連合会議）と2002年（ヨハネスブルグ、持続可能な開発に関する世界首脳会議）に地球サミットを開催し、持続可能な開発について議論したが、政治的意見の対立が問題解決の障害になっている。2012年には再びリオで開催（国連持続可能な開発会議）された。1992年リオ会議では気候変動枠組条約が採択され、定期的会合COP（気候変動枠組条約締約国会議）開催が決まり、地球温暖化対策に世界全体で取り組んでいくことに合意した。同条約に基づき、1995年から毎年、COPが開催されている。

◉人口、資源、廃棄物問題

人口増大は生物の生存を支える地球の収容力への負担になっている。人口増大には地域差があり、2000年から2050年の間にアフリカの人口は126%の増加が予想されるのに対して、アフリカ以外の地域は35%の増加が予想される。アフリカにおいて人口増大の環境への負担はとくに大きくなる。世界の人口増大を管理する努力は国連により行われており、その最大の機関は国連人口基金（ＵＮＰＦ）で、毎年、世界人口白書を発表して、主に開発途上国における人口問題に対する啓発と援助を行っている。同時に、創設以来世界のほとんどの国々での人口プログラムを支援するために60億ドル以上を独自に支出してきたし、他の国連機関、非政府組織、政府と調整してプログラムを進めてきた。国連はこれまで3回にわたり世界人口会議を主催しており、１９７４年のブカレスト、１９８９年のメキシコに続く１９９４年のエジプト、カイロにおける国連人口開発会議（ＵＮＣＰＤ）には１７０カ国以上と多くのＮＧＯの代表が参加し、人口管理、中絶、避妊などについて話し合った[10]。とくに議論を呼んだのは、保健衛生、人口管理のためにどこまで中絶が許されるかで、世界の多くの国で中絶に関する法律が異なることから意見が対立した。途上国では毎日２万人以上にも上る18歳未満の少女が出産し、２０１０年の推計によれば、途上国の20から24歳の女性３６４０万人が、18歳になる前に第1子を出産している。

人口管理の手段の１つは出生率の抑制だが、そのためには産児制限についての情報、避妊薬、避妊具などの手段を提供する社会的アプローチと、女性の教育・経済機会を拡大し貧困を削減することにより出生率を削減する経済的アプローチがある。国連が１９７５年を国際女性年に指定し、女性のための10年を開始したのも、経済的アプローチの一環である。

開発が進むにつれ、エネルギー、鉱物、森林、土地、野生生物、海産物、水などの資源の消費が増大し、天然資源の枯渇の問題が出てくる。持続可能な開発においては資源の保全が課題になる。石油、天然ガス、鉱物資源は、急上昇する世界のエネルギー需要に対して有限であり、埋蔵量が底をつくことが懸念されている。エネルギー需要のほとんどは先進国によるものだが、需要が最も急速に増大しているのは開発途上国である。2013年11月に国際エネルギー機関（IAE）が公表した「世界エネルギー見通し“World Energy Outlook 2013”」では、2035年のエネルギー需要は中国が圧倒的なシェアを占め、インドも米国やヨーロッパに並ぶ程のエネルギー需要国になると予想している。同時にエネルギー需要の増加分について分析、天然ガスや石炭、石油などの化石燃料が引き続き高い需要があり、再生可能エネルギーも需要の伸びが見込まれるものの、そのシェアは2035年になっても低いと予想している。今後のCO_2排出は増加し続け、地球温暖化防止のためには、新興国や途上国におけるCO_2排出の抑制が重要な課題となることを強調している。[11]

森林は生物資源の宝庫であるが、世界の森林は減少しつつあり、世界人口の増大、経済開発が森林を破壊している。約3万5000平方マイルの森林が毎年消滅している。森林の減少は、地球温暖化、木材の不足、多くの生物種の絶滅などの否定的結果をもたらしている。森林の減少とともに、土壌、土質の悪化など陸地の質の低下の課題になっている。

世界の野生生物は極めて多様性に富み、生物種の数は、哺乳類4300種、爬虫類6800種、鳥類9700種、魚類2万8000種、軟体動物8万種、昆虫100万種以上、クモ類4万4000種などとなっている。人間社会の開発は多くの野生生物の生息域を圧迫し、多くを絶滅に追いやっている。絶滅に瀕している野性生物のあるものは薬剤に必須の物質を提供する経済的価値のあるものもあり、野生生物の絶滅は経済的にもマイナス効果を生む。絶滅に瀕した野生生物の取引を規制する国際協定など、野生生物保護の国際的努力も行われている。

地球表面の71％が水で覆われており、水の97％が塩水、2％が北極、南極の氷、1％が飲料水、家畜用、灌漑用水などに利用できる淡水である。淡水の使用量は人口の増大に伴って増大しており、とくに開発途上国の開発が進むにつれて開発途上国の淡水使用量が急増することが予想される。限られた水の供給量に対して需要が増大している。世界の人口増大の結果、世界の水供給は2050年までに3分の1減少し、60カ国の70億人が水不足に直面すると予測されている。21世紀は水戦争の時代といわれる。すでにアフリカでは現実になっており、中国による外国の水や森林の買収による囲い込みすら起きている。

海洋の塩水は飲料水や灌漑用水には使えないが、食用となる海産物を提供する。しかし人間の食料需要の高まりが、魚など海産物への圧力を高めている。1950年には漁獲量は1900万トンだったが、近年では1億1000万トンにまで増大している。海洋の持続可能な漁獲高は年間9600万トン以下と見積もられており、漁業資源が徐々に底をつくことになる。漁業資源は人間が摂取する動物たんぱく質の16％を供給する。漁業資源の枯渇は海産物にたんぱく質摂取を依存している国の人口の健康への脅威になる。1994年に発効した国連の海洋法条約は、12海里（約22キロ）の領海、200海里（約370キロ）の排他的経済水域（EEZ）を定め、漁業資源の保護のための国際的措置となった。その他の分野でも、国際的、国内的に漁業資源保護の努力がされている。

2035年エネルギー需要予測 (1)

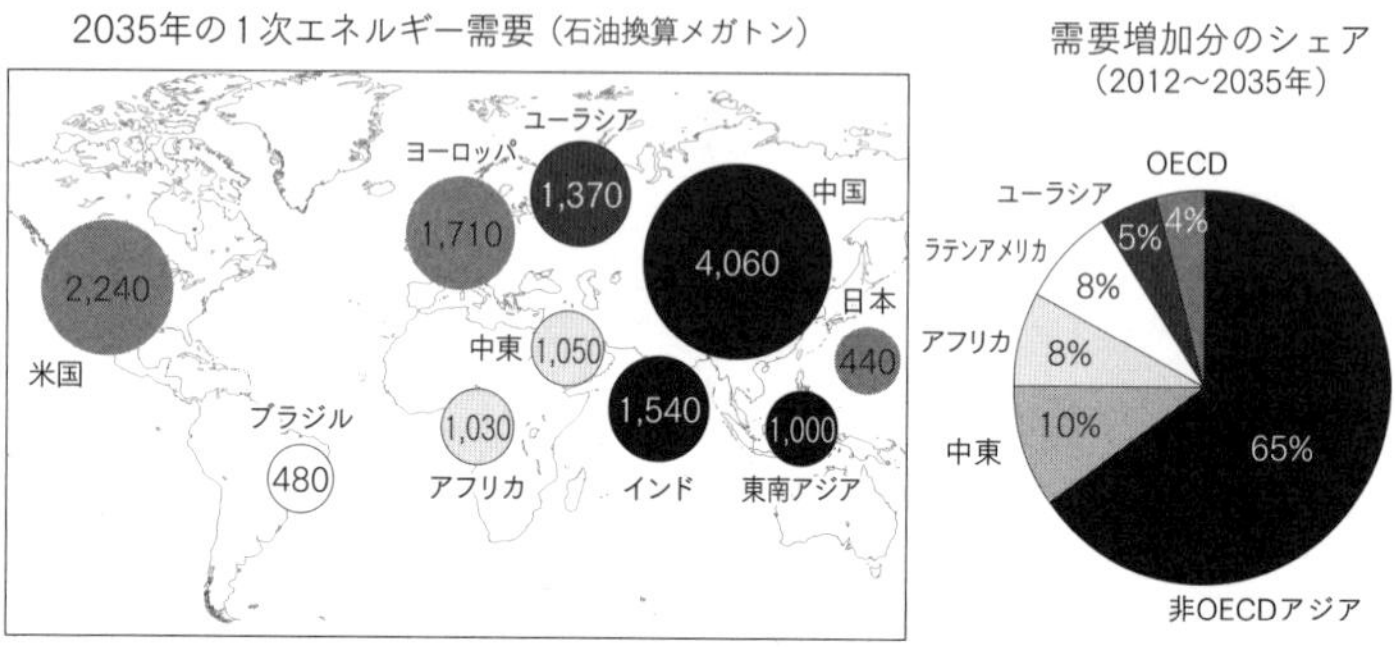

ここ10年、エネルギー需要増加の中心となってきたのは中国だが、2020年代にはインドにその役割が移行する。

出典：International Energy Agency, "World Energy Outlook 2013"

2035年エネルギー需要予測 (2)

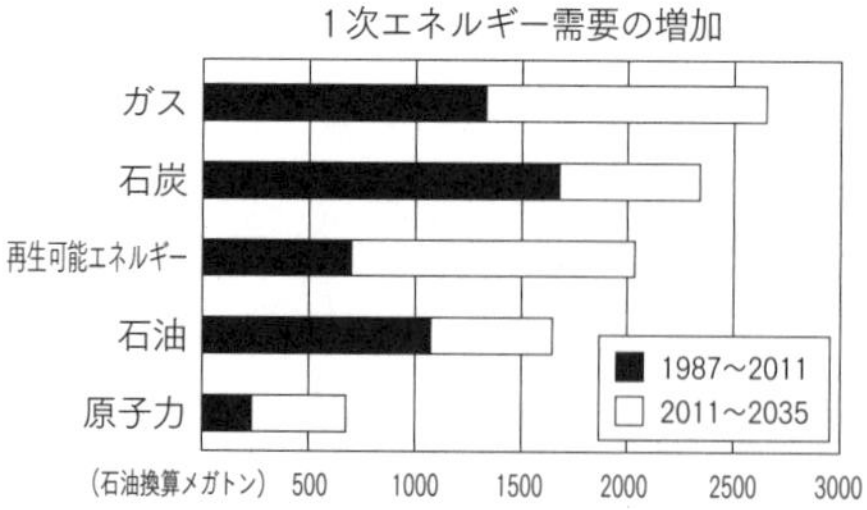

現在の化石エネルギーのシェアは25年前と同様に82%であり、今後、再生可能エネルギーが大幅に増加したとしても、2035年に75%前後に減少するに過ぎない。

出典：International Energy Agency, "World Energy Outlook 2013"

開発に伴う工業廃棄物、破壊的な農業技術により、土地の質が悪化している。廃棄物とその輸出は、国際的に土地の質に対して大きな影響を与えている。人類の最大の建設プロジェクトの1つはゴミ廃棄場の建設である。土地の質保護のための国際的努力も行われており、1992年に105カ国により調印された廃棄物等の国境を越える移動および処分に伴う汚染問題に対処するため、廃棄物の処分・回収にかかわる国際的な枠組みおよび手続き等を定めた「有害廃棄物越境移動管理条約」はその1つである。水質、空気の質も公害などにより悪化しており、その質を保護し改善するための国際的努力が行われている。

◉地球温暖化のリスク

オゾン層の破壊、地球温暖化問題も、開発、エネルギー消費に伴う二酸化炭素ガス（CO_2）の排出増大に伴って深刻になっている。気候変動は、降雨量、気温、風などのパターンに変化を及ぼし、エルニーニョ現象（海面水温が

2035年エネルギー需要予測(3)

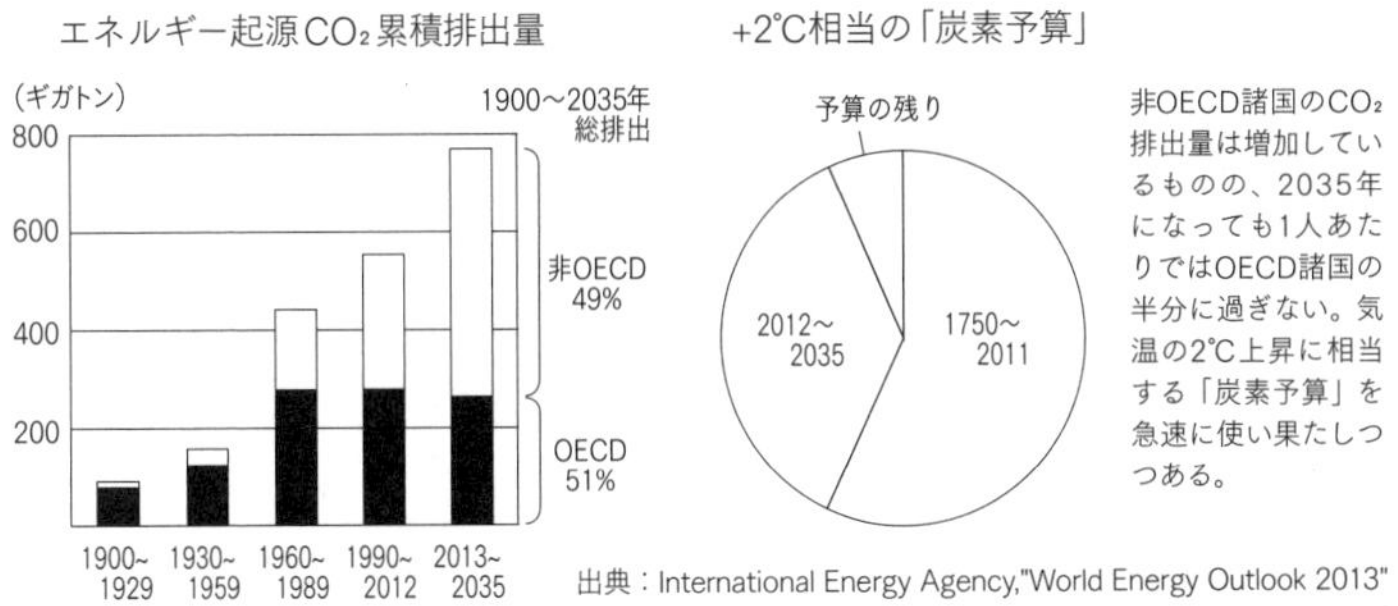

非OECD諸国のCO₂排出量は増加しているものの、2035年になっても1人あたりではOECD諸国の半分に過ぎない。気温の2℃上昇に相当する「炭素予算」を急速に使い果たしつつある。

出典：International Energy Agency,"World Energy Outlook 2013"

平年より高くなり、その状態が続く現象）、ラニーニャ現象（海面水温が平年より低くなり、その状態が続く現象）などを生み、森林火災の増加などの影響が出ている。地球温暖化の脅威については、環境悲観主義者と環境楽観主義者の間に見解の対立がある。

国際的に地球温暖化に対処する努力が、国連などを中心に進んできた。気候変動に関する国連枠組条約はその努力の代表例であり、国連は気候変動に関する国際会議を開催しており、1997年の京都での国際会議では、枠組条約に関する京都議定書が合意された。これは先進国、開発途上国の温室効果ガス排出削減目標を規定するもので、合意以後も、先進国、開発途上国の間で設定される目標値をめぐり対立が続いてきた。また世界最大の温室効果ガス排出国である中国とそれに次ぐ米国が不参加、京都議定書を批准しておらず、同時に開発途上国の削減義務がない。こうして議定書の実際的効力は不確定のまま時が過ぎていった。

すでに議論はポスト京都議定書に移り進んでいる。京都議定書の第1約束期間は2012年までのため、2013年以降の第2約束期間における国際的な枠組みに関する議論が続けられてきた。2012年カタールのドーハで開かれたCOP18は、京都議定書の期間を延長する暫定的処置で合意、2013年ポーランドのCOP19は、2020年以降の温暖化ガスの排出削減について、米中を含むすべての国が自主的な目標を掲げる方向で合意も見た。地球温暖化の新たな枠組みは2020年までにポスト京都議定書を発効させるという目標で合意に至っている。

国連の気候変動に関する政府間パネル（IPCC）は、各国政府の政策担当者や科学者らの参加の下に2014年3月31日、地球温暖化の脅威について新報告書を公表した。[12] 新報告書は「世界は気候変動の影響に対応できていないため、異常気象が広がり、人口の多い地域が居住不可能になる恐れがある」、「世界各国は温暖化被害の抑制や温暖化ガス削減の加速が必要だ」などの警告を発している。同時に、こうした事態への一部適応はなされているが、いっそうの効果的な適応と気候変動に対するレジリエント（強靭《きょうじん》）な経路の構築を強調している。

すでにここ数十年、気候変動の影響が全大陸と海洋において、自然生態系及び人間社会に以下のような影響を与えている。気候変動の影響の証拠は、自然生態系に最も強くかつ包括的に現れている。

(1) 水文（水の循環）システムの変化による、水量や水質の観点からの水資源への影響

(2) 陸域、淡水、海洋生物の生息域の変化等

(3) 農作物への負の影響が正の影響よりもより一般的

熱波や干ばつ、洪水、台風、山火事等、近年の気象と気候の変化に伴う極端な現象による影響は、現在の気候の変動性に対するいくつかの生態系や多くの人間システムの著しい脆弱《ぜいじゃく》性や曝露《ばくろ》を明らかにしている。

ＩＰＣＣ報告は、温暖化対策を話し合うＣＯＰの基礎資料となるもので、これまで世界の専門家や政府の査読を受けて作成され、今回は1990年以降5回目のものとなる。前回2007年の報告と比べ、事態への懸念、深刻さを一段と強調している。世界各国の空は国境に関係なくつながっ

ており、今でも相当量の温室効果ガスが排出されている。二酸化炭素（CO_2）など温室効果ガス排出削減に向けて新しい枠組み作りが急務である。各国の思惑が交錯する中、一刻も早い合意に至ることが強く望まれる。ポスト京都議定書などの議論を深めるためにも、世界各国は地球環境全体に広がる生物圏における生態系（エコシステム）の保存を考えなければならない。

(Endnotes)

1 Intergovernmental Panel on Climate Change
www.ipcc.ch

2 *New York Times*, May 20, 1997.

3 １９７４年に米国ワシントンDCに設立された民間非営利の研究機関。雑誌"World Watch"や"State of the World（地球白書）"などを発行している。ワールドウオッチジャパンが日本語訳を発行している。
http://www.worldwatch.org/
http://www.worldwatch-japan.org/

4 Worldwatch Institute, *The State of the World 2003* (New York: W.W. Norton, 2003), p.5.
http://www.worldwatch.org/system/files/ESW03A.pdf

5 Thomas Homer-Dixon, "Environmental Scarcity and Intergroup Conflict," in Michael T. Klare and Yogesh Chandran, eds., *World Security: Challenges for a New Century*, 3rd ed. (New York: St. Martin's, 1998), p.342.

6 Bjørn Lomborg, "Debating the Sleptical Environmentalist," in John T. Rourke, *Taking Sides: Clashing View on Controversial Issues in World Politics*, 11th ed. (Guilford, CT: McGraw-Hill/Dushkin, 2003), p.312.

7　James F. Jarboe, Before the House Resources Committee, Subcommittee on Forests and Forest Health, February 12, 2002.
http://www.fbi.gov/news/testimony/the-threat-of-eco-terrorism

8　Report of the World Commission on Environment and Development: Our Common Future, Chapter 2: Towards Sustainable Development, 1987.
http://www.un-documents.net/ocf-02.htm#1
https://www.env.go.jp/policy/hakusyo/h19/html/hj07010301.html
外務省、「持続可能な開発」、２００５年８月。
http://www.mofa.go.jp/mofaj/gaiko/kankyo/sogo/kaihatsu.html

9　Robert C. Johansen, "Building World Security: The Need for Strengthened International Institutions," in Michael T. Klare and Daniel C. Thomas, eds, *World Security: Challenges for a New Century* (New York: St. Martin's, 1994), p.381.

10　第１回国際人口開発会議（ＩＣＰＤ）は１９７４年ブカレスト、第２回は１９８４年メキシコシティ、第３回が１９９４年カイロで開催された。

11　International Energy Agency, "World Energy Outlook 2013," November 12, 2013.
http://www.worldenergyoutlook.org/pressmedia/recentpresentations/LondonNovember12.pdf

12　環境省、「気候変動に関する政府間パネル（ＩＰＣＣ）第５次評価報告書 ―第２作業部会報告書（影響・適応・脆弱性）の公表について」２０１４年３月31日。
http://www.env.go.jp/press/file_view.php?serial=24277&hou_id=17966
IPCC, "2014: Summary for policymakers," in *Climate Change 2014: Impacts, Adaptation, and Vulnerability* (New York: Cambridge University Press, 2014), pp.1-32.
http://ipcc-wg2.gov/AR5/images/uploads/WG2AR5_SPM_FINAL.pdf

◉おわりに――地球儀を片手に地政学にも関心を

プーチン大統領率いるロシアが2014年3月、ウクライナ南部クリミア半島を併合する事態が発生したことを理由に、主要8カ国（G8）からロシアを除いた7カ国（G7）は、同年6月にソチで予定されているG8首脳会議への参加を取りやめ、同時にロシアのG8参加を停止することを決めた。

ロバート・ゲーツは通算で3期目に入ったロシアのプーチン大統領の行動に言及し、ソ連邦の崩壊を米国のせいだとするプーチンが、それは「20世紀最悪の地政学的惨事“worst geopolitical catastrophe of the 20th century”」だと呼んでいると述べている。[1] ゲーツは1991年から93年にジョージ・H・W・ブッシュ政権下で米中央情報局（CIA）長官、2006年から11年にジョージ・W・ブッシュ政権とオバマ政権下で国務長官を務めた。

確かに国家とその領土は常に変化してゆき、それが地政学的状況の変化をもたらし、それが国の外交政策にも大きな影響を及ぼしてきたといえよう。

冷戦後には地政学的考え方が、NATOの東方拡大、ロシアのそれへの反応、米国の開発途上国への民主主義と市場経済の拡大といった政策に影響を与えた。ブッシュ大統領は9・11テロへの反応、テロ対抗策として、ブッシュ・ドクトリンを打ち出した。その政策では、大量破壊兵器(WMD)を保有または開発し、それをテロリストに提供する恐れのある国々として北朝鮮、イラク、イランを「悪の枢軸」と規定し、さらにキューバ、リビア、シリアもそのカテゴリーに含めた。これも地政学的な政策である。イラクの場合は、WMDとテロの結びつく危険を阻止するための先制防衛として武力行使に踏み切り、イラク戦争を開始した。

テロリストの米国に対するテロ攻撃も地政学的要因に基づいており、そこには世界的要因、地域的要因、国家レベルの要因がある。アルカイダはグローバリゼーションをイスラム原理主義への脅威と見ているが、米国が経済大国、軍事大国として世界最大の超大国であり、グローバリゼーションを促進していると考えた。アルカイダの目には、米国のイスラエル支援、米軍のサウジアラビア駐留も世界的な脅威として映った。さらにアルカイダを含むイスラム過激派はアジア、アフリカ、ヨーロッパにまたがり、ローマ帝国より広大な領土を支配したアラブ帝国時代に花咲いたイスラム世界のかつての文化的、経済的繁栄と広大な領土を回復しようという世界的ビジョンを持っている。このため、米国を中心にしたキリスト教世界と対立する立場に立った。地域的要因として、現在の南西アジア地域はアフガニスタン、イラク、イラン、サウジアラビア、パキスタンなどを含むイスラム教圏であり、経済格差、大衆の貧困、富裕なエリートによる統治、民族対立、宗派対立などの不安定要因が蔓延している地域であり、アルカイダのようなイスラム過激主義、反米主義の温床になっている。国家レベルの要因として、アルカイダが中心拠点にしたアフガニスタンは厳しい地形を持つ内陸国家であり、領土をめぐって歴史的に抗争してきた7つの主要部族から構成されている。アフガニスタンやパキスタンの領土を分割支配する部族の存在のゆえに、これらの国でアルカイダのテロ要員を追跡、発見することは極めて困難である。この地理的条件がアルカイダ、タリバンを利する要因になったといわれる。

　世界地図を眺めながら地球儀を片手に世界を鳥瞰《ちょうかん》する楽しみを見つけよう。ヨーロッパを中心に据えたメルカトル図法により、世界の大陸の位置と方向を正しく地図で表現しようとすると、大陸の大きさを歪曲することになる。さらに北半球が全体の3分の2を占めることになる。またピーター図法により、大陸の大きさを正しく表現しようとすると、大陸の形と位置を歪曲することになる。さらに南半球の開発途上国地域が大きく描かれることになる。どの地図を使うかは、世界の中を重視するかにより変化する。正射図法は大西洋中央を中心にした円形の地図で、地球の球形の状態をよりよく表現できるが、円形の端の部分が大きく歪曲することになる。逆さま図法による世界地図は、南半球を北半球の上側に位置づけており、ヨーロッパ中心の視点に挑戦する地図になっている。[2]

　ウクライナ情勢を見るにつけ、あるいはそのことだけでなく、世界の現状認識とそこから意味ある国際情勢の解釈を試み、未来の予測をする一助として、地理的な位置関係が政治、国際関係に与える影響を考える地政学を思考回路に取り入れることも必要といえる。

(Endnotes)

1 Robert M. Gates, "Putin's Challenge to the West: Russia has thrown down a gauntlet that is not limited to Crimea or even Ukraine," *The Wall Street Journal*, opinion, March 25, 2014.

2 Charles W. Kegley, Jr. and Shannon L. Blanton, *World Politics: Trend and Transformation*, 2011-2012 Update ed. (Boston: Wadsworth, 2012), pp.10-11.

◉わ行

◉英数

◉や行

◉ら行

◉ま行

◉ な行

◉ は行

◉た行

◉さ行

◉ か行

索　引

◉あ行

浅川公紀（あさかわ こうき）

1944年山梨県生まれ。早稲田大学大学院政治学研究科国際政治専修、修了。政治学修士。筑波女子大学教授、筑波学院大学教授を経て、現在、武蔵野大学法学部教授（大学院兼任）。

主な著書に、『アメリカの外交政策』（勁草書房、1991年）、『新比較外交政策論』（学陽書房、1992年）、『冷たい平和』（PHP研究所、1993年）、『現代アメリカ政治の分析』（行研、1994年）、『戦後日米関係の軌跡』（勁草書房、1995年）、『戦後アメリカ外交の軌跡』（勁草書房、1997年）、『名著に学ぶ国際関係論』（有斐閣、1999年）、『アメリカ大統領と外交システム 』（勁草書房、2001年）、『アメリカ外交の政治過程』（勁草書房、2007年）、『戦後米国の国際関係』（武蔵野大学出版会、2010年）などがある。

国際政治《こくさいせいじ》の構造《こうぞう》と展開《てんかい》

The Structure and Process of International Politics

2014年 10月 1日　初版第 1 刷発行

著者　浅《あさ》 川《かわ》 公《こう》 紀《き》

発行　武蔵野大学出版会

〒202-8585 東京都西東京市新町1-1-20 武蔵野大学構内
電話 042-468-3003　FAX 042-468-3004
http://www.musashino-u.ac.jp/shuppan

印刷　株式会社ルナテック

編集協力・装丁・本文デザイン　株式会社ウェルテ

ISBN 978-4-903281-25-4